Eveline Rufer

Wie die Sterne uns träumen

Eveline Rufer

Wie die Sterne uns träumen

Die schamanische Reise zu den Planetenkräften

ARISTON

Für Noé

Für die Sterne,
deren Licht und Funkeln mich immer wieder
an die Leidenschaft meiner Seele erinnern

Für das Leben

Für die Menschen, die den Mut haben,
ihr Leben, die Erde und das Universum
mit neuen Augen zu betrachten,
und den anfänglich mühsamen Weg auf sich nehmen,
aus ihren alten Mustern auszusteigen,
um ihrer wahren schöpferischen Kraft zu begegnen

Bibliografische Information der Deutschen Bibliothek

Die Deutsche Bibliothek verzeichnet diese Publikation
in der Deutschen Nationalbibliografie; detaillierte bibliografische Daten
sind im Internet unter http://dnb.ddb.de abrufbar.

Textredaktion: Diane Zilliges
Umschlaggestaltung: Weiss/Zembsch/Partner:
WerkstattMünchen
Lektorat: Usha Swamy
Produktion: Inga Tomalla
Satz: EDV-Fotosatz Huber/Verlagsservice G. Pfeifer, Germering
Druck und Bindung: GGP Media GmbH, Pößneck
Printed in Germany

ISBN: 978-3-7205-4020-9

Inhalt

Sternenhimmel

Sternenhimmel in der Nacht,
hast mich um den Schlaf gebracht,
hast mich behutsam fasziniert
und auf 's Neue inspiriert.
Brillanten die Sterne,
samtschwarz das Zelt,
dem Herzen gefällt
diese funkelnde Ferne.
Meine Seele
auf lautlosen Schwingen
versucht zu durchdringen
die erhabene Pracht –
Sternenhimmel in der Nacht.

M. Dalena

Vorwort von Carlo Zumstein

Unsere Gespräche über Schamanismus und Astrologie begannen in einer Arbeitspause des Seminars über den schamanischen Umgang mit Naturkräften im Frühling 2001 in Zürich. Damals schien es, wie wenn zwei unverträgliche Weltbilder aufeinanderprallen würden. Nun, nach vielen gemeinsamen Seminaren und Diskussionen schenkt uns Eveline Rufer im vorliegenden Buch eine Synthese der beiden Kosmologien. Sie ist so einleuchtend, dass sie nur von einer leidenschaftlichen und kreativen Forscherseele wie Eveline Rufer entdeckt werden konnte.

Wir ahnten damals nicht, dass im Thema jenes Seminars bereits der Kern ihrer Entdeckung steckte: Alle Planeten wirken als Urkräfte an unserem Leben mit wie Sonne, Mond und Erde, auch wenn sie für unsere Augen nur kleine Lichter am Nachthimmel sind. Vor allem aber kann jeder Mensch die Planetenkräfte selbst erforschen und für sich nutzen.

Anfänglich ging es mir mit der Astrologie wie so vielen Menschen auch: Bei meinem monatlichen Friseurbesuch konnte ich jeweils nicht widerstehen, in einer Zeitschrift mein Horoskop zu lesen, gleichzeitig sträubte ich mich gegen Prophezeiungen meines Glücks in Liebe, Beruf und Geldangelegenheiten aufgrund von Sternenkonstellationen.

Auch mein schamanisches Menschenverständnis wehrte sich gegen die Vorstellung, dass die Sterne bei meiner Geburt meiner Seele eine Art Kräftematrix aufgedrückt hatten, die mich ein ganzes Leben lang in meinem Fühlen, Denken und Handeln als Wassermann kennzeichneten.

Mein stärkster Einwand richtete sich gegen die Astrologie als eine Art kosmischer Psychologie. Hatte meine Geburt im Sternzeichen des Wassermanns oder hatten meine Eltern und ihre Erziehung, meine Umwelt und meine Lebenserfahrungen mich zu einem nach Unabhängigkeit und Menschlichkeit strebenden Weltverbesserer werden lassen? Dass die Mondkräfte die Meere bewegen und Samen beim Keimen helfen, kann ich miterleben, aber dass die Sternenstellung bei meiner Geburt mich zum toleranten und verständnisvollen Beziehungspartner prädestinieren, vermochte ich nie hinzunehmen. Genauso wenig wie die Annahme, ein ausgebildeter Astrologe habe mit meinem Geburtsdatum den Schlüssel zu Geheimnissen meines Charakters in der Hand, die mir selbst verborgen blieben.

Eveline Rufer hat diese Art Astrologie hinter sich gelassen und ist wieder zu ihrem Ursprung zurückgekehrt, zum alten Erfahrungswissen über die Wirkung der Sternenkräfte. Eveline verfügte bereits zu Beginn ihrer schamanischen Erforschung der Planetenkräfte über so viel Erfahrung in Astrologie, dass sie sich nicht bei jeder Gelegenheit mit vieldeutigen Zukunftsprognosen beweisen musste. Im Gegenteil, sie erklärte mir immer wieder geduldig, dass mein Horoskop Kräfte aufzeigt, die mich auffordern, sie anzunehmen oder ihnen entgegenzutreten. Mit dieser Art Astrologie konnte ich mich anfreunden.

Es ist Eveline Rufers eigentliche Entdeckung, dass die Planeten unsere ältesten Ahnen sind, so wie Erde und Sonne gleichsam als Mutter und Vater an der Entstehung des Lebens mitwirken. Die Erde und ihren Beitrag an unser Dasein erleben wir tagtäglich unmittelbar, Sonne und Mond auch. Die Venus können wir als Morgen- und Abendstern noch mit bloßem Auge erkennen. Eveline zeigt uns, wie wir allen Planeten als Mythengestalten mit eigenem Wesen und eigener Geschichte im geheimnisvollen Mythos des Lebens in diesem Sonnensystem begegnen können.

Sie stellt nicht nur eindrücklich dar, wie die Sterne uns träumen. Sie schenkt uns erprobte und einfach praktizierbare Methoden, wie wir die Planetenkräfte zur Gestaltung unseres Lebens einsetzen und so unseren ureigenen Lebenstraum verwirklichen können.

Das Geschenk des Schamanismus an die heutige Zeit ist die Ermächtigung jedes Menschen, den Urkräften des Lebens direkt zu begegnen, ohne Vermittlung durch Gelehrte und Experten wie Theologen, Psychologen, Astrologen und all die anderen -ologen. Eveline hat die Ermächtigung, mit unseren Planenten-Ahnen direkt zu kommunizieren, mit viel Feingefühl in die Astrologie eingebracht und ihr damit einen epochalen Entwicklungsschritt ermöglicht. Vielleicht beginnt nun auch in der Astrologie das Wassermannzeitalter.

Eveline Rufer hat auch zum Quantensprung im heutigen Schamanismus beigetragen. Sie ist über den Steinkreis- und Krafttier-Schamanismus zu einem wirklich lebendigen Schamanismus vorgestoßen. Mit ihrer Entdeckung werden die Planeten zu kraftvollen Mitwirkenden an unserer Selbstverwirklichung im täglichen Leben. Darin ist sie mir eine wertvolle Weggefährtin.

Ich danke Eveline für dieses Buch. Es wird viele Menschen bei tief greifenden Wandlungen in ihrer Lebensgestaltung begleiten.

Carlo Zumstein — Weisslingen im Juli 2007

Einführung – Mit der Kraft der Sterne das Leben gestalten

Als Astrologin bin ich oftmals während der Horoskopbesprechung mit Klienten an eine Grenze der Astrologie gestoßen. Was bringt es den Menschen, wenn ich ihnen anhand des Horoskops die vielfältigen Möglichkeiten ihres Lebens aufzeige und sie danach ihre Potenziale doch nicht ausschöpfen und in ihrem Leben umsetzen? Eine astrologische Beratung gibt Impulse, ein Erkennen und Verstehen. Um jedoch eingeschliffene Verhaltensmuster zu ändern, müssen die neuen Erkenntnisse erlebbar gemacht werden. Dann begegnete ich dem Schamanismus, der mein Leben und meine Arbeit als Astrologin veränderte. Ich sah endlich die lang gesuchte Möglichkeit, das astrologische Wissen ins Erleben der Menschen zu bringen. Damit erreichte ich eine neue Ebene, in der es möglich wurde, mit der Kraft der Sterne das Leben zu gestalten.

Wenn ich trommle – wie es die Schamanen seit Jahrtausenden tun – und in die archaische Traumzeit meiner Vorfahren eintauche, gelange ich auch zu den Sternen. Sie sind unsere ältesten Ahnen. Wie die alten Schamanen, die auf Bewusstseinsreisen die Geschehnisse der geistigen Welten erforschten, tue ich das mit den Planetenkräften. Wenn ich auf einer schamanischen Reise den Geist eines Baumes, eines Flusses oder eines Vogels erfahren kann und mich danach so kraftvoll und beseelt fühle, dass dies Veränderungen in meinem Leben bewirkt, dann muss dies auch mit den Planetenkräften möglich sein. Aus der Verbindung von zwei alten Traditionen, der schamanischen und der astrologischen, entstand etwas völlig Neues. Mein Beratungsstil änderte sich vollkommen. Ich wandelte mich von der Astrologin zur Sternenschamanin.

Die schamanische Reise zu den Planetenkräften lehrte mich: Die Sterne stehen nicht als schicksalsbestimmende Götter am Sternenhimmel, die auf unausweichliche Geschehnisse in unserem Leben hinweisen. Vielmehr sind sie Ahnen und laden uns zur Mitbestimmung ein. Je länger ich die Sternenkräfte auf schamanischen Reisen erforsche, desto klarer wird mir das darin liegende Potenzial der Schöpferkraft, das uns zur Gestaltung unseres Lebens zur Verfügung steht.

Heute bin ich in meinen astrologischen Beratungen immer auf der Suche nach dieser schöpferischen Kraft. Es gibt keine guten oder schlechten Geburtshoroskope! Der Zeitpunkt unserer Geburt gibt Auskunft über die Kräfte, mit denen wir »ausgestattet« wurden, das Leben zu entdecken. Manche Planetenstellungen mögen zum Zeitpunkt der Geburt herausfordernder sein als andere. Darin enthalten ist jedoch immer auch die Kraft, mit diesen Herausforderungen umzugehen. Ein Mensch, der im hohen Norden geboren wurde, hat ja auch alles Notwendige mitbekommen, um dem Winter mit seiner Kälte und Dunkelheit zu begegnen. Wenn wir das Gefühl haben, auf der Schattenseite des Lebens zu stehen, dem Leben ausgeliefert oder Opfer der Umstände, der Erziehung, der Prägung, der Gesellschaft und unserer Erfahrungen zu sein, haben wir uns lediglich von unserer schöpferischen Kraft entfremdet, abgespalten oder sie einfach vergessen.

Dieses Buch richtet sich an all jene Menschen, die bereit sind, sich an ihre eigene Schöpferkraft zu erinnern. An diejenigen, die nach Möglichkeiten suchen, sich wieder mit ihrer ursprünglichen Quelle zu verbinden. Unsere Zeit bietet uns die Möglichkeit, in neue Erfahrungsebenen vorzustoßen und zum eigenen Schöpfer, zur eigenen Schöpferin des Lebens zu werden.

Schamanismus

Schamanismus ist die älteste Auseinandersetzung mit den Grundfragen und -nöten der Menschen. Es war die erste und ursprüngliche Möglichkeit des Menschen, sich selbst im Wechselspiel der elementaren Naturkräfte wie Wind, Wasser, Feuer, Luft und den Kräften des Universums zu verstehen und einzuordnen. Schamanen waren Heiler und Vermittler zu einer Zeit, in der es noch keine Ärzte, Lehrer, Priester und Psychologen gab.

Mit Techniken wie monotonem Trommeln, ekstatischem Tanzen, Gesang, Einnahme pflanzlicher Substanzen, Schlafentzug und Fasten versetzen sich die Schamanen in einen anderen Bewusstseinszustand. Auf ihren Trancereisen in andere Wirklichkeiten treten sie in Verbindung mit der universellen Kraft, die ihnen durch Geistwesen, in der Gestalt eines Tieres oder Ahnen, begegnet. Diese Wesen sind ihre wichtigsten Verbündeten und Begleiter in den anderen Wirklichkeiten. Der Schamane vermittelt zwischen der Alltagswelt und der Welt der Götter und Geister. Diese wird auch nichtalltägliche Wirklichkeit genannt. Zusammen mit seinen Verbündeten aus dieser nichtalltäglichen Wirklichkeit heilt er Kranke, begleitet Seelen von Verstorbenen ins Totenreich oder holt abgespaltene Seelenteile ins Leben zurück. Durch seine Fähigkeit, in verborgene Welten einzutreten, die außerhalb unseres Zeit-Raum-Verständnisses liegen, erhält der Schamane auch praktisches Wissen, das das Leben und Überleben seines Stammes sichert. So bekommt er Hinweise von seinen Verbündeten, wo es zum Beispiel Wasser zu finden oder Tiere zu jagen gibt. Neben den vielen Aufgaben, die der Schamane in seiner Stammesgemeinschaft als Mediziner, Priester, Psychologe, Therapeut und Berater hat, ist er zugleich oft auch Geschichtenerzähler, Künstler, Sänger, Tänzer und Krieger.

Unsere Vorfahren waren der Natur und den Naturgewalten viel unmittelbarer ausgesetzt als wir heute. Gezeiten, Sonne, Wind und

Regen bestimmten das Leben mit. Der Schamanismus war Teil des alltäglichen Lebens und Überlebens. Die fortschreitende Zivilisation, die durch Wissenschaft und Technik verbesserte materielle und soziale Bedingungen schuf, verdrängte ihn immer mehr. Bei Völkern, die noch in unmittelbarem Bezug zur Natur leben, ist er hingegen immer noch ein lebendiger Bestandteil des Lebens.

Die Wiederentdeckung des Schamanismus

Entdecker und Eroberer neuer Welten waren die ersten, die über den Schamanismus berichteten. Sie, und später die Missionare, hatten meist wenig Verständnis für die Lebensweise und Rituale der entdeckten Völker. Fasziniert und zugleich ablehnend, fast verängstigt, berichteten sie über die »seltsamen« Praktiken der Ureinwohner, die nach der Einnahme pflanzlicher Substanzen wild tanzten, bis sie umfielen und mit »fremden Zungen« zu sprechen begannen und damit Krankheiten heilten. Sie stießen auf eine ihnen völlig fremde Kultur, die aus der Sicht ihres zivilisierten Lebens keinen Sinn ergab, ja ihnen gar unmenschlich erschien. Die indigenen Schamanen wurden als Hexer, Teufelsanbeter oder als psychisch Kranke bezeichnet. Es dauerte ganze 45 Jahre nach der Entdeckung Amerikas, bis die katholische Kirche 1537 die Indianer zu *veros homines*, zu »wahren Menschen« erklärte.

Mitte des 20. Jahrhunderts erwachte das Interesse am Schamanismus erneut. Ethno- und Anthropologen besuchten Naturvölker, erforschten sie und lebten teilweise mit ihnen. Verschiedene Bücher über den Schamanismus kamen auf den Markt. Die bekanntesten sind von Mircea Eliade, Carlos Castaneda, Lynn Andrews und Michael Harner. Im Buch *Schamanismus und archaische Ekstasetechnik* beschreibt Mircea Eliade, ein rumänischer Religionshistoriker, als erster Europäer die Trancetechniken der Schamanen und deren außerkörperliche Erfahrungen. Sein Buch beinhaltet Forschungswissen, jedoch keine eigenen Erfahrungen. Erste persönliche Erlebnisse beschrieben die amerikanischen Anthropologen Michael Harner und Carlos Castaneda sowie Lynn Andrews. Sie sind die Pioniere, die den Schamanismus der westlichen Zivilisation in einer verständlichen Form näherbrachten.

Michael Harner erlebte während eines Aufenthaltes bei den Conibo-Indianern im Amazonas 1961 durch die Einnahme einer pflanzlichen, halluzinogenen Droge eine Initiation. Vom anfänglichen Beobachter wurde Harner zu seinem eigenen Forschungsobjekt. Er entwickelte daraus eine für den westlichen Menschen verständliche Anwendungsform archaischer Heilrituale, indem er uralte schamanische Techniken mit modernen Trancetechniken verband. Er bezeichnet diese Form als Core-Schamanismus. 1987 gründete Harner die Foundation for Shamanic Studies (FSS), eine Organisation, die diese schamanischen Grundtechniken weitervermittelt.

Carlos Castaneda führte im Rahmen seiner akademischen Ausbildung Feldforschungen zur Verwendung von Heilpflanzen und dem Gebrauch psychotroper Pflanzen bei den Indianern im Südwesten der USA und im angrenzenden Teil Mexikos durch. Dort begegnete er dem indianischen Schamanen Don Juan Matus, der ihn fortan sein Wissen lehrte. In Carlos Castanedas Büchern geht es um das große Mysterium Mensch und die uns umgebenden Welten. Castaneda war unter den Schamanen mehr Zauberer und Magier als Heiler. Im Mittelpunkt seiner Interessen standen das Erforschen der Kraft der Unendlichkeit und seine bewusstseinserweiternden Erfahrungen.

Schamanismus heute

Schamanismus entsteht in der Unmittelbarkeit des Seins und ist das Erforschen der uns umgebenden Kräfte im Zusammenwirken mit unserer Seele, unserem Bewusstsein und unseren menschlichen Aspekten. In diesem Zusammenspiel zwischen uns und den Kräften der Natur, der Elemente und des Universums finden wir heilende und bewegende Kräfte, die uns wandeln und die wir gestaltend in unser Leben hineinbringen können. Der Schamanismus hat die Kraft der Wildnis behalten, und genau diese ursprüngliche, wilde Kraft können wir als heilende Kraft, die uns wieder mit den Wurzeln unseres Daseins verbindet, erfahren. Wie die alten Schamanen haben wir auch heute die Möglichkeit, unsere Verbündeten, die Krafttiere, Pflanzengeister, Sternenkräfte und Ahnen, herbeizurufen, um ihre Weisheit zu spüren, ihrem Rat zu lauschen und Heilung und Kraft für unser Leben zu erhalten.

Harner machte einen ersten Brückenschlag zwischen indigenen Traditionen und unserer Kultur, er brachte die schamanischen Basistechniken, die er weltweit bei allen indigenen Völkern in seinen Feldforschungen vorfand, in eine Form, die für uns verständlich und anwendbar ist. Harner blieb bei den wichtigsten schamanischen Heilmethoden: Extraktion, Divination, Begleitung von Sterbenden, Hilfe für noch erdgebundene Seelen und Lösung von Besetzungen. Sandra Ingerman, amerikanische Psychologin, Schülerin von Harner und später selbst Lehrerin der Foundation for Shamanic Studies, fügte diesem Basiswissen ein altes und in Vergessenheit geratenes Ritual hinzu. Während einer schamanischen Heilsitzung zeigten ihr ihre Verbündeten aus der nichtalltäglichen Welt das Ritual der Seelenrückholung. Traumatische oder einschneidende Erlebnisse in unserem Leben führen aus schamanischer Sicht zum Verlust von Seelenteilen. Um das traumatische Erlebnis zu überstehen, ziehen sich Seelenteile in einen sicheren Raum zurück. Manchmal kehren sie nicht von allein zu uns zurück. Wir haben dann das Gefühl der Unvollständigkeit, es ist, als seien wir vom Leben abgeschnitten.

Carlo Zumstein, Psychotherapeut und schamanischer Forscher, Gestalter und Wandler, auch er Schüler und später Lehrer der FSS, entwickelte das schamanische Wissen von Harner weiter. In seiner Unermüdlichkeit forscht Carlo Zumstein über begrenzende Konzepte hinaus, setzt sich den elementaren Schöpferkräften des Lebens aus, um mit diesen die Wirklichkeit mitzugestalten. Damit öffnet er den Menschen neue Erlebnis- und Erfahrungsräume, er ermöglicht uns außerdem, Spiritualität und Alltag miteinander zu verbinden. 2004 gründete Carlo Zumstein die Foundation for Living Shamanism and Spirituality (FLSS). Bei ihm lernte ich einen lebendigen, wandlungsfähigen Schamanismus kennen, den ich immer wieder aufs Neue erfahren und in meinem Alltag anwenden kann.

Der Schamanismus als Hilfe im modernen Leben

Verbindung mit den ursprünglichen Schöpferkräften

Der Mensch ist heute anders als früher herausgefordert, sein Leben zu bewältigen. Mussten sich unsere Vorfahren vorwiegend mit Naturgewalten und dem Sichern von Grundbedürfnissen auseinandersetzen, müssen wir uns heute in einer äußerst technisiert und schnell gewordenen Welt behaupten. Druck im Alltag, zunehmende Leistungserwartung in Ausbildungs- und Arbeitswelt, auseinanderfallende soziale Werte und wirtschaftliche Systeme, belastende Umwelteinflüsse und rasante Entwicklungen fordern den modernen Menschen auf eine nie zuvor dagewesene Art heraus. In einer Zeit, in der sich viele Veränderungen abzeichnen, gewohnte Strukturen sich auflösen und bisherige Sicherheiten im Außen nicht mehr wie gewohnt gegeben sind, suchen wir nach neuen Antworten. Sinn und Unsinn des Daseins werden in einem größeren Ausmaß infrage gestellt.

Ich selbst erlebte vor einigen Jahren eine größere Sinnkrise, als sich auf einen Schlag in meinem Leben alle äußeren Sicherheiten und Gewohnheiten auflösten. Das Ende einer langjährigen Beziehung brachte einen Wohnungswechsel mit sich, der die Auflösung meines gewohnten sozialen Netzes nach sich zog. Unsicherheit und Unzufriedenheit in meiner beruflichen Entwicklung und finanzielle Engpässe erschütterten mich tief. Alles, was mich bisher im Äußeren irgendwie getragen hatte, war von einem Tag auf den anderen weg. Trennungsschmerzen, Orientierungslosigkeit und massive Existenzängste brachten mich manchmal an den Rand des Erträglichen. Ich pendelte zwischen Traurigkeit, Wut und Panikattacken hin und her. In dieser Zeit füllte ich wohl eine ganze Badewanne mit meinen Tränen. Auf rationalem Wege fand ich keine Lösungen. Kurz zuvor war ich jedoch dem Schamanismus begegnet. Dort fand ich eine neue Welt der Erfahrung, die mich wieder mit den ursprünglichen Schöpferkräften der Natur, mit den Pflanzen, den Tiere, den Mineralien und den Elementen sowie mit den Kräften des Universums verband. Dadurch fand ich Kraft zum »Überleben«, die mich durch mein Alltagsleben führte. In jener Zeit meiner tiefen Krise wurde mir klar: Sicherheit und Geborgenheit werde ich niemals im Außen finden, sondern nur in mir.

Oft müssen wir erst in eine Krise geraten, die uns aus dem routinierten Alltagstrott wirft, eine Krankheit, Burn-Out, ein Unfall, Arbeitsplatzverlust, die Trennung eines langjährigen Lebenspartners. Erst dann lauschen wir wieder der Stimme unserer Seele und beginne wirklich zu leben. In solchen Lebenskrisen können wir zwischen zwei Möglichkeiten wählen: Wir können zum Opfer der Krise, des Leidens, der Trennung, unserer Krankheit werden, oder die in jeder Krise enthaltende Chance des Wandels ergreifen.

Aber nicht nur Krisen können einen Entwicklungsschub und eine neue Suche in unserem Leben auslösen. Immer wieder treffe ich auf Menschen, die auf eine bestimmte Weise gesättigt sind. Sie haben äußerlich gesehen alles in ihrem Leben erreicht. Sie sind erfolgreich im Beruf, privat stimmt alles und auch gesundheitlich haben sie keine weiteren Probleme. Eigentlich sollten sie zufrieden sein. Wenn da nicht diese Unruhe wäre, die die Frage aufwirft: Ist das wirklich schon alles gewesen? Es liegt in der menschlichen Natur – sobald wir uns nicht mehr um die reine Existenzerhaltung kümmern müssen, arbeiten wir an besseren Lebensbedingungen. Nur um dann, wenn wir uns mit allem Komfort und aller Bequemlichkeit ausgestattet haben, festzustellen, dass wir trotzdem nicht zufriedener sind als vorher. Stellen wir dann fest, dass wir keine Spur glücklicher geworden sind, geraten wir ebenfalls in eine Lebenskrise. Hier steht der nächste Entwicklungsschritt an: das spirituelle Erwachen.

Schamanische Rituale können während einer Lebenskrise und in Zeiten des spirituellen Erwachens über das menschliche Leiden hinaus und in die eigene Kraft führen. Bisherige Begrenzungen können wir hinter uns lassen. Der Mensch ist in ständiger Veränderung, das ist ein universelles Gesetz, denn er will sich weiterentwickeln. So wachsen wir unentwegt aus irgendeiner Rolle, die sich erfüllt hat, heraus in eine neue hinein. Wir durchlaufen in unserem Leben mehrere Übergänge, vom Kind zum Jugendlichen, von der Schülerin zur Berufstätigen, von der Frau zur Mutter, vom Junggesellen zum Ehemann, vom Arbeitnehmer zum Pensionär. Auch durch Umstellungen wie Umzüge, Stellenwechsel, Partnerverlust und so weiter gelangen wir immer wieder an eine Schwelle, an der wir Altes verabschieden müssen. Und das, obwohl wir oft noch im Ungewissen sind, was das Neue mit sich bringen wird. Auch hier kann ein schamanisches Ritual, das die alte

Rolle würdigt und so verabschiedet und die neue Rolle begrüßt, die Entwicklung erleichtern.

Es gibt eine Reihe schamanischer Rituale, die in unserer modernen Zeit hilfreich und in umfassender Weise heilsam sind:

- Seelenzentrierung, um uns mit dem Hier und Jetzt zu verbinden.
- Reise zur ewigen Seele, um uns wieder mit unserer vollkommenen, heilen und alles durchdringenden Seele zu verbinden.
- Rekapitulation der biografischen Lebenslinie, um festsitzende Seelenkraft aus vergangenen Situationen ins Hier und Jetzt zu holen.
- Auflösung von Seelenverstrickungen, um Seelenkraft, die wir anderen Menschen überlassen haben, wieder zu uns zurückzuholen.
- Finden eines Krafttieres, dessen Kraft uns durch einen persönlichen Prozess begleitet.
- Seelenrückholung, um Seelenkraft, die sich durch ein Ereignis in die nichtalltägliche Wirklichkeit zurückgezogen hat, wieder ins Hier und Jetzt zu bringen.
- Schamanische Extraktion, um Kräfte dorthin zurückzuführen, wo sie ursprünglich zu Hause sind.
- Psychopompos und Seelenbegleitung, um Seelen in ihre Seelenheimat zu begleiten.

Die Anwendung schamanischer Heilrituale zeigt mir gerade in einer Welt, in der sich der Mensch vor allem über seine Prägung, sein soziales Umfeldes, seine Ausbildung und seine Erfahrungen definiert, dass wir nicht nur das Produkt unserer Vergangenheit sind. Wir sind zugleich auch geistige Wesen, eingebunden in die Kräfte der Natur und des Universums, die uns mittragen und uns eine Familie sind. Diese Erkenntnis lässt uns über die Begrenzung unserer Biografie hinauswachsen, sie lässt uns unsere wirkliche Essenz erfahren.

Bewusstseinserweiterung und andere Wirklichkeiten

Während meiner Krise hatte ich eine Erkenntnis, die mich bis heute nicht mehr loslässt: Es gibt mehrere Wirklichkeiten unseres Seins, als die fass- und sichtbare Welt uns glauben machen will.

Als erwachsene Menschen sind wir darauf konditioniert und fixiert, die Welt als eine Welt der festen Objekte wahrzunehmen. Diese Wahrnehmungsweise ist jedoch nur eine von vielen möglichen. Kinder, die noch offen für andere Wahrnehmungsebenen sind, haben oft Einblicke in eine Welt, die Castaneda als Fluss reiner Energien bezeichnet hat. Mit zunehmendem Alter verlieren wir die Flexibilität unserer Wahrnehmungsmöglichkeiten und haben, wenn überhaupt, nur noch in unseren Träumen Zugang zu ihnen. Allerdings kann es passieren, dass wir unerwünscht in solche veränderte Bewusstseinszustände geraten, durch Drogeneinfluss, durch eine Krankheit mit extremem Fieberschub oder wenn wir unter extremer Belastung stehen, in der mehrere Faktoren wie Stress, Druck, Schlafentzug und so weiter zusammenkommen. Da diese Zustände meistens unvorbereitet kommen und wir nicht gelernt haben, damit umzugehen, verstehen wir sie nicht und erleben sie als bedrohlich. Immer mehr Menschen erfahren solche Bewusstseinsveränderungen, gewollt oder ungewollt, und erhalten einen Einblick in diese anderen Welten. Der Schamanismus ist ein Weg, um einen natürlichen Umgang mit erweiterten Bewusstseinszuständen zu lernen. Er ist eine Möglichkeit, aus unseren beschränkten Wahrnehmungsweisen auszusteigen.

Die Zeit ist reif, das Leben und die Geschehnisse der Welt aus einer erweiterten Perspektive zu betrachten. Wir haben durch unseren menschlichen Verstand und die Logik enorm viel erreicht. Aber trotz ausgeklügelter Technik und wissenschaftlicher Erkenntnisse gibt es Weltanliegen, die auf dieser Ebene schlichtweg nicht zu lösen sind. Auf rationalem Wege finden wir keine befriedigenden Antworten mehr für all die Probleme der Umwelt, der Wirtschaft, des Gesundheitswesens, aber auch in persönlichen Bereichen. Während meiner persönlichen Krise habe ich die Lösungen nicht auf einer konkreten, rationalen Ebene gefunden. Erst als ich mich über meine gewohnten Denkmuster und Wahrnehmungsebenen hinauswagte, mich für andere Wirklichkeiten öffnete, ergaben sich plötzlich neue Erkenntnisse, Möglichkeiten und Wege. Zugleich wurde mir einmal mehr bewusst, in welchem Maße wir eine von Intellekt und Wissenschaft gesteuerte Gesellschaft geworden sind, in der Intuition und Instinkt belächelt werden. Aber gerade dort finden wir eine Kraft, eine wiederzuentdeckende Kreativität, die uns als weise Lehrerin neue Wege aufzeigt. Dabei meine ich nicht Regression, sondern eine Erweiterung und Verbindung von Intellekt und Intuition.

Die Verbindung von Wissen und Intuition

Seit Harner und Castaneda ist klar: Schamanismus kann man nicht über den Verstand erfassen, man muss ihn an sich selbst erfahren, um zu verstehen, was er ist. Als Zaungäste und belesene Betrachter erfahren wir nichts über die Wirkung der Kräfte aus Natur und Universum. Es ist ein nicht ganz einfaches Unternehmen, vom Denken ins Erleben zu kommen. Wir sind zu gut darauf konditioniert, unser Leben und die Welt über den Verstand und die Analyse zu erfassen und so auch auf scheinbar sichere Distanz zu halten.

Der Mensch hat durch sein Denken und mit der Umsetzung seiner wissenschaftlichen Erkenntnisse viel erreicht. Allein die herausragenden und rasanten Entwicklungen der letzten 100 Jahre sind enorm, und es scheint in diesem Tempo auch weiterzugehen. Ich würde sogar sagen, dass der Mensch die wissenschaftliche, rationale und intellektuelle Ebene wirklich perfektioniert hat. Zugleich sind wir jedoch eine Gesellschaft von Denkern und Machern geworden, in der Instinkt und Intuition nicht mehr zu den menschlichen Stärken gehören. Wie die fortschreitende Zivilisation den Schamanismus verdrängte, verdrängten Fortschritt und rationales Denken Intuition und Instinkt, oder anders ausgedrückt, unser unsichtbares, träumendes Sein, unsere kreative, intuitive Seite und unsere Seelenlandschaft. Immer mehr Menschen sind es müde geworden, in einer Welt zu leben, in der sie einfach nur »funktionieren« und mit letzter Kraft versuchen, den Anforderungen des Lebens gerecht zu werden. Das ist Überleben, Ertragen und Aushalten, hat aber mit Leben nicht mehr viel zu tun. Leben bedeutet Kreativität, Träume und Sehnsüchte in den Alltag miteinzubeziehen.

Die Zeit, in der wir Menschen und die Welt tief greifende Veränderungen erleben, ist reif für die Rückkehr unserer Seele mit ihrer Sehnsucht und Kreativität. Es ist Zeit für das träumende Sein in dieser Wirklichkeit. Die schamanische Reise und das schamanische

Heilritual sind Möglichkeiten, dem Ruf der eigenen Seele zu lauschen, ihre Kraft zu spüren, Heilung und Ausgleich zwischen den Bereichen unseres Verstandes und unserer Intuition wieder zuzulassen.

Die schamanische Kosmologie

Der Schamanismus führt uns in eine Welt, die hinter dem Sicht- und Fassbaren liegt. Durch die schamanische Reise ermöglichen wir eine Begegnung mit unseren Verbündeten aus der nichtalltäglichen Wirklichkeit. Das können Krafttiere, Lehrer/innen, Ahnen, Pflanzengeister und Sternenverbündete sein. Mittels monotonen Trommelklängen, die unser Bewusstsein verändern und unsere Wahrnehmungsmöglichkeiten vergrößern, lassen wir unsere Seele auf Reisen gehen. Wir tauchen in andere Sphären ein, um neues Wissen über uns, Kraft und Heilung für unser Dasein zu erfahren. Wir reisen immer mit einer bestimmten Absicht, einem klaren Anliegen. Das kann zum Beispiel sein, ein Krafttier für eine bevorstehende Prüfung zu finden. Diese Absicht wird jeweils vor der Reise festgelegt und formuliert. Die schamanische Reise führt uns in andere Wirklichkeiten, die nicht an Zeit und Raum gebunden sind. Damit wir in einer Welt, die uns noch wenig bekannt ist, nicht »verloren gehen« und wir immer wieder in diese Wirklichkeit zurückfinden, helfen uns unsere Verbündeten und die schamanische Kosmologie der drei Welten. Diese dienen uns als Richtlinien. Die schamanische Kosmologie kennt eine untere, eine mittlere und eine obere Welt.

Die untere Welt

Die untere Welt wird den Krafttieren zugeordnet. Das Tier war für die frühen Völker lebenserhaltend. So ist diese Welt der Ort der Lebenskräfte. Hier reisen wir mit unserem Bewusstsein hin, wenn wir vitale und heilende Kräfte benötigen. Der Einstieg in die untere Welt erfolgt über eine Erdöffnung. Das ist ein Eingang, der uns den Eintritt in das Erdinnere ermöglicht, zum Beispiel ein Maulwurfloch, ein See, eine Pfütze, ein Wurzelloch und so weiter.

Die obere Welt

Die obere Welt gehört den menschenähnlichen Wesen, unseren Lehrern, Ratgeber/innen und Ahnen, die sich in Blutsahnen, Wissensahnen und mythische Ahnen unterteilen. Dorthin reisen wir, wenn wir persönliche Fragen zu unserer Lebensaufgabe oder Zukunft haben, Lösungen für ein aktuelles Problem brauchen, aber auch, um neues Wissen und Lebensweisheiten zu erhalten. Den Einstieg in die obere Welt finden wir, indem wir hochfliegen bis zur Grenze unseres physischen Kosmos und eine Art Grenzschicht durchstoßen. Als Absprungsfläche kann uns ein Berg oder eine Baumspitze dienen, von dem oder der aus wir zum Beispiel in ein Föhnloch oder auf eine Wolke springen. Aber auch ein Regenbogen oder ein Sonnenstrahl kann uns in die lichten Höhen ziehen, oder wir steigen mit dem Rauch eines Feuers hinauf in die obere Welt.

Die mittlere Welt

In der mittleren Welt treffen wir die Naturgeister an. Es ist die Welt der Feen, Gnome, Pflanzen, Mineralien, der Elementarkräfte Wind, Wasser, Feuer, Erde, der Sternenkräfte, aber auch der erdgebundenen Seelen, die den Weg ins Licht noch nicht gefunden haben. Auch wenn wir Fragen zu Orten, materiellen Gegenständen und zu uns, unserem biografischen Leben haben, reisen wir in die mittlere Welt. Der Eintritt in diese Welt erfolgt immer von da aus, wo wir gerade sind. Wir gehen durch unsere Haustür, ein Fenster oder durch das Dach unseres Hauses. Die Welt, die wir dann antreffen, muss nicht zwangsläufig so aussehen, wie wir sie in der alltäglichen Wirklichkeit sehen. Die mittlere Welt zeigt sich uns in ihrer geistigen Form und darin sind räumliche oder farbliche Veränderungen keine Seltenheit.

Die schamanische Reise

Wenn Sie noch keine Erfahrung im schamanischen Reisen haben, sollte die Absicht Ihrer ersten Reise sein, einen Verbündeten in der nichtalltäglichen Wirklichkeit zu finden. Dieser ist von da an Ihr Reiseführer und Begleiter in der nichtalltäglichen Welt. Er oder sie wird Sie in all Ihren Anliegen beraten, unterstützen und Ihnen jeweils den Weg in der nichtalltäglichen Welt weisen. Aber Ihr Verbündeter wird

Ihnen nie sagen, was Sie zu tun haben, und Ihnen nie die Entscheidungen für Ihr Leben und Handeln abnehmen. Das liegt weiterhin in Ihrer Verantwortung.

Im Folgenden gebe ich Ihnen den genauen Ablauf der schamanischen Reise, auf der Sie Ihren Verbündeten in der unteren oder oberen Welt treffen können. Es ist zugleich das Grundmuster für die schamanischen Reisen, die Sie mit einer anderen Absicht unternehmen können. Es ist sinnvoll, dafür einen Verbündeten zu haben, der Sie führt. Ihn treffen Sie auf der folgenden, Ihrer ersten Reise (wenn Sie bisher unerfahren im schamanischen Reisen sind).

Die schamanische Reise

- Die Vorbereitung einer schamanische Reise in die untere Welt beginnt in der alltäglichen Wirklichkeit. Schaffen Sie sich eine behagliche Atmosphäre, in der Sie für eine Weile ungestört sind.
- Legen Sie eine CD mit monotoner Trommelmusik oder anderweitig monotonem Rhythmus in Ihren CD-Player. Diese CD sollten Sie nur zum Zweck des Reisens benutzen. Am besten geeignet ist die CD von Michael Harner: *Shamanic Journey 1* (siehe Literaturverzeichnis), die Sie nach 15 oder 30 Minuten durch einen veränderten Trommelrhythmus wieder zurückholt. Falls Sie eine andere Musik verwenden wollen, stellen Sie einen Wecker, der Sie nach 15 Minuten oder spätestens nach 30 Minuten wieder in die alltägliche Wirklichkeit holt.
- Nehmen Sie nun, sitzend oder liegend, eine entspannende, aber nicht einschläfernde Haltung ein. Nehmen Sie keine Ihnen sonst bekannte Meditationsposition ein.
- Stellen Sie sich einen Ort in der Natur, einen Kraftort vor, der in dieser Wirklichkeit existiert, möglichst in Ihrer näheren Umgebung liegt und gute Gefühle in Ihnen hervorruft. Von nun an wird das Ihr Start- und Rückkehrplatz für Ihre schamanischen Reisen in die untere Welt sein. Spüren Sie diesen Ort mit all Ihren Sinnen. Was riechen Sie? Wie fühlt sich der Boden unter Ihren Füßen an? Schauen Sie sich um und suchen Sie eine Erdöffnung. Dies kann eine Öffnung in einem Baumstamm sein, ein Maulwurfseingang, ein kleiner See oder irgendetwas, das Sie einlädt, in das Innere der Erde zu gelangen.

- Formulieren Sie jetzt Ihr Anliegen für Ihre Reise. Bei Ihrer ersten Reise lautet Ihr Anliegen: Ich will ein Krafttier für mich finden.
- Spielen Sie nun die Trommelmusik ab und öffnen Sie ihr Körpertor – das ist der Ort, an dem Ihre freie Seele aus dem Körper tritt, zum Beispiel beim Herzen oder aus dem Scheitel. Gehen Sie nun durch die Erdöffnung, mit der Absicht, so schnell wie möglich in die untere Welt zu gelangen, um dort Ihr Krafttier zu treffen.
- In der unteren Welt angekommen – Sie werden es spüren, sehen oder einfach wissen – rufen Sie nach Ihrem Krafttier: Krafttier, wo bist du? Komm, zeig dich mir.
- Sobald ein Tier auftaucht, fragen Sie: Bist du mein Krafttier? Ihr Verbündeter wird sich in irgendeiner Form zu erkennen geben. Vielleicht wackelt es mit den Ohren, reibt seine Nase an Ihnen oder bleibt einfach bei Ihnen stehen. Wenn ein Tier kommt, mit dem Sie sich nicht wohlfühlen, bedanken Sie sich bei ihm für seinen Besuch. Teilen Sie ihm dann mit, dass die gemeinsame Zeit für Sie beide noch nicht gekommen ist. Verabschieden Sie es.
- Wenn Sie Ihr Krafttier gefunden haben, lernen Sie es kennen. Lassen Sie sich von ihm sein Wesen und seine Welt zeigen, bis Sie das Rückholsignal, vier mal sieben Trommelschläge, zurückruft. Bedanken Sie sich bei Ihrem Krafttier. Verabschieden Sie sich. Es folgen auf der CD von Harner nun schnelle Trommelschläge: Zeit für Sie, den gleichen Weg, den Sie gekommen sind, zurückzugehen. Es folgen nochmals vier mal sieben Trommelschläge, kehren Sie zum Startplatz zurück und kommen Sie langsam wieder in den Raum der alltäglichen Wirklichkeit.
- Nehmen Sie sich noch etwas Zeit zum Nachspüren. Verankern Sie die Kraft Ihres Verbündeten in der alltäglichen Wirklichkeit, indem Sie:
  - Ihre Erfahrung aufschreiben
  - etwas Musik laufen lassen und Ihren Verbündeten einladen, durch Sie zu tanzen
  - ein Bild von Ihrem Krafttier malen
  - einem anderen Menschen oder einem Baum an Ihrem Lieblingsplatz in der Natur Ihr Erlebnis erzählen
  - sonst etwas tun, das Sie mögen und/oder gut können – aber nun mit der Kraft Ihres Verbündeten zusammen

Variante: Reise in die obere Welt

Um einen Verbündeten in der oberen Welt, einen Ahnen oder einen Lehrer zu finden, gehen Sie wie beschrieben vor, reisen aber nicht in die untere, sondern in die obere Welt. Von Ihrem Startplatz aus fliegen Sie hoch zur Grenze unseres physischen Kosmos und durchstoßen eine Art Grenzschicht. Springen Sie von einem Berg oder einer Baumspitze in die Höhe. Lassen Sie sich von einem Vogel hochbringen. Aber auch ein Regenbogen, ein Sonnenstrahl, der Rauch eines Feuers kann Sie in die lichten Höhen der oberen Welt ziehen. Ihr Anliegen lautet nun: Ich will eine Lehrerin oder einen Ahnen für mich finden. Ansonsten bleibt der Ablauf gleich.

Die Beziehung zu unseren Verbündeten

Oftmals erhalten wir die Antworten auf unseren schamanischen Reisen nicht in der Weise, die wir erwartet haben. Unsere Verbündeten geben selten konkrete Anweisungen in Worten oder ganzen Bildabläufen. Das irritiert die meisten Menschen, die das erste Mal eine schamanische Reise unternehmen. Oft sind sie enttäuscht und haben das Gefühl, nichts erlebt zu haben, wenn sie die Antwort nicht wortwörtlich hören oder in Bildern sehen. Hier gilt es lediglich zu erkennen, dass wir mit den Erwartungen der alltäglichen Wirklichkeit eine Reise unternahmen, die vorwiegend auf das Sehen und Hören ausgerichtet ist. Was jeder sieht und hört, ist »wahr«. Aber unsere Verbündeten aus der nichtalltäglichen Wirklichkeit kommunizieren mit uns nicht nur auf dieser Ebene, sondern nutzen all unsere Sinnes- und Wahrnehmungsebenen. Unsere Verbündeten aus der nichtalltäglichen Welt setzen sich mit uns über die Intuition, die Gefühle, die Fantasie oder den kreativen Ausdruck in Verbindung. Seien Sie also offen, auf welche Art sich Ihre Verbündeten zeigen. Vielleicht fühlen oder riechen Sie sie zu Beginn einfach.

Es braucht etwas Zeit, die Art der Kommunikation Ihrer Verbündeten kennen- und verstehen zu lernen. Wenn Sie nicht sicher sind, ob Sie sich Ihre Erlebnisse nur eingebildet haben oder ob die Antwort nicht von ihnen selbst stammt, gebe ich Ihnen ein paar einfache Grundregeln mit auf den Weg:

Zum Umgang mit dem Erlebten

- Es gibt keine Einbildung. Der Einstieg in die Kommunikation mit Ihren Verbündeten findet immer zuerst über Ihre Vorstellungskraft und Fantasie statt. Schamanisch Reisen ist eine Mischung aus Ihren eigenen und den plötzlich hinzuschießenden Ideen Ihrer Verbündeten. Erlauben Sie sich alles, was Sie erleben und wahrnehmen, als Antwort Ihrer Verbündeten anzuschauen. Mit der Zeit werden Sie den Unterschied merken. Sie fallen ja bei den schamanischen Reisen nicht in Volltrance. Ihr Bewusstsein ist zwar verändert, aber Sie fühlen Ihren Körper noch und nehmen auch wahr, was um Sie herum geschieht. Ich beziehe sogar die Geräusche in meiner Umgebung als Teil der Reise mit ein. Ich nehme alle Körperwahrnehmungen und auch das, was im Raum um mich her geschieht, als Teil der Kommunikation.
- Seien Sie achtsam, wenn Sie auf Verbündete stoßen, die Ihnen sagen, was Sie zu tun haben. Verbündete machen uns keine Vorschriften für die alltägliche Wirklichkeit und nehmen uns auch keine Entscheidungen ab. Sie unterstützen uns in unseren Anliegen. Falls Sie jemandem begegnen, der Ihnen sagt, was Sie in der alltäglichen Wirklichkeit tun sollen, schicken Sie ihn weg. Überprüfen Sie nach der Reise, inwiefern Sie selbst zu diesem Thema die Verantwortung nicht übernehmen wollen.
- Wenn Sie eine Reise unternommen, aber nichts erfahren haben, was Sie nicht schon vorher wussten, können Sie davon ausgehen, dass Sie sich im wohlbekannten Bereich Ihres Verstandes aufgehalten haben. Unsere Verbündeten mögen es sehr, uns zu erstaunen und zu überraschen. Ihre Antworten haben immer etwas Überraschendes, Neues oder zeigen uns eine andere Sichtweise zum Thema auf. Erlauben Sie Ihrem Bewusstsein auf weiteren Reisen sich auszudehnen und in neue Wirklichkeiten einzutauchen. Vielleicht ist es aber auch nicht der richtige Zeitpunkt für Ihr Vorhaben und es muss noch ein wenig Zeit vergehen, in der Sie bestimmte Erfahrungen machen oder sich Ihr Vorhaben klarer abzeichnet.

Die Kraft der Sterne

Wie die Sterne uns träumen

Bei der Geburt eines Menschen stehen die Planeten in einer bestimmten Konstellation am Himmel, die so niemals wiederkehrt. Mit jeder Geburt halten die Sterne für einen kurzen Augenblick den Atem an, manifestieren einen ihrer Träume, erschaffen im neugeborenen Menschen ein Abbild des himmlischen Kraftgewebes. Sie geben ihm die herrschenden Kräfte zur Gestaltung seines Lebens mit auf den Weg. Mit unserem ersten Atemzug verbinden wir uns mit dem Leben und den Sternenkräften. Diese stehen uns zur Gestaltung unseres Lebens zur Verfügung. Sergio Bambaren drückte das sehr schön in seinem Buch *Die Zeit der Sternschnuppen* aus:

> *Dein Leben ist ein Geschenk des Universums. Aber was du mit deinem Leben machst, wird dein Geschenk an das Universum sein.*

Wie die Planeten zum Zeitpunkt unserer Geburt standen, sehen wir in unserem Geburtshoroskop. Die schamanische Auseinandersetzung mit den Sternenkräften zeigt mir, dass die Planeten in den Sternzeichen nicht einfach unseren Charakter definieren und unser Schicksal bestimmen. Sie stellen vielmehr die Absicht unserer Seele dar, wie wir dieses Leben erfahren und ausdrücken wollen. Wenn Sie zum Beispiel im Sternzeichen Löwe geboren sind, die Sonne also bei Ihrer Geburt im Zeichen Löwe stand, müssen Sie nicht unweigerlich mit den dafür typischen Qualitäten wie Selbstvertrauen und Lebensfreude ausgestattet sein. Ihre Seele aber will dieses in Ihnen angelegte Potenzial der Lebensfreude und des Selbstvertrauens im Laufe des Lebens erforschen, erfahren und entwickeln. Wie Sie das Urprinzip der Planetenkräfte zum Ausdruck bringen, das schreiben Ihnen die Sterne nicht vor. Mit dieser Betrachtungsweise löse ich mich von einer weitverbreiteten und meines Erachtens missverständlichen Sichtweise über die Astrologie, die besagt, dass die Sterne unser Schicksal und unseren Charakter bestimmen.

Schamanismus in Verbindung mit der Astrologie

Der Schamanismus lehrt mich, meine Wahrnehmung über die Grenzen der alltäglichen Wirklichkeit hinaus auszudehnen, meine eigene Wahrheit zu spüren und ihr zu folgen. In Verbindung mit meinen Verbündeten der nichtalltäglichen Wirklichkeit finde ich Antworten auf meine Fragen, Kraft für mein Leben und Geborgenheit im Dasein. Irgendwann kam mir eine Idee: Wenn ich mich als Schamanin unmittelbar mit den umliegenden Kräften der Erde, meinen Verbündeten, den Krafttieren und meinen Ahnen verbinden kann, könnte ich das doch auch mit den Sternen ausprobieren. Mit einer kleinen Gruppe von Menschen begann ich, die verschiedenen Planetenkräfte schamanisch zu bereisen und zu erforschen. Die Entdeckungen und Erfahrungen, die wir dabei machten, verblüfften uns alle. Wir erlebten die Kräfte der Planeten, dabei spielte das astrologische Wissen keine Rolle mehr. Es ging lediglich um die Erfahrung. Nach einer Reise zu Mars strotzten wir vor Kraft. Mit der Reise zur Sonne begriffen wir, dass wir die Schöpfer unseres Lebens sind, und Venus lehrte uns, dass die Liebe bei jedem Einzelnen selbst beginnt.

Auf den Reisen zu den Sternenahnen erlebe ich eine solch große Weisheit und Kraft, die eine schon lange in mir liegende Ahnung bestätigt: Es steckt noch viel mehr Wissen in den Sternenkräften, als wir bisher nutzen. Die schamanische Reise zu den Sternen ermöglicht uns einen neuen Zugang und Umgang mit ihnen.

Mit dem Wechsel des Frühlingspunktes aus dem Sternbild (nicht zu verwechseln mit dem Tierkreiszeichen) des Fisches in das Sternbild des Wassermannes, treten wir in ein neues Zeitalter ein, das nun für ungefähr 2150 Jahre den Zeitgeist bestimmt. Für uns auf der Erde lebende Menschen birgt das große Möglichkeiten der Entwicklung und Bewusstseinserweiterung, wie wir gleich noch sehen werden.

Ganz im Sinne des Wassermannzeitalters möchten auch unsere Sternenahnen von einer begrenzenden Sichtweise in eine größere Freiheit und Wirksamkeit entlassen werden.

Neuer Zeitgeist – neues Bewusstsein

Der aufkommende Zeitgeist des Wassermannzeitalters trägt das Potenzial in sich, das menschliche Bewusstsein auf eine neue, noch nie da gewesene Ebene zu führen. Neue Kraft fließt ins menschliche Bewusstsein und macht neue Erfahrungen und Erkenntnisse in allen Lebensbereichen möglich. Aus astrologischer Sicht wächst die Menschheit mit dem Wechsel vom Fische- ins Wassermannzeitalter aus den Kinderschuhen heraus. So wie ein Kind, das langsam ins Erwachsenenalter hinüberwechselt und sich als eigenständiges Wesen wahrzunehmen beginnt, das mehr und mehr Verantwortung für seine Handlungen übernimmt, so steht die Menschheit vor diesem Schritt. Dies öffnet auch ein neues Portal zu den Sternen und einen anderen Umgang mit ihnen. Wir können mitten in das Wissen und die Weisheit der Sterne hineingreifen und fühlen uns nicht mehr einfach ihrer Wirkung ausgesetzt.

Themen des Wassermannzeitalters in ein paar Stichworten

- Schöpfer/Schöpferin des eigenen Lebens sein
- Das Erkennen der eigenen Wahrheit
- Die eigene göttliche Natur erkennen und in der alltäglichen Wirklichkeit zum Ausdruck bringen
- Ausstieg aus der Dualität und Linearität, Weg in die Multidimensionalität, das Überschreiten bisheriger Begrenzungen, Paradigmenwechsel
- Verbindung von Materie und Geist
- Verbindung beziehungsweise Versöhnung der negativen und positiven, maskulinen und femininen Kräfte
- Erwachendes Bewusstsein
- Neue Erkenntnisse, Bewusstseinserweiterung, Quantensprung

Welt im Wandel – Zeitenwende

Die Welt ist im Wandel. Die rasanten Fortschritte und Expansionen der letzten Jahre, ein Markenzeichen des Wassermannzeitalters, sind bemerkenswert. Man denke nur an die Entwicklung der Computertechnik und des Internets. Wer hätte vor 50 Jahren, als die ersten »Großrechner« in Betrieb genommen wurden, das Ausmaß dieser Entwicklung vermutet, das wir heute erleben? Überhaupt ist die explosionsartige Zunahme an Erfindungen in den letzten 150 bis 200 Jahren sehr augenfällig. Für mich ein Zeichen, dass wir immer mehr ins Zeitalter des Wassermanns vorstoßen. Der Bewusstseinswandel, der durch den neuen Zeitgeist ausgelöst ist, wirkt sich auch auf die Entwicklung und Erfindung neuer technischer Geräte und Hilfsmittel aus. Aber nicht nur mit dem Eintritt ins Wassermannzeitalter stehen Veränderungen an, die sowohl auf globaler als auch auf persönlicher Ebene starke Auswirkungen auf uns haben. Politische, wirtschaftliche, moralische, ethische, soziale und ökonomische Umbrüche und Erneuerungen sind bereits jetzt spürbar. Es wird immer schwieriger, so zu tun, als wäre die Welt noch die gleiche wie gestern. Die alten, im Fischezeitalter gültigen Systeme, Ordnungen und Werte verlieren mehr und mehr an Kraft. Diese alten Vorstellungen über das Leben dienen uns einfach nicht mehr im gleichen Maß. Lebenskonzepte, die bisher gut funktioniert haben, funktionieren plötzlich nicht mehr. Dem Sternzeichen Wassermann wird Uranus zugeordnet und seine Kraft revoltiert.

Die ersten Zeichen des neuen Zeitalters zeigten sich schon mit der Entdeckung des Planeten Uranus im Jahre 1781. Diese sprengte das bisher geschlossene astrologische System der zuvor bekannten sieben »Planeten« Sonne, Mond, Merkur, Venus, Mars, Jupiter und Saturn. Die Entdeckung eines neuen Planeten bedeutet immer, dass sich das Bewusstsein der Menschen weiterentwickelt und für eine neue Kraft geöffnet hat. Ereignisse, die zur Zeit der Entdeckung stattfinden, geben immer auch Hinweise über die Kraft des neuen Planeten. 1789, acht Jahre nach der Entdeckung des Uranus, brach die Französische Revolution aus. Umwälzungen gehören zum Wassermann.

Der Übergang vom Zeitalter der Fische in das des Wassermanns, erstreckt sich über einen längeren Zeitraum, der nicht genau fixiert werden kann. Im Fischezeitalter erhielt die Hinwendung zu Glauben und Religion eine neue Bedeutung. Die Christusenergie verankerte sich auf der Erde. In den letzten 2000 Jahren machten die Welt und die Menschen ihre Erfahrungen mit den Themen Glaube, Religiosität, Nächstenliebe, Mitgefühl, Hingabe, Dienen, Opferbereitschaft und Ich-Auflösung. Diese Erfahrungen fanden unter unterschiedlichen Aspekten und teils brutalen Auseinandersetzungen statt. Wie der einzelne Mensch an diese Themen herangeht, schreibt der Zeitgeist nicht vor. Manche Menschen machten ihre Erfahrungen mit diesen Themen als Befürworter, andere als Gegner oder indem sie sich fanatisch für eine einzige Wahrheit einsetzten und dafür über Leichen gingen, wieder andere, indem sie ihre Kräfte missbrauchten. Aber letztlich ging es immer um die Erfahrung mit dem Thema Glaube und Religion. (Nähere Erklärungen über unseren Erfahrungsbereich zwischen Negativ und Positiv finden Sie im Kapitel *Die Wandlungskraft der Sterne nutzen)*

Das Wassermannzeitalter wird von Fortschritt, Bewusstseinsveränderungen und Spiritualität geprägt sein. Das Universum öffnet seine Schleusen und stellt uns sein kosmisches Wissen zur Verfügung. Beide Werteskalen, die bisherigen des Fischezeitalters und die neu entstehenden des Wassermannzeitalters, werden noch längere Zeit parallel nebeneinander herlaufen.

Astrologie im Wandel

Seit jeher beeinflusst das menschliche Bewusstsein, die Veränderung und Erweiterung unserer Wahrnehmungen, die menschliche Entwicklung und Evolution entscheidend mit. Auch die Astrologie entwickelte sich im Laufe der Jahrhunderte weiter und veränderte sich mit dem Bewusstsein und den Bedürfnissen der Menschen.

Unsere Vorfahren, deren Ich-Gefühl nicht im gleichen Ausmaß wie bei uns heute vorhanden war, erlebten und definierten sich stärker durch die unmittelbaren Einflüsse ihrer Umgebung. Sie glaubten, dass die Planeten die Wohnsitze der Götter seien. Schicksalsgläubig fühlten sie sich den Göttern auf Gedeih und Verderb ausgeliefert. Um den göttlichen Willen besser zu verstehen, versuchte man, eine Ordnung zu erkennen, indem man das Geschehen am Himmel in

Zusammenhang mit irdischen Ereignissen brachte. Nicht zuletzt auch in der Hoffnung, Schutz und Geborgenheit zu finden.

Die klassische Astrologie, wie sie über Jahrhunderte praktiziert wurde, ist eine Astrologie, die die Planeten schicksalsorientiert in Wohltäter oder Übeltäter einordnet. Sie geht von einem festen Ursache-Wirkung-Prinzip aus. Dies war auch angemessen in einer Zeit, in der die Menschen wenig Selbstbestimmungs- und Wahlmöglichkeiten hatten. Herrscher und Könige, einerseits Repräsentanten der Götter, aber zugleich auch Träger des menschlichen Kollektivs, nutzten die astrologischen Kenntnisse vorwiegend für politische, wirtschaftliche und landwirtschaftliche Angelegenheiten, um ihre Länder zu regieren und ihre Macht zu erhalten.

Je mehr sich der Mensch seiner selbst bewusst wurde, desto mehr wurde die Astrologie auch für persönliche Anliegen und Fragen genutzt. Die Psychologie beeinflusste und veränderte Mitte des 20. Jahrhunderts auch die Astrologie. Die klassische Astrologie, die den verschiedenen Planeten wertend günstige oder ungünstige Einflüsse zuschreibt, nahm durch die psychologisch eingefärbte, neuere Astrologie eine sanftere Form an. Die psychologische Astrologie setzt Charakter, Verhalten und Erleben des Menschen in Zusammenhang mit dem Geburtshoroskop, ohne in gute und schlechte Einflüsse zu unterteilen. Sie geht vielmehr davon aus, dass alles zwei Seiten hat. Wir können aus der Sicht der psychologischen Astrologie zwar unser Horoskop nicht verändern, jedoch die Art, wie wir es leben und die einzelnen Bereiche ins Leben bringen.

Mit dem Eintritt ins Wassermannzeitalter steht für mich die Astrologie nun wieder an einem Punkt, an dem sie sich zu einer neuen Ebene hin entwickeln kann.

Sternenverbündete

Kernpunkt der Entwicklung, die die Astrologie jetzt erfahren kann, ist für mich das wirkliche »Erleben« der Planenten und Sterne als Mitwesen und Verbündete im kosmischen Ganzen, wie es auf eine schamanische Weise möglich ist. So wie die alten Schamanen die unterstützenden Kräfte in Form von Krafttieren, Pflanzengeistern oder Ahnen herbeirufen konnten, um Rat, Heilung und Kraft durch ihre

Weisheit zu erhalten, stehen uns auch die Sterne als verbündete Geistwesen zur Seite.

Auf meinen Reisen zu ihnen bin ich immer wieder über ihre Weisheit erstaunt. Meine Leidenschaft für die Sterne wurde durch das schamanische Reisen noch tiefer und umfassender. In dieser neuen Verbindung zu den Sternen wurde mir klar: Es ist ihnen ein großes Anliegen, dass wir einen neuen Zugang zu ihnen finden und sie in einem erweiterten Sinne erkennen und erfahren. Indem ich die Sterne als Gleichgesinnte und Verbündete ansehe, entlasse ich sie in die Freiheit, entlasse ich sie aus ihrer antiken Rolle der schicksalsbestimmenden Götter, aber auch aus der Rolle der Psychologen.

Die Sterne zeigen mir, wie ich ihre Kraft unmittelbar erleben und ihre schöpferische Kraft lustvoll in meine Lebensgestaltung einbringen kann. Die Sterne freuen sich, wenn wir endlich das zum Ausdruck bringen, was in Wirklichkeit jeder von uns ist: ein wunderbares und eigenes Seelenwesen mit einer schöpferischen Ausdrucks- und Gestaltungskraft.

Die schamanische Reise zu den Sternen

In der Astrologie werden jedem Planet verschiedene Prinzipien zugeordnet. Die Sonne steht für unsere Wesensmitte und Persönlichkeit. Der Mond für Weiblichkeit, Gefühle, Intuition und Bedürfnisse. Die Venus für Werte, Liebe und Genuss. Mars für Durchsetzungskraft und Wille. Merkur für Beweglichkeit, Kommunikation und Austausch und so weiter. Reist man auf schamanische Weise zu den Planeten hin, kann man diese und weitere Qualitäten direkt erfahren. Zum einen in ihrer allgemeinen Wirkungsweise, zum anderen aber auch in der Form, die für einen selbst in der aktuellen Lebensphase bedeutsam ist. Auf meinen schamanischen Reisen zu den Sternenkräften lasse ich mir stets von ihnen zeigen, welche dieser Prinzipien ich genauer erforschen und in meinem Leben umsetzen sollte. Noch lange nicht habe ich alle astrologischen Zuordnungen der Planeten bereist und untersucht. Es gibt hier noch viel zu erforschen. Und dazu möchte ich Sie einladen.

Im Folgenden finden Sie genaue Anleitungen, wie schamanische Reisen zu den Sternen durchgeführt werden können. Ich stelle Ihnen auch die verschiedenen Zielsetzungen vor, mit denen Sie reisen können. Die darauf folgenden Kapitel gehören jeweils einem einzelnen Gestirn, auch hier finden Sie Reiseanleitungen und astrologische Stichworte zum Planetenprinzip. Mit diesen Informationen ausgestattet, können Sie eigene Forschungsreisen zu Ihren Sternenverbündeten machen. Meine Vorschläge sollen Ihnen helfen, eine Vorstellung von den Reisen zu bekommen. Früher oder später sind Sie dann in der Lage, mit Ihren ganz persönlichen Anliegen und Ideen zu Ihren Sternenverbündeten zu gehen.

Auf meinen Reisen zu den Sternen haben sich drei Hauptthemen herauskristallisiert, die ich Ihnen etwas näher erklären möchte. Reisen Sie mit diesen Absichten, werden Sie sehr viel über den Stern, seine Kräfte und nicht zuletzt sich selbst erfahren können.

Reisethemen

- Die Urkraft der Sterne erforschen: Ihren Sternenverbündeten kennenlernen und befragen
- Den Heilplatz des Sterns besuchen
- Die Wandlungskraft des Planeten erfahren: Eine neue Vereinbarung eingehen

Die Reise zu den Sternenverbündeten ist immer eine Reise in die mittlere Welt. Das Tor zur mittleren Welt ist unmittelbar vor Ort. Das heißt, Sie reisen nicht durch einen Tunnel oder Ähnliches in die untere und auch nicht durch ein Föhnloch oder etwas in dieser Art in die obere Welt. Sie öffnen Ihr Körpertor und gehen durch die Haustür, das Dach oder das Fenster Ihres Hauses mitten ins Universum hinein, direkt zum gewünschten Planeten.

Die Urkraft der Sterne

Ihre erste Reise zu einem der Planeten ist immer eine Forschungsreise zu seiner Urkraft. Sie dient dazu, ihn als Geistwesen kennenzulernen. Nehmen wir einmal an, Sie machen Ihre erste Reise zum Planeten Mars. Die Absicht dieser Reise ist dann:

- So schnell wie möglich zum Planeten Mars gelangen.
- Dort angekommen, die ursprüngliche Sternenkraft von Mars zu rufen, die sich in Gestalt eines Sternengeistwesens zeigen soll, mit dem Sie sich austauschen können.
- Mehr über die ursprüngliche Kraft des Mars zu erfahren und darüber, wie diese mit Ihnen in Verbindung steht.

Bevor Sie sich auf eine Reise zu den Sternen begeben, sollten Sie eine schamanische Reise in die untere oder obere Welt gemacht haben, um ihren Verbündeten kennenzulernen – wie im Kapitel *Die schamanische Reise* beschrieben. Dieser Helfer wird Sie auf der Reise zu den Sternen führen und begleiten.

Die schamanische Reise zur Urkraft der Sterne (am Beispiel Mars)

- Schaffen Sie sich eine behagliche Atmosphäre, in der Sie für eine Zeit ungestört sind. Nehmen Sie eine entspannte Haltung ein, in der Sie aber nicht einschlafen.
- Formulieren Sie Ihr Anliegen: »Ich will so schnell wie möglich zum Planeten Mars gelangen, um dort seine ursprüngliche Sternenkraft in Gestalt eines Sternengeistwesens anzutreffen. Ich will mehr über seine Kraft erfahren und darüber, wie diese mit mir in Verbindung steht.«
- Spielen Sie die Trommel-CD von Michael Harner ab.
- Nun beginnt die Reise. Bitten Sie Ihr Krafttier oder einen anderen Verbündeten, Sie zu begleiten. Öffnen Sie Ihr Körpertor – das ist der Ort, an dem Ihre Seele aus dem Körper gehen kann – und gehen Sie gleich von dort aus, wo Sie sind, durch Ihre Haustür, das Dach oder das Fenster hinein ins Universum mitten zu den Sternen. Ihr Krafttier oder Ihr Lehrer ist bei Ihnen und weist den Weg.
- Sobald Sie spüren, dass Sie am Ort des Planeten, in unserem Beispiel Mars, angekommen sind, rufen Sie: »Mars, zeige dich mir!« Sobald Mars erscheint, sagen Sie ihm: »Zeig mir deine ursprüngliche Kraft, und sage mir, wie diese mit mir in Verbindung steht. Lass mich diese ursprüngliche Kraft erleben.«
- Alles, was jetzt geschieht, ist die Erfüllung Ihres Anliegens. Seien Sie offen für alle Ihre Wahrnehmungen. Seien Sie neugierig und lassen Sie sich überraschen, auf welche Art Ihnen die Planetenkraft begegnet. Wenn Sie eher ein Spürtyp sind, fühlen Sie, wenn Sie mehr ein Hörtyp sind, lauschen Sie der Kraft von Mars. Lassen Sie den Ideen und Ihrer Intuition freien Lauf.
- Wenn Sie alles erfahren haben, was Sie wissen oder spüren wollten, bedanken Sie sich bei Ihrem Sternenverbündeten des Mars. Wenn Sie wollen, lassen Sie sich noch ein einfaches Symbol Ihrer persönlichen Marskraft geben. Verabschieden Sie sich und kehren Sie in die alltägliche Wirklichkeit zurück. Spätestens mit dem Rückholsignal der Trommel-CD nach 15 oder 30 Minuten sollte dies passieren.

- Nehmen Sie sich einige Minuten Zeit, um die Erfahrungen der Reise nachwirken zu lassen.
- Verankern Sie zum Abschluss die erfahrene Kraft in der alltäglichen Wirklichkeit, zum Beispiel, indem Sie sie in Worte gefasst aufschreiben, sie tanzen, einem Menschen oder der Natur von Ihren Erlebnissen damit erzählen. (Im Kapitel *Verankerung der Sternenkräfte* finden Sie hierzu weitere Hinweise.)

Sobald sich Ihnen die Planetenkraft zeigt, können Sie drei Fragen stellen. Ich stelle sie eigentlich immer, wenn ich auf einer schamanischen Reise eine mir noch unbekannte Wesenheit treffe.

1. Wer bist du für mich?
Lassen Sie sich seine Kraft zeigen. Der Sternenverbündete kann Ihnen dies in Form von Bildern, Gefühlen und Ahnungen, vielleicht auch als Geruch übermitteln. Es kann aber auch sein, dass Sie es plötzlich einfach wissen. Vertrauen Sie Ihren Wahrnehmungen! Falls die Antwort für Sie nicht klar ist, fordern Sie den Sternenahnen auf, sie Ihnen so zu zeigen, dass Sie es verstehen. Lassen Sie sich von Ihrem Sternenwesen in seiner Welt herumführen. Wenn Sie genug gesehen haben, fragen Sie weiter.

2. Was tust du für mich?
Lassen Sie sich zeigen, wie er mit Ihnen zusammenarbeitet. Was macht Ihre Verbindung aus? Wie wirkt seine Kraft auf Sie? In welchen Bereichen unterstützt er Sie? Wie tut er das?

3. Was kann ich für dich tun?
Was können Sie tun, um die neue Freundschaft mit Ihrem Sternenverbündeten zu pflegen? Wie können Sie die Verbindung stärken? Vielleicht gibt er Ihnen eine Geste, ein Kraftwort oder ein Symbol, über das Sie jederzeit mit ihm in Verbindung treten können.

Der Heilplatz der Sternenkräfte

Unsere alltägliche Wirklichkeit ist eine Welt der Dualität. Hier haben sich die Kräfte polarisiert, damit Erfahrung und Wachstum möglich sind. Wir teilen die Dinge in Positiv und Negativ, in Hell und Dunkel, in Gut und Böse, in Gesund und Krank, in Arm und Reich. Auch unsere Erfahrungen teilen wir in gute und schlechte.

Die Sternenkräfte lehrten mich, dass sich die Polarisierung der Kräfte in Negativ und Positiv auflöst, sobald wir mit unserem Bewusstsein über die Dualität der alltäglichen Wirklichkeit hinausgehen und uns zur ursprünglichen Kraft der Sterne hinbewegen. Diese ursprüngliche Sternenkraft ist reine, heile und neutrale Kraft, die jenseits aller Bewertung und Dualität liegt. Ursprüngliche Sternenkraft *ist* einfach.

Durch das Eintauchen in diese Kraft geschieht ein natürliches Ausbalancieren der Energien in uns, die mit dem Planetenprinzip in Verbindung stehen. Beim Ursprung der Sternenkraft treffen wir auf Potenziale, die noch keine Ausrichtung, Bestimmung oder Färbung angenommen haben. Die neutrale Grundenergie der Sterne ist ein ruhender Zentrumspunkt, an dem wir uns von den Turbulenzen des Lebens erholen und uns wieder mit der ursprünglichen Kraft verbinden können. Ich nenne diesen Zentrumspunkt Heilplatz der Sternenkraft. Er ist mit dem Zentrum eines Hurrikans vergleichbar, in dem es ruhig, wind- und niederschlagsfrei ist.

Wir können uns immer wieder an den Heilplatz der Sternenkräfte begeben, um uns zu erholen, während um uns herum die Turbulenzen des Lebens toben. Sobald wir uns zwischendurch aus den »Dramen« des Lebens herausnehmen, kann eine erweiterte Sichtweise entstehen, die uns neue Ideen und Impulse bringt. Gestärkt und geläutert kehren wir nach einer Reise vom Heilplatz der Sternenkraft in die alltägliche Wirklichkeit zurück.

Die schamanische Reise zum Heilplatz (am Beispiel »Mangelnde Lebenskraft«)

- Wählen Sie ein aktuelles Thema aus Ihrem Leben, das Heilung und Balance nötig hat. Wählen Sie aus, zu welchem Planeten Sie dafür reisen wollen. Hängt Ihr aktuelles Thema mit mangelnder Lebenskraft zusammen, gehen Sie zum Planeten Mars. In jedem Fall sollten Sie diesen Planeten schon einmal besucht haben und dort einen Verbündeten kennengelernt haben.
- Schaffen Sie sich eine behagliche Atmosphäre, in der Sie für eine Zeit ungestört sind. Nehmen Sie eine entspannte Haltung ein, in der Sie aber nicht einschlafen.
- Formulieren Sie Ihre Absicht: »Ich gehe zum Planeten Mars, treffe dort meinen Sternenverbündeten an und lasse mich von ihm an meinen Heilplatz führen, der mich in Bezug auf mein Thema mangelnde Lebenskraft ausbalanciert.«
- Spielen Sie die Trommelmusik-CD ab und gehen Sie wie gewohnt auf die Reise. Sobald Sie Ihren Sternenverbündeten angetroffen haben, sagen Sie ihm: »Bring mich an den Heilplatz deiner Planetenkraft.«
- Dort angekommen spüren Sie die Kraft dieses Heilplatzes und wie er auf Sie wirkt. Alles, was Sie jetzt erleben und erfahren, hat mit der Heilung und der Balancierung Ihrer Lebenskraft zu tun.
- Kehren Sie spätestens mit dem Rückholsignal in die alltägliche Wirklichkeit zurück.
- Verankern Sie das Erlebte in der alltäglichen Wirklichkeit, zum Beispiel, indem Sie es in Worte gefasst aufschreiben, tanzen, einem Menschen oder der Natur von Ihren Erlebnissen erzählen.

Die schamanische Reise zum Heilplatz eines Planeten können Sie häufig wiederholen. Gerade wenn Sie sich von den Turbulenzen des Lebens erholen möchten, Kraft brauchen oder Ihr Problem aus der Sicht der Sterne betrachten möchten, lohnt sich diese Art der Reise. Aber auch, um eine neue Ausrichtung für Ihre Energie zu erhalten.

Ebenso können Sie mit einem Anliegen zum Sternenverbündeten reisen, das Sie ausbalancieren möchten, das Heilung, Stärkung oder Beruhigung braucht. Themenvorschläge finden Sie in den Kapiteln, die jeweils einem Planeten gewidmet sind. Wenn Sie nicht wissen, welcher Planet für Ihr Thema zuständig ist, lassen Sie sich von einem Verbündeten aus der nichtalltäglichen Welt an den richtigen Ort führen.

Sich von den Turbulenzen des Lebens erholen

Das Leben spielt verrückt und Sie sind am Ende Ihrer Kräfte? Reisen Sie zum Planeten Ihrer Wahl, erzählen Sie ihm Ihre Probleme und Sorgen und lassen Sie sich dann von ihm an den Heilplatz führen, der Ihre Energien ausbalanciert und kräftigt. Erlauben Sie sich, dies mit all Ihren Sinnen zu erfahren und zu erleben.

Probleme aus der Sicht der Sterne betrachten

Drehen Sie sich mit einem bestimmten Lebensthema im Kreis und kommen nicht weiter? Wenn ich im Sumpf meiner Probleme hänge und das Gefühl habe, in einer Sackgasse gelandet zu sein, hilft mir meistens ein Perspektivenwechsel. Die Reise zu einem Sternenverbündeten gibt mir immer neue Impulse. Es ist, wie wenn ich mir einen Tag Auszeit gönne, meinen Alltag hinter mir lasse und einen Ausflug auf einen Berg mache, dort die Aussicht genieße und mir plötzlich die Lösung für mein Problem einfällt.

Reisen Sie zu dem Planeten, der Ihnen für das Thema geeignet scheint. Schildern Sie dem Sternengeistwesen Ihr Problem und lassen Sie sich seine Sichtweise dazu zeigen. Was steht wirklich hinter Ihrem Problem? Bleiben Sie danach eine Zeit am Heilplatz der Sternenkraft und geben Sie sich den heilenden, ausgleichenden Kräften des Planeten hin.

Neue Ausrichtung der Kräfte

Immer wieder erlebe ich in astrologischen Beratungen, dass viele Schwierigkeiten der Menschen darauf beruhen, dass sie die Verbindung zu ihrer ureigensten Kraft verloren oder so beschnitten haben, dass sie keinen natürlichen Ausdruck mehr dafür haben. Wenn eine Frau mit einer feurigen Marskraft dieser Kraft nicht die Möglichkeit zum Ausdruck gibt, weil sie dem Bild einer lieben, netten, hingebungsvollen Frau entsprechen will, wird das früher oder später für

Probleme sorgen. Ein feuriger Mars muss sein Feuer leben können. Manchmal haben wir uns so gut an die Erwartungen und Vorstellungen der Gesellschaft angepasst, dass wir nicht einmal mehr selbst wissen, wer oder was wir eigentlich sind. Das führt zu einem völlig verdrehten Ausdruck unserer Kraft. Eine nicht gelebte feurige Marskraft sucht und findet ihr Ventil. So erlebt sich diese Frau dann zum Beispiel immer in heftigen Streitgesprächen oder ist ständig krank, weil der Körper die gestaute Kraft auf diese Weise verbrennen muss. Ihr kann eine Reise zur Marskraft helfen, auf der sie nach einer neuen, gesunden Ausrichtung der Kraft fragt.

Die Wandlungskraft der Sterne nutzen

Ursprüngliche Sternenkraft *ist* einfach, hatten wir gesagt. Unsere alltägliche Welt hingegen ist in Dualitäten unterteilt. Hier kann die ursprüngliche Kraft gar nicht anders, als eine Ausrichtung anzunehmen. Denn die ursprüngliche Kraft will sich in der alltäglichen Wirklichkeit in eine Form bringen und ausdrücken. Wir unterstützen dies, indem wir uns ständig in der Skala von positiv/negativ, schwarz/weiß positionieren. Mit dieser Aufteilung oder Trennung der Kräfte befinden wir uns im menschlichen Erfahrungsbereich. Trennung erzeugt verschiedene Pole. Polarität erzeugt Spannung, die sich im menschlichen Leben als Konfrontation zeigt. Wären wir alle »gleichgeschaltet«, gäbe es keine Unterschiede, an denen wir uns messen könnten. Somit blieben auch unsere Erfahrungen und Entwicklungen aus. Erst in der Spannung zwischen den Kräften erfahren wir uns und können wachsen.

Diese Erkenntnis löste verschiedene Reaktionen und Ideen in mir aus. Ich erkannte, dass ich, wenn ich meine Erfahrungen mit den Augen der alltäglichen Wirklichkeit betrachte, sie bewerte und in gute und schlechte, in traurige und schöne Erlebnisse einteile. Ich kann die gleichen Erlebnisse hingegen auch mit den Augen der nichtalltäglichen Wirklichkeit betrachten, in der die Kraft keine Bewertung hat, sondern einfach ist. Dann ist alles, was mir in meinem Leben widerfährt, lediglich Erfahrung. Es ist weder gut noch schlecht, sondern einfach eine Erfahrung der Kraft. Diese Erkenntnis hat mich zu Beginn ziemlich erschüttert und mich aus meinen bisherigen Konzepten geworfen. Sobald wir die Grenze des bisher Gewohnten durchstoßen, geraten wir in eine Krise – so erging es mir auch.

Immer, wenn wir aus alten Mustern aussteigen und uns über die bisherige Begrenzung ausdehnen, geraten unser Ego, unser Verstand, aber auch unser Tagesbewusstsein in eine Krise und reagieren mit Widerstand. Sprich, wir werden wütend, lehnen es total ab, kritisieren es, greifen es an oder sind verwirrt, deprimiert und verunsichert. Das sind ganz normale Reaktionen, wie ich inzwischen weiß, denn wir haben den »sicheren« Bereich verlassen und bewegen uns auf Ebenen zu, über die wir noch keine oder nur wenig Kenntnisse haben. Unser ganzes System, Verstand, Körper, Seele und Psyche sind in Aufruhr, weil etwas Neues kommt. Wir haben unsere Grenzen ausgedehnt, und jetzt braucht es etwas Zeit, bis unser System damit zurechtkommt.

Aber die aufgewirbelten Energien werden sich wieder setzen und dann wird die neue Erkenntnis beginnen, in unserem Leben Fuß zu fassen. Ich habe schon manche Grenze in meinem Leben überschritten. Doch mit jeder weiteren, die ich überschreite, gerate ich erneut in diesen inneren Aufruhr. Er gehört wohl dazu. Mein Ego macht sich stark, wehrt sich, versucht, mich vor dem vermeintlichen Chaos »zu retten«. Das Ego ist Struktur und Kontrolle gewohnt, dort fühlt es sich zu Hause. Meine Gedanken spielen verrückt, versuchen das Geschehen in meine bisherigen Konzepte einzugliedern. Aber damit würde ich mich nur wieder erneut begrenzen. Denn zu Beginn gibt es einfach noch nichts zu verstehen. Meist reagiert auch mein Körper ziemlich heftig, mit kurzen Fieberschüben, Schwindel oder Müdigkeitsanfällen. Inzwischen weiß ich: Dies alles gehört zum Prozess, ich habe eine weitere Grenze überschritten. Sobald ich mich den aufgewühlten Gefühlen und der Desorientierung hingebe, den Widerstand aufgebe und vor allem keine bisher bekannten Erklärungen dafür suche – das ist wesentlich! –, kann sich mein System neu ausrichten. Damit unterstütze ich den Prozess. Atmen hilft mir persönlich. Ich atme einfach in meine Gefühle, Ängste, in die Panik oder was auch immer sich zeigt, hinein, bis sich meine Gefühle beruhigt haben.

Nachdem eine Krise überwunden ist, kommt etwas Neues und manchmal eine entscheidende Idee. Ich erinnere mich genau an den Durchbruch der folgenden Idee: Wenn die Urspungskraft hinter Leiden und Freude die Gleiche ist, wenn alles in seinem Ursprung gleicher Natur ist, dann muss auch Veränderung möglich sein. Wenn Kraft in ihrem Ursprung neutral ist, ist an diesem Punkt Wandlung möglich! In diesem Moment werden wir zum Schöpfer, zur Schöpferin unseres Lebens. Wir sind fähig, neue Impulse für unsere Erfahrungen und Kreationen zu setzen. Allerdings bedeutet dies auch den Ausstieg aus der Opferthematik, wir können nicht mehr Täter oder Opfer sein, sondern nur noch eigenverantwortliches Wesen. Auch diese Erkenntnis musste ich erst einmal verdauen.

Am besten lassen sich diese Zusammenhänge an einem Beispiel erklären: Angenommen, Sie leben schon lange in materiellem Mangel und wollen das nun ändern. Der Gegenpol von Mangel ist Fülle. Aus der Sicht der nichtalltäglichen Welt sind Mangel und Fülle gleichen Ursprungs, sie tragen nur jeweils eine andere Färbung. Wenn wir davon ausgehen, dass im Universum alles im Überfluss vorhanden ist und alles gleichen Ursprungs ist, heißt das, dass Sie lediglich die Fülle des Mangels gewählt haben. Um dieses Muster zu ändern, können Sie zu einem Planeten, in diesem Fall zum Mond, reisen und mit ihm eine neue Vereinbarung zu diesem Thema treffen. Im Folgenden wollen wir das genauer untersuchen.

Die neue Vereinbarung mit den Sternenkräften

Wir wollen also vom Mangel in die Fülle. Für dieses Anliegen bietet sich eine Reise zum Mondverbündeten an. »Zu kurz gekommen zu sein« ist ein Thema, das astrologisch dem Mond zugeordnet ist. Zudem kennt vor allem der Mond die Kraft der Wandlung. Wann immer Sie nicht wissen, zu welchem Sternenverbündeten Sie reisen sollen, um ein Thema zu wandeln: Reisen Sie zum Mond. Als Wandler wirkt auch Pluto. Er ist intensiver und stärker, was gerade bei schwierigeren und hartnäckigeren Themen angesagt sein könnte. Der Mond wandelt sanft und fließend. Die wirkungsvollste Kraft treffen Sie jedoch bei dem Planeten, der das Thema repräsentiert. Mit Ihrer Wut oder Ihren Durchsetzungsproblemen reisen Sie zum Mars. Mit Eifersucht zu Pluto. Mit Selbstwertproblemen zu Venus. Mit Suchtproblemen zu Neptun usw. Mit der Zeit kann es sein, dass Sie sie sich zu einem der Planeten stärker hingezogen fühlen und er sich als Hauptvermittler zur Verfügung stellt.

Bevor Sie die schamanische Reise für eine neue Vereinbarung machen, sind zwei Vorbereitungsrituale hilfreich: zum einen die Beantwortung Ihrer Fragen, zum anderen die Würdigung beziehungsweise Rekapitulation. Danach steht Ihrer schamanischen Reise für eine neue Vereinbarung nichts mehr im Weg.

Beantwortung Ihrer Fragen zum Thema

Als Vorbereitung auf die schamanische Reise stellen Sie sich zuerst ein paar Fragen. Wir bleiben bei unserem Beispiel Mangel. Welche Erfahrungen haben Sie mit dem Thema Mangel gesammelt? Ist die Zeit nun für Sie reif, diese Erfahrung als erfüllt anzuschauen? Darf sich nun die Kraft der Fülle in etwas anderem zeigen als in Form von Mangel? Oder möchten Sie bezüglich Mangel noch mehr Erfahrungen machen? Letztendlich geht es nur um Ihre Erfahrungen. Schauen Sie sich diese an. Welchen Profit zogen Sie aus Ihrem Mangel? Schütteln Sie jetzt nicht den Kopf, denn irgendetwas gewinnen wir immer, auch in unseren Leiden. Vielleicht haben Sie das Mitleid anderer genossen, weil Sie das Gefühl hatten, dass man sich immer dann um Sie kümmerte, wenn Sie gerade wieder etwas verloren hatten.

Nehmen Sie sich Zeit. Schreiben Sie die Fragen auf und lassen Sie Platz für Antworten. Lesen Sie jede einzelne Frage und lassen Sie sie auf sich wirken. Atmen Sie. Welche Gefühle kommen hoch? Wie reagiert Ihr Körper? Spannt er sich an? Wollen Sie am liebsten gleich alles hinschmeißen? Nehmen Sie einfach einen Moment lang wahr, wie es Ihnen mit der jeweiligen Frage geht. Erst dann beantworten Sie sie. Schreiben Sie alles auf, was Ihnen in den Sinn kommt. Halten Sie keinen Gedanken, kein Gefühl zurück, zensieren Sie sich nicht, weil Sie sich schämen oder weil Sie das Gefühl haben, so was sollte man nicht sagen. Sie sind niemandem Rechenschaft schuldig, brauchen niemandem etwas zu beweisen. Sie sind die einzige Instanz, die etwas bewerten oder sich selbst belügen könnte.

Fragen zur Vorbereitung

1. Was wollen Sie wandeln?
   Beispiel: Materiellen Mangel in materielle Fülle

2. Welche ersten Gefühle und Gedanken kommen zu diesem Thema hoch? Wie reagiert Ihr Körper darauf?
   Beispiel: Ohnmacht – fühle mich hoffnungslos und ausgeliefert – hab schon so vieles versucht – es kotzt mich an – fühle meinen Körper schwach – Druck im Magen usw.

3. Schreiben Sie alle Ihre Erfahrungen mit dem Mangel auf! Positive und negative.
   Beispiel: Ich habe gelernt, mich mit wenig Geld durchs Leben zu schlagen. – Ich bin ein wahrer Lebenskünstler darin geworden. – Ich bin neidisch auf all jene, die mehr haben, usw.

4. Was für Gedanken, Glaubensmuster, Begrenzungen halten Sie im Mangel fest?
   Beispiel: Ich werde nie genug Geld haben, das war schon immer so und wird sich auch nicht ändern. – Ich bin es nicht wert. – Menschen mit viel Geld sind arrogant.

5. Welchen Profit zogen Sie aus der Erfahrung Mangel?
   Beispiel: Ich konnte mich so klein halten, musste mich nicht exponieren und anderen zeigen, was ich wirklich draufhabe. Ich bekam viel Mitgefühl und Zuneigung von anderen.

6. Darf sich die Kraft der Fülle in einer anderen Form zeigen, als in der des Mangels? Wie wissen, wie spüren Sie, dass Sie in der Fülle sind?

7. Wer sind Sie und wie sind Sie, wenn Sie in der Fülle leben? Wählen Sie ein Symbol, eine Metapher, einen Archetyp, der die Kraft der Fülle symbolisiert. Beschreiben Sie sich. Wie sehen Sie aus, welche Farben tragen Sie? Wo stehen Sie? Lassen Sie Ihrer Fantasie freien Lauf. Es muss nichts mit der wirklichen Realität zu tun haben, sondern lediglich die Kraft der Fülle repräsentieren, wie Sie sie erleben.
   Beispiel: Ich bin eine Piratin, stehe auf meinem Schiff und trage ein kupfernes Gewand. Die Sonne scheint, der Wind streicht über mein

Gesicht und mein Haar. Das Schiff schaukelt auf dem Meer. Delphine sind in der Nähe zu sehen. Ich lache. Auf dem Deck steht eine geöffnete Schatzkiste voller Edelsteine, Gold und Silber. In der Hand halte ich eine wunderschöne Schale gefüllt mit Perlen.

8. Sind Sie bereit für Veränderungen und neue Erfahrungen? Fragen Sie sich dreimal, denn Ihre erste Antwort wird sowieso sein: Ja klar. Fühlen Sie der Antwort nach und fragen Sie sich ein zweites Mal: »Bin ich bereit für Veränderung und neue Erfahrungen?« Schreiben Sie dreimal die Frage auf und antworten Sie dreimal darauf.

Spüren Sie einfach nach, was diese Fragen mit Ihrem System tun, mit Ihrem Körper, Ihren Gedanken, Ihren Gefühlen. Wenn Sie sich entschieden haben, die alte Konditionierung von Mangel zu wandeln, kommt der nächste Schritt: Die Würdigung Ihrer bisherigen Erfahrungen mit dem Mangel.

Würdigung Ihrer Erfahrung

Um offen für neue Erfahrungen zu sein, müssen Sie sich von den alten frei machen. Wie tun Sie das? Am besten, indem Sie Ihren Weg und Ihre Erfahrungen würdigen. Das Vergangene hat Sie schließlich ins Jetzt gebracht und Sie viel gelehrt. Würdigen bedeutet, annehmen und stehen lassen, was war und was ist. Erst dann können wir weitergehen – wenn wir so auf eine Situation in unserem Leben schauen, ob schwierig oder schön, wenn wir nicht mehr an ihr hängen, im Sinne von: »Wie schön das doch war, da war ich glücklich, so will ich es wieder haben«, oder »Das war so schmerzhaft, ich hasse es, ich will es einfach vergessen.« Erst wenn wir auf unsere vergangenen Erlebnisse zurückblicken, auf Situationen und Menschen, ohne Verdrängung, ohne Schmerz, ohne etwas wiederhaben zu wollen, ohne bindende Gefühle, dann haben wir den Ausgleich mit der Vergangenheit geschafft, uns mit ihr »versöhnt«. Versöhnung, wie ich sie verstehe, heißt: Ich schaue auf meine Vergangenheit zurück und hasse nichts und niemanden, muss aber auch nicht diejenigen lieben, die eine Zumutung in meinem Leben waren. Ich blicke zurück und ich weiß, das ist meine Geschichte. Aber ich bin nicht mehr in sie verstrickt. Ich definiere mich nicht mehr über Schmerz, Glück, Verzweiflung, Leiden und Lust. Die Würdigung der Vergangenheit bedeutet, ihre ganze Lebenskraft und Seelenkraft ins Hier und Jetzt zu holen. Emotionen ziehen uns oft in die Vergangenheit zurück, wir versuchen, den Schmerz von damals zu »verarbeiten«. Unsere Gedanken verweilen oft in der Zukunft, wir träumen von einem besseren Leben. Emotionen in der Vergangenheit, Gedanken in der Zukunft, und wo ist das Jetzt? Haben Sie schon einmal versucht, für die Vergangenheit oder für die Zukunft zu atmen? Atem findet immer im Jetzt statt. Leben auch! Ein wesentlicher Grund dafür, dass wir Heilung und Veränderung verhindern, liegt darin, dass viel von unserer Lebenskraft in der Vergangenheit festgebunden ist und unsere Gedanken in die Zukunft vorauseilen. Hallo? Jemand zu Hause? Im Jetzt? Nein. Also sollten wir unsere Lebens- und Seelenkraft zurückholen, indem wir unsere biografischen Erlebnisse würdigen. Dies tun wir mit einem Ritual, das ich bei Carlo Zumstein lernte, er nennt es Seelenzentrierung, Castaneda nannte es Rekapitulation.

Seelentzentrierung/Rekapitulation

1. Setzen Sie sich vor eine Kerze, halten Sie eine Rassel bereit und rufen Sie einen Ihrer Verbündeten, Ihr Krafttier, Ihren Lehrer aus der nicht alltäglichen Welt oder einen Ihrer Sternenverbündeten.
2. Stellen Sie sich einen Fluss vor, Ihren Lebensfluss, aus dem Sie für eine Weile heraussteigen und sich an sein Ufer setzen.
3. Betrachten Sie Ihren Lebensfluss, der von links aus Ihrer Vergangenheit nach rechts in Ihre Zukunft fließt.
4. Rufen Sie sich Ihr Anliegen in Erinnerung, in unserem Beispiel den Mangel. Blicken Sie nach links auf Ihren Lebensfluss und schicken Sie dann Ihren Verbündeten in Ihre Vergangenheit mit dem Auftrag, dass er an den Ort gehen soll, an dem Ihr Thema »Mangel« seinen Ursprung nahm. Sie bleiben hier, blicken ihm nach und beginnen zu rasseln.
5. Ihr Verbündeter ist unterwegs zu dem Ort, den er, und nicht Sie, auswählt. Sie müssen keine direkte Erinnerung an die Situation haben, die er Ihnen nun zeigt. Verfolgen Sie mit Ihrem

Bewusstsein, was Ihnen Ihr Verbündeter auf seinem Weg in Ihre Vergangenheit zeigt. Schauen Sie zu, aber identifizieren Sie sich nicht mit der vergangenen Situation. Das ist ein wichtiger Punkt, gerade wenn es eine schwierige Situation war. Bleiben Sie Beobachter, lassen Sie sich nicht retraumatisieren. Die Rassel und die Kraft des Feuers helfen Ihnen, im Hier und Jetzt zu bleiben.

6. Nehmen wir an, Ihr Verbündeter bringt Sie zu einer Situation, in der Sie sich in einem Kinderbettchen liegen sehen. Das erst ein paar Monate alte Baby weint. Lange Zeit geschieht nichts. Das Baby weint lauter. Eine entnervte Mutter kommt ins Zimmer, sie weint selbst, beginnt zu schimpfen, rüttelt am Bettchen und verschwindet Türe knallend aus dem Zimmer. Sie sehen das Baby allein und verlassen im Bettchen liegen. Es schreit weiter, bis es vor lauter Erschöpfung einschläft.

7. Betrachten Sie die Situation und schauen Sie so lange hin, bis Sie das Seelenlicht aus dem Baby, das Sie damals waren, leuchten sehen. Ihr Verbündeter steht neben Ihrem Bettchen, und sobald er das Leuchten Ihrer Seele sieht, nimmt er die Kraft dieses Seelenlichts zu sich. Er nimmt lediglich das Leuchten Ihrer Seelenkraft zu sich, die immer in Ihnen war und ist, manchmal einfach gut versteckt und zugedeckt. In dieser Seelenkraft ist nicht das Weinen, der Schmerz, die Wut des kleinen Babys, sondern reine, heile Seelenkraft.

   Wenn es Ihnen Mühe macht, Ihr Seelenlicht zu sehen, fragen Sie Ihren Verbündeten, ob es etwas gibt, das Sie vorher benötigen. Manchmal macht es Mühe, das Seelenlicht zu sehen, weil wir noch nicht bereit dafür sind oder erst noch etwas anderes erledigen müssen.

8. Schauen Sie hin, was weiter geschieht. Die Mutter kommt wieder ins Zimmer. Ihr Verbündeter nimmt sie in die Arme, sagt ihr: Danke, dass du so lange Zeit in dieser Situation ausgeharrt hast. Du hast zu diesem Zeitpunkt dein Bestes gegeben. Du hast alles getan, was du tun konntest. Jetzt ist jedoch der Zeitpunkt gekommen, wo auch du gehen darfst. Schauen Sie so lange hin, bis Sie sehen, wie die Mutter aus dem Zimmer

geht oder sich auflöst. Wenn noch mehrere Menschen an der Situation beteiligt waren, auch Zuschauer, sehen Sie zu, wie sich Ihr Verbündeter bei allen bedankt und sie dann freigibt.

9. Wenn alles erledigt ist, schauen Sie, wie Ihr Verbündeter wieder zu Ihnen kommt.
10. Sobald er vor Ihnen steht und Sie bereit sind, die Seelenkraft, die er bei sich hat, zu sich zurückzunehmen, öffnen Sie die Hände. Ihr Verbündeter wird Ihnen Ihre Seelenkraft in Ihre Hände legen. Nehmen Sie Ihre Lebenskraft zu sich, indem Sie Ihre Hände an den Ort Ihres Körpers legen, wo sie hingehört. Vielleicht ist es das Herz, das ruft, oder Ihr Bauch.

Mit diesem Ritual holen Sie Seelenkraft ins Hier und Jetzt, die in der Vergangenheit festsitzt. Wenn Sie ein Ereignis aus der Vergangenheit immer wieder beschäftigt, sei es, dass Sie ständig daran denken müssen oder dass immer wieder die Gefühle von damals hochkommen, ist das ein Hinweis darauf, dass in dieser Situation noch Seelenkraft von Ihnen festhängt. Diese Seelenkraft ruft, sie werden ständig daran erinnert, weil sie zu Ihnen zurückwill.

Dieses Ritual können Sie für alle Situationen in Ihrem Leben machen, die kürzere oder längere Zeit zurückliegen. Sie geben damit die gebundene Kraft frei und holen Ihre Seelenkraft zu sich zurück. Ich habe dieses Ritual oft wiederholt mit dem Ergebnis, dass ich kraftvoller und präsenter im Hier und Jetzt verankert bin. Meine Energien sind nicht mehr verzettelt in der Vergangenheit und eilen auch seither weniger voraus in die Zukunft. Wenn ich heute auf mein Leben zurückschaue, sehe ich ein ruhigeres Meer ohne leidende oder sehnsüchtige Gefühle. Ich staune und bin voller Achtung für meinen Lebensweg. Dieses Ritual hat mich mit vielen Situationen und Begegnungen in meiner Vergangenheit und mit mir selbst versöhnt und mir meine Seelenkraft zurückgebracht.

Schamanische Reise zur neuen Vereinbarung

Nun haben Sie die ersten zwei Schritte, Beantwortung der Fragen und Rekapitulation zum Thema Mangel, gemacht. Jetzt sind Sie so weit, die schamanische Reise zu einer neuen Vereinbarung zu diesem Thema zu machen. Sie wollen in die Fülle kommen – und dafür reisen Sie zu Ihrem Mondverbündeten, den Sie zuvor allerdings schon kennengelernt haben sollten (siehe *Die schamanische Reise zur Urkraft der Sterne*)

Eine neue Vereinbarung treffen (am Beispiel Mangel/Fülle)

- Schaffen Sie sich eine behagliche Atmosphäre, in der Sie für eine Zeit ungestört sind. Nehmen Sie eine entspannte Haltung ein.
- Formulieren Sie Ihr Anliegen: »Ich will so schnell wie möglich zum Mond gelangen, um dort meinen Verbündeten zu treffen. Ich möchte eine neue Vereinbarung zum Thema Mangel/Fülle eingehen.«
- Spielen Sie die Trommel-CD von Harner ab.
- Nun beginnt die Reise. Bitten Sie Ihr Krafttier oder einen anderen Verbündeten, Sie zu begleiten. Öffnen Sie Ihr Körpertor und gehen Sie gleich von dort aus, wo Sie sind, hinein ins Universum direkt zum Mond. Ihr Krafttier oder Ihr Lehrer ist bei Ihnen und weist den Weg.
- Sobald Sie spüren, dass Sie am Ort des Mondes angekommen sind und Ihren Mondverbündeten begrüßt haben, verbinden Sie sich mit der Kraft des Neumondes.
- Fragen Sie den Mond, was Ihre alte Vereinbarung bezüglich des Mangels und der Fülle mit ihm war. Ich erhalte meistens ein Bild, das das Thema in seinem Kern ausdrückt. Aber es können auch Eindrücke, Gefühle, Worte kommen. Lassen Sie es einfach auf sich wirken. Manchmal erhält man klare Hinweise, weshalb man den Mangel im Leben »gewählt« hat und welche Erfahrung die Seele damit machen wollte.
- Sobald Sie das Gefühl haben, alles darüber erfahren zu haben, fragen Sie den Mondverbündeten, ob sich diese Erfahrung des Mangels nun erfüllt hat und der Zeitpunkt einer neuen Vereinbarung gekommen ist. Falls nicht, fragen Sie ihn, was Sie dazu noch brauchen.
- Wenn sich die alte Vereinbarung erfüllt hat, fragen Sie den Mondverbündeten nach einer neuen Vereinbarung. Lassen Sie sich dafür ein Bild, ein Symbol oder eine Geste von ihm geben, um so die neue Vereinbarung mit ihm zu bekräftigen. Das Bild der neuen Vereinbarung kann zum Beispiel sein, dass Sie sich sehen, wie Sie in einer blühenden Landschaft stehen. Das

Symbol, das Sie dazu erhalten, könnte ein See sein. Die Geste: Sie schöpfen Wasser.

- Wenn Sie das alles erhalten haben, bedanken Sie sich beim Mondverbündeten und kehren zurück in die alltägliche Wirklichkeit.
- Nehmen Sie sich einige Minuten Zeit, um die Erfahrungen der Reise nachwirken zu lassen.
- Das Bild, das Symbol oder die Geste verwenden Sie nun jedes Mal dann, wenn die alten Gefühle des Mangels hochkommen. Schöpfen Sie Wasser, gehen Sie an einen See, halten Sie sich abends vor dem Einschlafen das Bild vor Augen, wie Sie in dieser blühenden Landschaft stehen.

Sie sind nun eine neue Vereinbarung mit Ihrem Thema Mangel/Fülle eingegangen. Die alte Vereinbarung des Mangels ist verabschiedet. Nun geht es darum, die neue Vereinbarung der Fülle in Ihrem Leben willkommen zu heißen. Der Same der Fülle ist gesät. Geben Sie ihm etwas Zeit, zu keimen und zu sprießen. Und beschränken Sie nicht mit fixen Vorstellungen die Wege, wie die Fülle zu Ihnen kommen soll. Lassen Sie sich von der Kreativität des Universums überraschen. Achten Sie auf Veränderungen in Ihrem Leben, finden Sie die Fülle in allem, was Sie tun. Fülle kann damit beginnen, sich der Fülle des Sonnenscheins bewusst zu werden, der Fülle der Düfte und der Freunde. Spüren Sie den neuen Impulsen in Ihnen nach. Vielleicht erhalten Sie dadurch Einsichten und Antworten.

Die Veränderung kommt selten sofort, sondern wird sich mit der Zeit manifestieren. Bis sich die Kräfte der Fülle, die Sie mit dieser Reise in die nichtalltägliche Wirklichkeit angezapft haben, in die materielle Welt hineingestaltet haben, braucht es etwas Zeit.

Verankerung der Sternenkräfte

Nach jeder Reise liegt es an Ihnen, die erfahrenen Impulse der Sternenkräfte in Ihren Alltag einzubringen. Geben Sie den Impulsen der neuen Kraft genügend Raum und erlauben Sie sich, neue Wege zu gehen. Das Festhalten an alten Gewohnheiten ist einer der Gründe, warum wir Heilung und Veränderung oft verhindern. Oder wie Heinrich Mann sagte:

> *Die Gewohnheit ist ein Seil. Wir weben jeden Tag einen Faden, und schließlich können wir es nicht mehr zerreißen.*

Wenn sich die Dinge in Ihrem Leben nicht gleich nach der ersten Reise rigoros verändern, geben Sie nicht auf. Die Macht der Gewohnheiten zu durchbrechen, braucht etwas Geduld, schließlich haben Sie ja auch Jahre gebraucht, sie aufzubauen. Beobachten Sie nach der Reise die Veränderungen in Ihrem Leben. Nehmen Sie einfach wahr, wo Sie die Macht der Gewohnheit noch immer in ihren Fängen hält. Und freuen Sie sich über die leisen Veränderungen, die sich abzeichnen. Würdigen Sie diese, zum Beispiel indem Sie sie einem Baum in der Natur oder einem Menschen erzählen. Schreiben Sie sie auf, malen Sie sie, tanzen Sie sie oder singen Sie sie. So geben Sie der neuen Kraft, die langsam in Ihr Leben fließt, immer mehr Raum. Es fällt uns Menschen viel leichter, den Fokus auf das »Negative« zu richten, über uns zu urteilen und uns vorzuwerfen, was wir alles wieder einmal nicht erreicht haben. Und mit jedem Urteil, das wir über uns fällen, bekräftigen wir es, lassen wir es zur Wahrheit werden. Wiederholen Sie die Reise zum Heilplatz der Sternenkraft so oft Sie wollen. Dort tanken Sie auf und Sie bekräftigen damit auch Ihren Wunsch nach Neugestaltung Ihres Lebens oder eines bestimmten Bereichs.

Die nichtalltägliche Wirklichkeit ist eine Welt, in der alles ständig in Bewegung und Veränderung ist. Sie ist flüchtig wie ein Traum, und schnell kann sie uns in der alltäglichen Wirklichkeit wieder entgleiten. Der sture menschliche Geist und die langsam schwingende, gleichsam zähere Energie der alltäglichen Wirklichkeit holen uns immer wieder ein und verdrängen, schneller als uns lieb ist, die kraftvollen und beeindruckenden Erfahrungen aus der nichtalltäglichen Wirklichkeit. Mich beschäftigt seit Langem, wie wir diese Erfahrungen so stark werden lassen können, sie so verdichten können, dass sie auch unsere alltägliche Wirklichkeit beeinflussen. Es nützt mir wenig, wenn ich stundenlang meditiere oder schamanische Reisen unternehme, und dann, kaum zurück im harten Alltag, die eben erst getankte Kraft in Nullkommanichts verpufft.

Um die auf den Reisen erfahrene Kraft der Sternenverbündeten in dieser Wirklichkeit zu verankern, gibt es verschiedene Möglichkeiten:

Verankerung der Sternenkraft im Körper

Verbringen Sie nach jeder Reise noch ein wenig Zeit mit sich selbst, um die Erfahrung der Reise in Ihnen nachwirken zu lassen. Spüren Sie in Ihren Körper hinein. Was hat sich verändert, was fühlt sich anders an? Wo spüren Sie die Sternenkraft am stärksten? Fragen Sie Ihren Körper, ob das die Stelle ist, an der Sie diese Sternenkraft verankern können. Überlassen Sie es wiederum Ihrem Körper und Ihrer Intuition, diese Stelle zu finden. Diese Verankerung kann in jedem Körperteil stattfinden. Manchmal kann die Begegnung mit der Sternenkraft eine körperliche Reaktion auslösen, beispielsweise Kribbeln, Hitze, Kälte und so weiter. Meistens ist es ein Zeichen dafür, dass etwas in Ihrem Körper ausbalanciert wird. Atmen Sie zu diesen Stellen hin und nehmen Sie ohne Wertung wahr, was sich verändert. Die Kraft der nichtalltäglichen Wirklichkeit braucht ihre Zeit, um sich in der alltäglichen Wirklichkeit manifestieren zu können. Die erfahrene Sternenkraft können Sie zum Beispiel durch einen Krafttanz noch stärker in die alltägliche Wirklichkeit hineinbringen und verankern, Sie können auch ein Kraftbild malen oder einen Ton singen, der Sie mit der Sternenkraft verbindet. Die Verankerung der Sternenkräfte hilft Ihnen auch dabei, dass mit der Zeit Ihre Erfahrungen der Reisen immer schneller und intensiver im alltäglichen Erleben spürbar werden.

Sternen-Krafttanz

Lassen Sie ein Musikstück laufen und tanzen Sie Ihre Reiseerfahrung. Lassen Sie Ihren Körper die Bewegungen machen. Es muss für das menschliche Auge kein »schöner« Tanz werden, es geht um die reine Verkörperung der Kraft.

Kraftbild malen

Nehmen Sie Papier und Stifte und lassen Sie Ihre Hände die erfahrene Sternenkraft oder das erhaltene Symbol malen. Sie können das erhaltene Symbol auch auf Ihren Körper malen. Lassen Sie die Kraft aus Ihren Händen fließen und das Bild gestalten. Dieses Sternenkraftbild können Sie an den Ort hängen, wo Sie diese Kraft am dringendsten brauchen. Es wird Sie immer in Verbindung mit der Sternenkraft bringen.

Malen Sie ein solches Bild auch, wenn Sie meinen, gar nichts auf Ihrer Reise erlebt zu haben. Schamanisch gesehen waren Sie dort, auch wenn Ihr Bewusstsein keine Erinnerung daran hat. Ihre Hände wissen, wie sie diese Kraft umsetzen können.

Sternen-Ton singen

Bleiben Sie nach der Reise in der Kraft Ihrer Erfahrungen. Lassen Sie die Kraft der Sterne durch Sie singen. Beginnen Sie mit leisem Summen und lassen Sie es immer stärker und lauter werden. Nicht Sie singen den Ton, sondern Sie lassen den Ton der Sternenkraft durch Sie klingen. Wann immer Sie die jeweilige Sternenkraft in Ihrem Alltag benötigen, summen Sie Ihren Ton. Möglicherweise entsteht mit der Zeit auch Ihr persönliches Kraftlied daraus.

Kraft-Geste oder Kraft-Körperhaltung

Um sich immer wieder mit der Sternenkraft zu verbinden, können Sie sich von den Sternen auch eine Kraftgeste oder eine Körperhaltung geben lassen. Die Kraftgeste sollte eine einfache Geste sein, die Sie überall und jederzeit im Alltag anwenden können, wie zum Beispiel das Reiben der Nase. Die Körperhaltung ist eine Position, die Sie mit Ihrem Körper für längere Zeit einnehmen können, um sich mit der Kraft der Sterne zu verbinden.

Lied der Sonne

Ich bin die Mutter Sonne und trage
die Erde bei Nacht, die Erde bei Tage.
Ich halte sie fest und strahle sie an,
dass alles auf ihr wachsen kann.
Stein und Blume, Mensch und Tier,
alles empfängt sein Licht von mir.
Tu auf dein Herz wie ein Becherlein,
denn ich will leuchten auch dort hinein!
Tu auf dein Herzlein, liebes Kind,
dass wir ein Licht zusammen sind!

Christian Morgenstern

Sonne – Die Schöpferkraft

Sonnenkult und Sonnenmythos

Die Sonne ist Licht des Himmels und dessen Feuer,
Regent der Welt und Schöpfer der Zeiten.
Ali ben Ragel

Erste Ansätze der kultischen Sonnenverehrung im alten Ägypten zeigten sich in der 3. Dynastie, etwa 2600 vor unserer Zeit. Die Sonne hat während ihres Tageslaufes drei verschiedene Erscheinungsformen, die die Ägypter einzeln genau benannten: Morgens war sie Chepre, der »Entstehende«, Sonnenaufgang und Morgensonne. Chepre bedeutet im genauen Wortsinn »der von selbst entstand«. Er wird durch einen Skarabäus dargestellt. Dieser legt seine Eier in eine Mistkugel und es scheint, dass seine Jungen, wie der Urgott selbst, ohne Zeugungsakt entstehen. So glaubten die Ägypter auch, dass die Sonne jeden Morgen wieder von selbst aus der Erde entsteht. Seine Mistkugel schiebt der Käfer wie einen Ball vor sich her, ähnlich schiebt er auf einer Darstellung die Sonnenscheibe am Morgen über den Horizont.

Mittags war die Sonne Re-Harachte, der »horizontische Horus«, oder auch nur Re. Als Re-Harachte geht Re eine Verbindung mit Horus ein und wird wie dieser als Falke oder als falkenköpfiger Mann dargestellt.

Abends war die Sonne Atum, der »müde alte Mann«. Atum hat als Erscheinungsform des Re viele Gestalten. Die häufigsten sind Löwe, Widder, Käfer oder Ichneumon (Pharaonenratte oder -katze). Die große Sonnenscheibe mit der Uräusschlange (Kobra) prangt oft an seiner Stirn.

Der eigentliche Siegeszug der Sonnenlehre begann erst mit der 4. Dynastie, mit dem Bau der Cheopspyramide und der damit verbunden großen Sphinx. Dieses aus dem Felsen gehauene Bild des Sonnengottes hat die Gestalt eines liegenden Löwen mit dem menschlichen Kopf des Pharao, es markiert den Beginn der Hauptphase der Sonnenreligion. Tempel und Obelisken, an deren goldener Spitze sich die Sonnenstrahlen verfingen, sollten Res Glanz widerspiegeln. Könige des mittleren Reiches erkannten nun den Sonnengott als mächtigsten Gott an und wählten ihn in Ergänzung mit ihrem eigenen Namen, wie beispielsweise bei Amun-Re, zu ihrem Schutzgott. Kultstätten entstanden. Das älteste Heiligtum befand sich in der altägyptischen Stadt On oder Lunu, »Stätte des Pfeilers«. Diese lag auf dem sogenannten hohen Sand, einem künstlichen Hügel, der als der mythische Urhügel galt. Mit ihm verband sich der Anspruch, Mittelpunkt und ältester Teil des Landes zu sein. Dieselbe Symbolik betont der Benben-Stein, der als Kultmal im offenen Hof stand und der Vorläufer der ägyptischen Obelisken ist. Täglich bei Sonnenaufgang, wenn ihre Strahlen die vergoldete Spitze trafen, nahm dort der Sonnengott Platz. Die Griechen nannten die Stadt bezeichnenderweise Heliopolis, »Stadt der Sonne«.

Die Sonnenverehrung hatte nicht nur in Ägypten eine Bedeutung. So findet man Sonnenkulte unter anderem auch bei den Azteken, Inkas, Persern, Germanen, Kelten, sogar bei den Japanern und den im kalten Norden lebenden Inuits. Gerade bei den Germanen galten die Sonnenfeste als hohe Feiertage und bis heute sind wir uns der Sonnenwendtage bewusst. Auch Stonehenge wurde nach den Wendepunkten der Sonne ausgerichtet. In Rom war der Sonnengott Sol Invictus höchst populär. Vor allem die römischen Kaiser fanden Gefallen an ihm, viele ließen sich mit Sols strahlendem Sonnenkranz abbilden.

Helios war der griechische Sonnengott, der nicht ins menschliche Leben eingriff. Nicht einmal Zeus ordnete ihm einen bestimmten Lebensbereich zu. Er war ausschließlich oberster Lenker des Lichts, immer in Bewegung. Als sichtbares Naturphänomen, als Sinnbild von Aufgang und Untergang, Leben und Licht wurde ihm Achtung entgegengebracht. Die Menschen grüßten Helios morgens und abends.

Im Mythos heißt es, Helios habe einen Palast im Osten und einen im Westen. Jeden Morgen verlässt der strahlende Sonnengott mit seinem goldenen Wagen, einem Vier-Pferde-Gespann, den Osten und fährt durch das Himmelsgewölbe, dabei geht ihm seine Schwester Eos (die Morgenröte) voraus. Die zweite Schwester Selene (die Mondgöttin) folgt ihm am Abend, wenn Helios in seinem westlichen Palast absteigt. In einer Schale segelt er dann durch die Tiefe des Okeanos zurück zum Palast des Ostens.

Mythologische Geschichten sind zahlreich und variabel. Auch ein ägyptischer Mythos erzählt von der Barke des Sonnengottes Re: Nut, die Himmelsgöttin, verschlingt Re jeden Abend, sein Boot fährt während der Nachtstunden durch ihren Körper und wird am nächsten Morgen neu geboren.

Helios galt den Griechen auch als Gott der Wahrheit, da er auf seinen Tagesfahrten alles sieht, was auf Erden geschieht. Aber er weiß auch, was im Dunkel der Unterwelt passiert, wenn er nachts über den Ozean zurück in den Osten segelt. In einer weiteren Variante des ägyptischen Mythos muss der Sonnengott während der Nacht einigen Gefahren trotzen. Der Schlangendämon hat es sich zur Aufgabe gemacht, die Sonnenbarke zu vernichten, auf dass ewige Dunkelheit im Lande Kemet herrsche. Aber Res Mannschaft ist stark, so hat er unter anderem Isis, die »Raffinierte«, Heka, den Gott der Magie, und Maat, die Göttin der Gerechtigkeit und Ordnung bei sich. Durch List, Magie und Stärke gelingt es dem Sonnengott immer wieder, jeden Morgen am östlichen Horizont zu erscheinen.

Das Sonnenprinzip in der Astrologie

Gleich der Sonne am Firmament, deren weißes Licht alle Farben in sich trägt, vereint auch die astrologische Sonne die Aspekte aller Planeten in sich. In der Sonne kommt alles zu einem einzigen Ausdruck: Ich bin. Das Zeichen der Sonne, besser bekannt als unser Sternzeichen, kennen meist auch diejenigen, die sich nicht näher mit Astrologie auseinandersetzen. Astrologisch wird die Sonne dem Element Feuer, dem Sternzeichen Löwe und dem 5. Haus zugeordnet. Die Sonne, als Herz aller Dinge, symbolisiert unsere Wesensmitte und Persönlichkeit. Als Lebens- und Lichtspenderin steht sie zugleich für unsere Lebenskraft und -freude, für unsere Vitalität und Dynamik. Im Grunde genommen will die Sonne einfach leuchten und sein. Wie wir unser Licht in die Welt erstrahlen lassen wollen, darüber gibt die Stellung der Sonne in unserem Geburtshoroskop in Zeichen und

Haus Auskunft. Zusammen mit dem Mars drückt die Sonne das maskuline Prinzip aus. Im übertragenen Sinne begegnen wir der Sonnenkraft auch in anderen Menschen, in Männern, insbesondere in unseren Vätern und Partnern. Vertreter des Sonnenprinzips sind aber auch Helden, Leitfiguren und Autoritäten im Allgemeinen.

Stichworte zur Sonne
Schöpferkraft, Wesensmitte, Persönlichkeit, Selbstausdruck, Individualitätsgefühl, Bewusstsein, Geist, Lebenskraft, Lebensfreude, kreativer Ausdruck, Vitalität, Dynamik, Ausstrahlung, das maskuline Prinzip (zusammen mit Mars)

Gut gebrüllt, Löwe – Die Sonnenkraft ins Leben rufen

Die Sonne steht für unsere Schöpferkraft. Ein wesentliches Anliegen des Wassermannzeitalters ist es, uns daran zu erinnern, dass wir Schöpfer, Schöpferin unseres Lebens sind. Das bedeutet, wir sind nicht einfach nur Menschen, die leidend ihr Schicksal zu ertragen haben, sondern auch göttliche Wesen. Das gilt es wieder zu erkennen und in die alltägliche Wirklichkeit hineinzubringen. Schöpfer, Schöpferin des eigenen Lebens zu sein bedeutet, sich selbst zu ermächtigen, zum eigenen Meister, zur eigenen Meisterin zu werden, sich aus Abhängigkeit und Bevormundung zu befreien und sein Leben mitzugestalten.

Dieser schöpferischen, ermächtigenden Kraft begegnete ich auf meiner schamanische Reise zur Sonne. Sobald ich mich mit »meiner Sonne« verbinde, spüre ich eine Kraft, die sagt: Ich bin! Diesen schöpferischen Impuls und die damit verbundene Lebenskraft konnte ich bei der Sonnenkraft am intensivsten erforschen. Wie bei allen Planetenkräften gibt es aber noch andere Aspekte zu untersuchen.

Schöpfer, Schöpferin

Stellen Sie sich das einmal vor: Sie sind Schöpfer Ihres eigenen Lebens, oberste Lenkerin Ihres eigenen Lichts! Was wäre, wenn es in Ihrem Leben keine höheren, keine äußeren Autoritäten gäbe, die über Sie bestimmen? Keinen Gott, der alles über Sie weiß? Keinen Guru, der Ihnen sagt, welche spirituellen Entwicklungsschritte bei Ihnen als Nächstes anstehen? Es gäbe nicht einmal einen Heiler, einen Arzt oder Psychologen, der besser über Ihre Befindlichkeit informiert wäre als Sie selbst. Was wäre, wenn Sie Ihre eigene Autorität, Ihr eigener Schöpfer, Heiler und Arzt wären? Was wäre, wenn Sie Ihre eigene und höchste Instanz wären, Ihr eigenes Leben gestaltend und für all Ihre Kreationen selbst verantwortlich? Ein etwas beunruhigender Gedanke? Anfangs bestimmt, denn, wie schon Nelson Mandela sagte, indem er Marianne Williamson aus ihrem Buch *Return to Love* zitierte:

> *Unser Licht, nicht unsere Dunkelheit ist es, das uns am meisten Angst macht. Wir fragen uns, wie kann ich es wagen, brillant, großartig, talentiert und fabelhaft zu sein?*
>
> *Doch in der Tat: Wie kannst du es wagen, es nicht zu sein? Du bist ein Kind des Universums! Wenn du dich klein machst, erweist du damit der Welt keinen Dienst.*
>
> *Es ist nichts Erleuchtetes daran, sich klein zu machen, damit sich andere Leute in deiner Gegenwart nicht unsicher fühlen.*
>
> *Wir sind geboren worden, um den Glanz des Universums, der in uns ist, zu manifestieren. Er ist nicht nur in einigen von uns, er ist in jedem Einzelnen. Und wenn wir unser eigenes Licht scheinen lassen, geben wir damit anderen Menschen die Erlaubnis, dasselbe zu tun.*

Wir lernen früh, unsere Lebenskraft zurückzuhalten. Ein jeder Mensch kennt Momente in seinem Leben, in denen er mit seinem kreativen Ausdruck auf Widerstand gestoßen ist, in denen er für seine Art zu sein von der Umwelt kritisiert oder zurechtgewiesen wurde. Wenn Sie heute Ihre Vor- und Nachteile aufzählen sollen, wette ich, dass Ihnen unzählige Defizite über sich einfallen. Für die Aufzählung Ihrer Talente brauchen Sie schon etwas mehr Zeit. Doch der Zeitgeist der Wassermann-Ära fordert uns jetzt auf, einen Schritt nach vorn zu gehen und über unser menschliches Sünderdasein hinauszuwachsen. Wie Marianne Williamson sagte: »Du bist ein Kind des Universums.« Das Universum kennt keine Schuld. Es kennt nur unser Geburtsrecht, der Welt unsere ganze Kraft und Schönheit zu schenken.

Der Schritt in die eigene Schöpferkraft braucht Mut und Ausdauer. Mut, weil wir für lange, lange Zeit unser wahres Sonnenlicht und unsere Lebenskraft verborgen oder zurückgehalten haben. Ausdauer, weil es Zeit braucht, die alten Verhaltensmuster zu durchschauen und aufzulösen. Zum Schöpfer, zur Schöpferin des eigenen Lebens zu werden, heißt, zurückzukehren zur eigenen Kraft, frei sein, und für das eigene Tun und Sein einzustehen. Es gibt dann keine äußere Autorität mehr, die Ihnen Regeln und Lebensstruktur vorgibt, aber auch niemanden mehr, an dem Sie Ihren Frust auslassen können. Mut ist auch gefordert, weil sofort alle Ihre Warnlämpchen aufleuchten werden, sobald Sie den ersten Schritt in Ihre schöpferische Kraft wagen. Diese wollen Sie davon überzeugen, doch besser beim alten, angepassten und soliden Dasein zu bleiben. Gefühle und Gedanken wie: »Es könnte gefährlich werden« oder »Wozu Veränderung? Bisher hat es doch auch ganz gut funktioniert«, werden auftauchen. Es werden Ängste, Zweifel, Unsicherheiten und Fragen aufkommen: »Darf ich das überhaupt?« Eine Menge Widerstände werden Ihnen begegnen, äußere und innere. Das gehört dazu. Denn je mehr wir unsere Sonnenkraft erkennen und uns selbst ermächtigen, desto mehr verlieren äußere Situationen oder Menschen die Macht über uns. Und nicht jeder und alles wird daran Freude haben.

Es braucht wirklich Mut, sich all den Ängsten und den Zweifeln, die hochkommen, zu stellen. Aber gerade wenn Sie den Weg zu Ihrer Sonnenkraft eingeschlagen haben und Ihre Widerstände und Ängste laut werden, wenn Sie sich unwert fühlen, sich großzügig mit Selbstvorwürfen bezichtigen, indem Sie sich sagen: »Ich kann nichts, bin nichts und verändern kann ich schon rein gar nichts« – dann halten Sie einen Moment inne. Werden Sie sich bewusst, dass hier lediglich alte und tief sitzende Konditionierungen am Werk sind. Eine Art Programmierung, die Sie daran hindern will, zu Ihrer Kraft zu gelangen. Nehmen Sie einfach Ihre Gedanken und Gefühle wahr, was auch immer es sein mag, atmen Sie und lassen Sie es einfach durch Sie hindurchfließen. Gerade die Gefühle wollen nämlich nur das: fließen (siehe auch im Kapitel zum Mond). Alte Konditionierungen haben nun einmal eine starke Wirkung auf uns und werden uns immer wieder in eine Ihrer Fallen zu locken versuchen: Fallen des Unwertgefühls, der Zweifel oder der Ängste. Aber auch Fallen, die Ihnen weismachen wollen, dass Sie jetzt gänzlich überschnappen und kurz vor dem Größenwahn stehen – das könnte Schuldgefühle in Ihnen auslösen.

Die Fallen zeigen sich, sobald Sie versuchen, etwas in Ihrem Leben zu verändern. Nicht um Sie zu ärgern oder Ihnen das Leben schwer zu machen, sondern um Sie für Ihr inneres Geschehen zu sensibilisieren und Ihnen gerade diese Abläufe deutlich zu machen. Das Erkennen dieser Fallen lässt eine Bewusstwerdung zu, die schließlich den Konditionierungen die Macht und Kraft nimmt, Sie in ihren Bann zu schlagen.

Das Zusammentragen und Aufschreiben meiner Erfahrungen mit der Sonnenkraft hat mich selbst ziemlich aufgewühlt, es schlug mir wortwörtlich auf den Magen. Einen ganzen Tag lang fühlte ich mich äußert elend, pendelte zwischen Toilette und Computer hin und her. Dabei wurde mir die Kraft der alten Konditionierungen so richtig bewusst. Neben der Tatsache, dass es sehr unangenehm war, fand ich es aber auch interessant, was die intensive Beschäftigung mit der Sonnenkraft in mir auslöste.

Es gibt Auswege aus Ihren alten Konditionierungen und Verhaltensmustern. Der Schlüssel liegt einzig und allein bei Ihnen. Denn weder ein Zauberspruch noch ein Heiler können Sie davon erlösen, das können nur Sie selbst. Den ersten Schritt, den Sie tun können, ist, sich die Erlaubnis zu geben, aus den alten Konditionierungen auszusteigen und sich dann auf die unten beschriebenen Reisen zur Sonnenkraft einzulassen.

Der Ausstieg aus alten Programmierungen braucht Zeit und Geduld. Wenn ich gerade mal wieder rückfällig geworden bin, mich einfach nicht wertvoll fühle oder Zweifel über meinen eingeschlagenen Weg aufkommen, dann werfe ich einen Blick zu unserer am Himmel stehenden Sonne. Sie fragt sich nämlich nicht, ob sie scheinen darf oder ob sie wohl besser ihr Licht aus Rücksicht auf andere etwas dämmen müsste, weil sie diese ja verbrennen könnte. Die Sonne scheint einfach, Tag für Tag, sie strahlt schamlos in ihrer ganzen Kraft. Und lieben wir sie nicht gerade deswegen? Ich jedenfalls freue mich jedes Mal wie ein kleines Kind, wenn nach langen Winternächten das Licht zurückkehrt und die Tage wieder länger werden. Oder wenn nach mehreren Regen- oder Nebeltagen die Sonne endlich wieder zum Vorschein kommt und mein Herz erwärmt. Diese Vorstellung macht mir seit Langem Mut und brachte mich auf die Idee, eine schamanische Reise zu meiner Sonnenkraft zu unternehmen. Denn wer könnte besser Bescheid wissen, wie ich meine Kraft und mein Lebenslicht stärken kann, als die Sonne?

Wenn Sie sich noch nicht bereit fühlen, den Schritt in die eigene Schöpferkraft zu wagen, ist das völlig in Ordnung. Vielleicht möchten Sie trotzdem den hier beschriebenen Reisen folgen. Wenn schon nicht als eine Möglichkeit, die für Sie in Betracht kommt, dann vielleicht als eine schön erzählte Geschichte.

Die schamanische Reise zur Urkraft der Sonne

Sonnenkraft wirkt zentrierend, bestärkend und vitalisierend. Die Sonne überträgt den Funken ihrer Kraft auf Sie. Die Reise zur Sonne ist so, als würden Sie in Ihr eigenes persönliches Lebenselixier eintauchen, das tief schlafende Lebensgeister zu wecken vermag. Sie sensibilisiert Sie für Ihr bloßes, reines Sein, für Ihre Kraft und hilft Ihnen, diese zu entwickeln, zu stärken oder überhaupt erst einmal kennenzulernen. Ihre erste Reise zur Sonne sollte eine Forschungsreise sein.

Reise zur Sonnenkraft

- Schaffen Sie sich eine angenehme Atmosphäre im Raum und sorgen Sie dafür, dass Sie für eine Zeit ungestört bleiben. Nehmen Sie eine entspannte liegende oder sitzende Haltung ein, in der Sie aber nicht so leicht einschlafen.
- Formulieren Sie Ihre Absicht: »Ich will so schnell wie möglich zur Sonne unseres Universums gelangen, um dort die ursprüngliche Sonnenkraft in Gestalt eines Sternengeistwesens oder auch eines Lichtes anzutreffen. Ich will mehr über die Kraft der Sonne erfahren und darüber, wie sie mit mir in Verbindung steht.«
- Spielen Sie die Trommelmusik-CD *Shamanic Journey* von Michael Harner ab.
- Gehen Sie auf die Reise. Bitten Sie Ihr verbündetes Krafttier oder Ihren Lehrer, mitzukommen und Ihnen den Weg zu weisen. Öffnen Sie Ihr Körpertor – den Ort, an dem Ihre freie Seele aus dem Körper gehen kann – und gehen Sie gleich von dort,

wo Sie sind, durch Ihre Haustür, das Dach oder das Fenster, hinein ins Universum zu den Sternen.

- Sobald Sie spüren, dass Sie am Ort der Sonne angekommen sind, rufen Sie: »Sonne, zeigt dich mir! Zeig mir deine ursprüngliche Kraft und wie diese mit mir in Verbindung steht. Lass mich deine ursprüngliche Kraft erleben.«
- Dann lassen Sie geschehen, was geschehen mag. Behalten Sie Ihre Reiseabsicht im Auge, aber ohne fixe Vorstellungen und Erwartungen, wie und was Sie genau erleben sollen. Erlauben Sie sich, sich wie ein Kind überraschen zu lassen, zu staunen und mit all Ihren Sinnen diese Reise zu erfahren.
- Wenn Sie genug erlebt und erfahren haben beziehungsweise wenn Sie vom veränderten Trommelrhythmus zurückgerufen werden, verabschieden Sie sich von Ihrem Sternengeistwesen, bedanken sich und kehren wieder in Ihren Körper und Ihre alltägliche Wirklichkeit zurück.
- Verbringen Sie nach der Reise noch ein wenig Zeit mit sich, um die Erfahrung nachwirken zu lassen. Spüren Sie in Ihren Körper hinein. Was hat sich verändert, was fühlt sich anders an? Vielleicht wollen Sie ihre Erfahrungen auch zeichnen, singen, tanzen oder in Worten aufschreiben.

Manchmal kann die Begegnung mit der Sonnenkraft (oder auch einer anderen Planetenkraft) eine körperliche Reaktion auslösen, beispielsweise ein Kribbeln, Hitze, Kälte und so weiter. Dies kann ein Zeichen dafür sein, dass die Kraft der Sonne in Ihrem Körper »arbeitet«, etwas ausbalanciert und heilt. Atmen Sie in die entsprechende Körperstelle hinein und nehmen Sie ohne Wertung wahr, was sich verändert.

Wo spüren Sie die Sonnenkraft in Ihrem Körper am stärksten? Nehmen Sie diese Stelle als Ankerpunkt Ihrer solaren Kraft. Das kann Ihnen im Alltag als Hilfe dienen: Wann immer Sie wünschen, können Sie sich mit Ihrer Sonnenkraft verbinden, indem Sie beispielsweise die Hand auf diese Stelle legen oder sie leicht klopfen. Probieren Sie aus, wie Sie Ihre Sonnenkraft am besten über Ihren Köper aktiveren können. Im Kapitel *Verankerung der Sternenkräfte* hatte ich Ihnen weitere Möglichkeiten vorgestellt, wie Sie die Kräfte in Ihrem alltäglichen Sein verankern können.

Der Heilplatz der Sonne

Diese Reise zum Heilplatz der Sonne verbindet Sie wieder mit Ihrer wahren Essenz und Kraft. Wenn Sie sich verzettelt haben oder immer wieder das Gefühl haben, neben sich zu stehen, kann diese Übung sehr wertvoll für Sie sein. Auch wenn Sie grundsätzlich eine schwache Persönlichkeitsstruktur haben, hilft Ihnen die Kraft der Sonne auf diese Weise, sich zu zentrieren. Sie bündelt die Energien und verankert sie an einem Punkt. Aber auch wenn Sie wenig Lebenskraft oder Lebensfreude haben, sich ausgelaugt und erschöpft fühlen, sich mit Selbstzweifeln und Minderwertigkeitsgefühlen herumschlagen, kann die Reise zum Heilplatz der Sonne wie ein erfrischendes und kräftigendes Bad sein. An diesem Ort erleben Sie eine Begegnung mit sich selbst.

Reise zum Heilplatz der Sonnenkraft

- Schaffen Sie sich wieder eine angenehme Atmosphäre im Raum und sorgen Sie dafür, dass Sie für eine Zeit ungestört bleiben. Nehmen Sie eine entspannte liegende oder sitzende Haltung ein.
- Machen Sie sich bewusst, mit welcher Absicht oder welchem Problem Sie den Heilplatz der Sonne aufsuchen wollen.
- Formulieren Sie Ihr Anliegen, zum Beispiel: »Ich reise zum Heilplatz der Sonne und lasse mich von der Sonnenkraft in meinem Sein bestärken und nähren.«
- Spielen Sie die Trommelmusik-CD *Shamanic Journey* von Michael Harner ab.
- Gehen Sie auf die Reise. Bitten Sie Ihr verbündetes Krafttier oder Ihren Lehrer, mitzukommen und Ihnen den Weg zu weisen. Wenn Sie bei der Sonne angekommen sind und das Sternengeistwesen ihrer ursprünglichen Kraft wahrnehmen, das Sie von Ihrer ersten Sonnenreise her kennen, können Sie Ihr Anliegen mit ihm besprechen. Lassen Sie geschehen, was geschehen mag.
- Wenn Sie genug erfahren haben beziehungsweise wenn Sie vom veränderten Trommelrhythmus zurückgerufen werden, verabschieden Sie sich von der Sonnenkraft und bedanken sich. Vielleicht gibt Ihnen Ihr Sternengeistwesen noch eine

Botschaft oder ein Symbol mit auf den Weg. Kehren Sie wieder in Ihren Körper und Ihre alltägliche Wirklichkeit zurück.
- Verbringen Sie nach der Reise noch ein wenig Zeit in Ruhe mit sich, um die Erfahrung nachwirken zu lassen oder in irgendeiner Weise auszudrücken. Malen oder tanzen Sie oder schreiben Sie auf, was Ihnen jetzt wichtig ist.

Vorschläge für die schamanische Reise zur Sonnenkraft
- Sie können die Sonne als Geistwesen und Ihren Verbündeten dort immer tiefer kennenlernen.
- Sie können die schamanische Kraft der Sonne erforschen – wie zentriert sie Sie, wie stärkt und vitalisiert sie Sie?
- Auf diesen schamanischen Reisen lassen sich die mit der Sonne in Verbindung stehenden astrologischen Attribute erforschen und kräftigen.
- Sie können sich in Ihrem persönlichen Kern zentrieren, wenn Sie sich nicht ganz bei sich selbst fühlen, sich verzettelt haben, zu wenig Ich-Struktur haben.
- Die Reisen zur Sonne bringen Sie mit Ihrer schöpferischen Kraft in Verbindung.
- Sie erleben bewusst Ihre »Ich bin«-Seite.
- Die Sonnenkraft kann Ihnen helfen, Ihr Selbstvertrauen, Ihre Lebensfreude und Lebenskraft zu stärken.
- Sie lässt Sie eine Verbindung mit Ihrer Göttlichkeit eingehen.
- Reisen Sie zu ihr, wenn Sie endlich Ihre eigene Wahrheit leben wollen.
- Wenn Sie Kraft aus sich selbst heraus benötigen und aus der Opferthematik aussteigen wollen, hilft Ihnen die Reise zur Kraft der Sonne.
- Wenn Sie im Zeichen des Löwen geboren sind, ist die Sonne Ihr Zeichenherrscher. Reisen zur Sonne können Ihnen über Ihre schöpferische Kraft Auskunft geben.

Erfahrungen mit der Sonnenkraft

Was ich selbst auf den ersten Reisen zur Sonne erlebte, war einfach überwältigend. Am Heilplatz meiner Sonne angekommen, tauchte ich in mein eigenes Sonnenlicht ein, es war ein Verschmelzen mit meinem ureigensten Seelenlicht, mit meiner Essenz. Es gab keine Antworten, weil keine Fragen mehr da waren – nur noch reines Da-Sein. Zurück von dieser schamanischen Reise fühlte ich mich ganz erfüllt von meiner Kraft, diese Reise zentrierte auf eine Weise, die mich ruhig und gelassen werden ließ. Auch den Teilnehmerinnen und Teilnehmern meiner Seminare ging es ähnlich, sie spürten die starke Kraft der Sonne in sich und strahlten. Sie strahlten im wahrsten Sinne des Wortes. Die Reise verband sie mit ihrer ursprünglichen Sonnenkraft, mit ihrer schöpferischen Quelle.

Wenn Sie nach Ihrer ersten Reise zur Sonne das Gefühl haben, nichts erlebt zu haben, ist das kein Problem. Denn oft betreten wir hier Räume, die außerhalb dessen liegen, was sich mit dem rationalen Bewusstsein erreichen lässt. Das heißt, dass vielleicht keine Bilder, keine Sprache, keine Gedanken, keine bewusste Erinnerung da sind. Und trotzdem waren Sie dort. Spüren Sie der Kraft in Ihrem Körper nach. Wo spüren Sie die meiste Kraft? Ist das der Ankerpunkt Ihrer Sonnenkraft? Wie nehmen Sie Ihre Umgebung wahr? Was kommt Ihnen spontan in den Sinn, wenn Sie an Ihre Reise denken? Was riechen Sie? Was hören Sie? Achten Sie auf all Ihre unterschiedlichen Sinne.

Der Heilplatz der Sonne ist ein Ort des Seins und der Erfahrung. Die Reise dorthin können Sie öfter machen, wann immer Sie das Gefühl haben, dass Ihnen eine Stärkung Ihrer Lebenskräfte guttäte, und wann immer Sie sich mit den Sonnenthemen beschäftigen wollen. Mit der Zeit werden Sie die Auswirkung Ihrer persönlichen Sonnenkraft auch im Alltag spüren.

Die Reise zur Urkraft und zum Heilplatz der Sonne lehrt Sie, Kraft aus sich selbst zu erschaffen – gleich der Sonne, die aus sich selbst heraus leuchtet. Wenn Sie sich mit der Quelle Ihrer eigenen Sonnenkraft verbinden, brauchen Sie die Kraft anderer Menschen nicht mehr. Sie sind dann selbst Ihr eigenes Leuchten und nicht mehr darauf angewiesen, das Licht anderer Menschen zu reflektieren oder es ihnen gar zu klauen. Aus sich selbst heraus leuchten, bedeutet Unabhängigkeit und Selbstständigkeit. Es bedeutet, die schöpferische

Kraft zur Wirkung zu bringen. Sie erschaffen damit gewissermaßen Ihr eigenes Sonnensystem, in dem Sie das zentrale Gestirn sind. Und so sollte es doch sein, oder?

Ausgeliehene Sonnenkraft

Die meisten Menschen unterdrücken ihre Sonnenkraft, halten sie aus Angst vor der eigenen schöpferischen Größe zurück. Das ruft jedoch ein Defizit an Kraft und Lebensfreude hervor. Um diesen Mangel auszugleichen, zapfen wir die Energiequellen anderer Menschen an. Viel Streit und Unfrieden in unserer Welt beruht auf dieser Tatsache. Wir neiden einander vieles, stehlen einander Länder, Geld, Macht, materielle Dinge und Menschen, doch letztlich geht es dabei immer um Energie. Wir suchen Sonnenkraft. Wir nähren uns von anderen Menschen, jagen ihnen ihr Licht ab, indem wir sie unterdrücken, manipulieren, verachten, missbrauchen und kontrollieren, aber auch, indem wir sie übermäßig bemuttern. All das schafft Abhängigkeiten. Aber wir finden dabei nie, was wir wirklich suchen – die Quelle der eigenen Lebenskraft. Denn die liegt in uns selbst. Wir haben es lediglich vergessen.

Der Ausstieg aus diesem Dilemma liegt darin, die Quelle der Sonnenkraft in sich wiederzuentdecken und auszudrücken. Außerdem sollten wir die Sonnenkraft, die wir mehr oder weniger freiwillig weggegeben haben, zu uns zurückholen, aber auch die Kraft, die wir von anderen haben, freigeben. Wir geben unsere Sonnenkraft aus verschiedenen Gründen weg, aus Liebe, aus Tradition, weil wir keine anderen Möglichkeiten sehen oder es einfach nicht besser wissen. Wir geben sie unseren Partnern, unseren Kindern, unseren Eltern, unseren Vorgesetzten und Vorbildern, sogar Institutionen, dem Staat, einem Projekt oder einer Gemeinschaft. Traumatische Erlebnisse können überdies dazu führen, dass wir unsere Sonnenkraft auf gewaltsame Art verlieren.

Mit der folgenden Übung können Sie Ihre Sonnenkraft zu sich zurückholen. Sie holen Seelen- und Lebenskraft, die Ihnen gehört, aber von einem anderen Menschen gehortet wird, wieder zu sich. So lösen Sie sich aus Verstrickungen mit Menschen und Situationen und befreien sich aus Abhängigkeiten. Sonnenkraft, die Sie gehortet haben, wieder freigeben, bedeutet auf der anderen Seite, anderen Menschen die gleiche Freiheit zu geben, die Sie für sich selbst wünschen, und ihnen auf einer neuen Ebene zu begegnen.

Sonnenkraft zurückholen

- Nehmen Sie eine entspannte liegende oder sitzende Haltung ein. Formulieren Sie Ihr Anliegen: »Ich reise zur Sonne, um von anderen geborgte Sonnenkraft zurückzugeben und meine eigene Sonnenkraft, die andere bei sich haben, wieder zu mir zu nehmen.«
- Spielen Sie die Trommelmusik-CD *Shamanic Journey* von Michael Harner ab.
- Gehen Sie auf die Reise. Sobald Sie Ihren Sonnenverbündeten getroffen haben, fragen Sie ihn: »Wer oder was hat noch Sonnenkraft von mir?« Oder: »Hat mein Exmann (setzen Sie konkret einen Namen ein) noch Sonnenkraft von mir?« Lassen Sie sich an den Ort oder zu dem Menschen führen, der noch Sonnenkraft von Ihnen hat. Prüfen Sie, ob Sie bereit sind, Ihre eigene Kraft zurückzunehmen. Wenn ja, lassen Sie sich Ihre Sonnenkraft von Ihrem Verbündeten zurückbringen. Meist zeigt sich diese Kraft in Form eines Lichtes, einer Kugel oder eines Kristalls. Sobald Ihr Sonnenverbündeter mit Ihrer Sonnenkraft vor Ihnen steht, öffnen Sie Ihre Hände (tun Sie dies wirklich als körperliche Handlung) und nehmen Sie die Kraft in sich auf. Geben Sie sie in Ihr Herz, Ihren Bauch oder wo immer Sie spüren, dass die Kraft hingehört.
- Schauen Sie nun bei sich selbst nach, ob auch Sie von jemand anderem Sonnenkraft haben. Geben Sie diese Ihrem Verbündeten mit der Bitte, dass er sie an einen Ort bringt, an dem sie der Sonnenkraftbesitzer jederzeit abholen kann.
- Wenn die Sonnenkräfte ausgetauscht sind, verabschieden und bedanken Sie sich von Ihrem Sonnenverbündeten. Kehren Sie wieder in Ihren Körper und Ihre alltägliche Wirklichkeit zurück.
- Verbringen Sie nach der Reise noch ein wenig Zeit in Ruhe mit sich, um die Erfahrung nachwirken zu lassen und zu spüren, wie Sie sich jetzt fühlen. Verankern Sie das Erlebnis, indem Sie ein Bild malen, ein Lied singen oder jemandem davon erzählen.

Wenn wir Sonnenkraft von anderen zu uns zurückholen, nehmen wir diesen Menschen nichts weg, sondern holen uns lediglich das wieder, was sowieso schon uns gehört. Grundsätzlich können wir mit der Sonnenkraft anderer Menschen nichts anfangen. Falls Sie das Gefühl haben, Sie könnten, dürften oder sollten Ihre eigene Sonnenkraft nicht zu sich zurückholen, sollten Sie sich die Gründe dafür näher anschauen. Schreiben Sie Ihre Ängste und Ihre Bedenken auf, was passieren könnte, wenn Sie Ihre Sonnenkraft zu sich nehmen. Reisen Sie mit Ihren Bedenken und Ängsten zu Ihrem Sonnenverbündeten und lassen Sie sich von ihm zeigen, worum es wirklich geht und was Sie für diesen Schritt noch brauchen. Falls Sie sich dafür noch nicht bereit fühlen, belassen Sie es fürs Erste dabei, sich in Ihrer Sonnenkraft zu bestärken. Reisen Sie immer wieder zum Heilplatz der Sonne und stärken Sie sich in Ihrer Quelle. Sie sind Ihr eigener Meister, Ihre eigene Meisterin und bestimmen, wann die Zeit für eine solche Reise reif ist.

Reise zum Urfunken der Sonnenkraft

Eine andere Reise, die mir mein Sonnenverbündeter schenkte, ist die Reise zum Urfunken der Sonnenkraft. Es gibt Zeiten in unserem Dasein, da scheint jegliches Leben, jeder Sinn, jede Leidenschaft aus uns entwichen zu sein. Wir vegetieren hoffnungslos und ausgebrannt vor uns hin. Es fehlt uns an Kraft, Lust und Freude. Wir wissen nicht, wohin mit uns, und haben keine Ahnung, wie es in unserem Leben weitergehen soll. Wir fühlen uns in einer Sackgasse gefangen. Natürlich ist es nicht immer ganz so extrem. Manchmal kann es auch sein, dass Sie an einem Punkt in Ihrem Leben angekommen sind, an dem Sie einen neuen Kick brauchen, um die nächsten Schritte anzugehen. Oder Sie stehen an einer Schwelle, ein größerer Umbruch zeigt sich, der gleich mehrere Veränderungen wie Wohnorts- oder Jobwechsel mit sich bringt. Die folgende Reise können Sie aber auch unternehmen, wenn Sie mehr über Ihre Beweggründe wissen wollen, weshalb Sie hier auf der Erde sind, was die Absicht Ihrer Seele ist, hier zu sein. Welcher Funke entfachte in Ihnen die Leidenschaft, auf die Erde zu kommen?

Reise zum Urfunken der Sonnenkraft

- Nehmen Sie eine entspannte liegende oder sitzende Haltung ein. Formulieren Sie Ihr Anliegen: »Ich reise zur Sonne, um dem Urfunken der Sonnenkraft zu begegnen.« Spielen Sie die Trommelmusik-CD von Michael Harner ab.
- Nun gehen Sie auf die Reise. Sie treffen Ihren Sonnenverbündeten und kommen an Ihren Heilplatz. Von dort aus lassen Sie sich über die Schwelle führen, mit der Absicht, den Urfunken Ihrer Sonnenkraft zu treffen, Ihren schöpferischen Impuls, der Sie letztlich hier auf die Erde brachte. Lassen Sie sich führen und kommen Sie am Ende wie gewohnt in den Alltag zurück.

Diese Reise kann Ihre Lebensgeister neu erwecken und Ihnen frische Inspirationen für Ihr Leben geben. Auf Alex, einen Teilnehmer meines Trommelkreises, hatte die Reise zum Urfunken eine starke Wirkung. Am Heilplatz angekommen, tauchte plötzlich eine Lichtsäule auf, die ihn umhüllte, nach oben zog und an einen lichtüberfluteten Ort über dem Wolkenmeer brachte. Dort traf er eine Lichtgestalt, die ihm sagte: Von hier kommst du, das ist die Kraft deines Urfunkens. Viel mehr passierte nicht auf seiner Reise, aber Alex fühlte sich sehr verändert. Er dachte in den folgenden Tagen nicht mehr weiter über die Reise nach, aber das Gefühl, dass etwas in seinem Leben anders war, hielt an. Nach etwa zwei Wochen fiel ihm auf, dass er nachts wieder zu träumen begonnen hatte, und aus einem plötzlichen Impuls heraus beschloss er von einem Tag auf den anderen, mit dem Cannabis-Rauchen aufzuhören – was ihm ohne Weiteres gelang. Alex realisierte, dass diese Reise wirklich etwas Grundsätzliches in seinem Lebensgefühl verändert hatte. Etwas Wesentliches hatte sich durch diese Reise zum Urfunken wieder eingerenkt. Seine Träume kehrten zurück, sein Leben kam in Fluss und er fühlte eine Gelassenheit, die ihm half, seinen Alltag und seine Probleme neu anzugehen.

Alex ist kein Einzelfall. Eindrücklich war auch Katjas Erfahrung zum Urfunken ihrer Sonnenkraft. Draußen im Universum nahm sie sich in tausend Sternenfunken aufgelöst wahr. Sie fühlte sich frei und geborgen, trotz dass sie so aufgesplittert in diese vielen Lichter war, und spürte zugleich auch die Anwesenheit anderer Lichtfunken um sie herum. Dann fühlte Katja plötzlich eine Kraft, die all ihre verstreuten Lichtfunken auf einen Punkt bündelte – und schon sauste sie durchs Universum in Richtung Erde. Erst durch den Äther, dann durchs Wasser, dann durch die Erde und erst dort, im Mittelpunkt unseres Planeten angekommen, verband sich ihr Licht mit dem physischen Körper. Ein wunderschöner persönlicher Entstehungsmythos. Wir alle waren sehr berührt beim Zuhören, ich umso mehr, da ich Katja als einen Menschen wahrnahm, der sich gern entgrenzt und in die Weite ausdehnt. Die Sehnsucht ihrer Seele nach ihrem Ursprung lässt sie leicht in andere Sphären eintauchen. Mühe bereitet ihr eher, sich ins Leben hineinzubegeben und auch in der alltäglichen Wirklichkeit Fuß zu fassen. Nach dieser Reise fühlte sich Katja beseelt und kraftvoll. Sie strahlte wie ein Sternenmeer und fühlte, dass sie jetzt mit ihrer ganzen Seelenstärke und Sonnenkraft auf der Erde gelandet war. Luft, Wasser und Erde standen Katja als verbündete Geburtshelferinnen zur Seite. Kräfte, die ihr auch heute noch helfen, ihre Sonnenkraft in ihrem Körper und in der irdischen Wirklichkeit zu verankern. Katja machte diese Reise kurz vor einer beruflichen Veränderung, sie stand am Beginn ihrer Selbstständigkeit, und innerhalb kürzester Zeit waren ihre Angebote überaus gefragt.

Die schöpferische Kraft der Sonne nutzen

Die Begegnung mit der schöpferischen Kraft der Sonne bedeutet die Rückkehr zur eigenen Sonnenkraft. Es bedeutet, unabhängig zu werden und sich als Schöpfer beziehungsweise Schöpferin des eigenen Lebens anzuerkennen.

Jeder Impuls des Erschaffens entsteht in Ihnen selbst. Sie sind letztendlich immer auch der Schöpfer, die Schöpferin Ihrer Wünsche. Ihr Sonnenverbündeter kann Ihnen helfen, das Gewünschte in Ihr Leben zu bringen. Indem Sie Ihren Wunsch nach außen hin spiralförmig ausdehnen lassen, wie es in der folgenden Übung beschrieben ist, bekommt er Kraft. Und indem Sie diese Ihre neue Schöpfung wie ein Samenkorn in sich aufnehmen, geben Sie ihr die Möglichkeit, sich in Ihrem Leben zu manifestieren. Das Samenkorn beginnt dann zu keimen und zu wachsen, sobald die Zeit dafür reif ist.

Die Spiralreise des Erschaffens

- Diese schamanische Reise findet im Sitzen statt. Zünden Sie eine Kerze an, legen Sie eine Rassel, Kräuter/Räucherwerk und Räucherkohle bereit.
- Was möchten Sie in Ihrem Leben erschaffen? Nehmen wir einmal an, Sie wünschen sich eine neue Arbeitsstelle, die mehr Ihren Qualitäten entspricht und Ihnen zugleich mehr Freiheiten gewährt.
- Verbinden Sie sich mit Ihrem schöpferischen Wunsch. Atmen Sie ihn ein, fühlen Sie ihn, lassen Sie jede Zelle Ihres Körpers von dieser Kraft erfüllen und lauschen Sie der Stille, die entsteht.
- Zünden Sie die Räucherkohle an und nehmen Sie die Kräuter in Ihre Hände. Atmen Sie Ihren Wunsch in sie hinein.
- Stellen Sie sich nun vor, wie Ihr Sonnenverbündeter mit einer goldenen Kugel oder einem anderen Gefäß vor Ihnen steht.
- Sobald Sie bereit sind, übergeben Sie den Wunsch Ihrem Sonnenverbündeten, indem Sie die Kräuter auf die brennende Kohle vor sich legen. Ihr Sonnenverbündeter legt Ihren Wunsch nun in die goldene Kugel.
- Beginnen Sie zu rasseln und reisen Sie mit Ihrem Sonnenverbündeten und der goldenen Kugel in einer spiralförmigen Drehung an den Rand des Universums. Auf diesem Weg lassen Sie noch einmal all Ihre Bedenken, Ängste und Zweifel hochkommen, ob sich Ihr Wunsch jemals erfüllen könnte. Auch Ihre Glaubenssätze, wie zum Beispiel: Ich bin zu alt für einen neuen Job, für die Art meiner Tätigkeit besteht keine Nachfrage und so weiter. Sie rasseln während der ganzen Zeit.
- Am Rand des Universums angekommen, halten Sie einen Moment inne und fragen sich, ob Sie bereit sind, den Wunsch in die Weite des Universums zu geben. Wenn Sie bereit sind, schleudern Sie die Kugel ins Universum hinaus. Geben Sie Ihren Wunsch frei. Schauen Sie zu, wie die goldene Kugel kleiner und kleiner wird, bis sie verschwunden ist. Schauen Sie weiter ins All, bis Sie in der Weite die Kugel wieder auf sich zukommen sehen. Warten Sie, bis Sie bei Ihnen ist und nehmen Sie sie wieder an sich.

- Kehren Sie auf dem spiralförmigen Weg wieder in die alltägliche Wirklichkeit zurück.
- Wieder hier, strecken Sie Ihre Hände aus und lassen sich von Ihrem Sternenverbündeten die Kraft in Form eines Samenkorns aus der goldenen Kugel geben. Nehmen Sie sie in Ihren Körper hinein. Führen Sie dies als echte Handlung aus. Sie tragen nun den Samen Ihres Wunsches in sich.
- Geben Sie Ihren Wunsch nun frei, indem Sie ihn in sich keimen und wachsen lassen. Das ist die größte Herausforderung für Sie, denn das heißt:
  1. Machen Sie sich nun keine Sorgen mehr um die Erfüllung Ihres Wunsches.
  2. Geben Sie die Kontrolle auf, hegen Sie keinerlei Vorstellung, wie, wann und auf welchem Weg dieser Job zu Ihnen kommt. Damit würden Sie die schöpferische Kreativität des Universums limitieren – sie leitet alles in die Wege, um Ihren Wunsch zu erfüllen. Das kann schon morgen geschehen, aber vielleicht auch erst in einem Jahr.
  3. Üben Sie sich in Vertrauen, Vertrauen und nochmals Vertrauen. Denn nun kann es zu Turbulenzen und Veränderungen in Ihrem Leben kommen, die im ersten Moment vielleicht alles schlimmer erscheinen lassen. Oft müssen erst alte Energien freigesetzt werden, damit das Universum Ihrem Wunsch nach dem Neuen entsprechen kann.
  4. Seien Sie offen und neugierig über die Art, wie Ihr Wunsch in Erfüllung geht und wie die Lösung zu Ihnen kommt. Wenn sich Ihnen eine Möglichkeit eröffnet, lehnen Sie sie nicht ab, nur weil sie nicht Ihren Vorstellungen entspricht. Meistens kommt unser Ziel auf eine Weise zu uns, mit der wir überhaupt nicht gerechnet haben. Was immer zu Ihnen kommt, schauen Sie und fühlen Sie, ob Sie die Kraft Ihres Wunsches darin finden.

Nun kann es sein, dass auch nach dieser Reise etwas in Ihnen nagt, dem Ganzen misstraut und zweifelt. Gewisse Glaubensätze sind so stark in uns verankert sind, dass wir sie erst auflösen müssen, bevor sich irgendetwas Neues in unserem Leben manifestieren kann. So wie Sie erschaffen, können Sie auch »entschaffen«.

Die Spiralreise des Entschaffens

- Gehen Sie genauso vor wie bei der eben beschriebenen Schöpferreise des Erschaffens.
- Anstatt Ihres Wunsches geben Sie nun Ihre Zweifel, Ihr Misstrauen und all die inneren Kräfte, die der Erfüllung Ihres Wunsches im Wege stehen, in die goldene Kugel. Indem Sie die Kugel nun ins Universum schleudern, geben Sie auch Ihren Schmerz, Ihr Misstrauen oder was auch immer frei. Wenn diese Kräfte dann mit der Kugel zu Ihnen zurückkehren, dann als Energie, die Sie nicht mehr hindert, sondern unterstützt.

Die schamanische Kraft der Sonne

- Sonnenkraft bündelt, zentriert, stärkt, vitalisiert und erschafft. Die Reise zur Sonnenkraft ist eine Reise zur persönlichen Kraft, die Ihre Lebensgeister weckt, Ihren Körper und Ihren Geist stärkt und Ihr Herz öffnet. Wann immer Sie sich ausgelaugt und müde fühlen, lohnt sich die Reise zur Sonnenkraft. Wann immer Sie sich neben sich stehend fühlen oder sich verzettelt haben, hilft Ihnen Ihr Sonnenverbündeter, die machtvollen schöpferischen Kräfte wieder zu Ihnen hinfließen zu lassen.
- Die Reise zum Urfunken der Sonne kann Ihnen neue Impulse bringen und Sie mit der tiefen Absicht Ihrer Seele verbinden, die sie letztlich auf die Erde führte.
- Sie können verliehene Sonnenkraft zurückholen und geborgte Energie freigeben, um sich aus Verstrickungen und Abhängigkeiten zu lösen.
- Die Schöpferreise gibt Ihren Wünschen die Kraft, sich im Leben zu manifestieren, und löst Zweifel und Misstrauen in Ihnen auf.

Mondnacht

Es war, als hätt der Himmel
Die Erde still geküsst,
Dass sie im Blütenschimmer
Von ihm nun träumen müsst.

Die Luft ging durch die Felder,
Die Ähren wogten sacht,
Es rauschten leis die Wälder,
So sternklar war die Nacht.

Und meine Seele spannte,
Weit ihre Flügel aus,
Flog durch die stillen Lande,
Als flöge sie nach Haus.

Josef von Eichendorff

Mond – Im Fluss der Gefühle

Kaum jemand kann sich der Schönheit des Mondes entziehen, wenn er in seiner ganzen Vollkommenheit über dem Horizont aufgeht und die Welt in sein silbernes Licht taucht. Der Mond, Herrscher(in) der Nacht, und die Nacht selbst locken andere Wirklichkeiten hervor. Träume, Fantasien, Sehnsüchte und Seelenwelten erwachen, machen uns empfänglich für die geheimnisvollen Kräfte der Natur und die verborgenen Kräfte in uns. Das Mondlicht verändert die irdische Wahrnehmungsperspektive. Alles erscheint anders als bei Sonnenlicht. Die Sinneseindrücke werden transzendiert, das Bewusstsein öffnet sich zum Traum.

Mythologie: Artemis, Selene, Hekate – Göttinnen des Mondes

Göttinen, die mit dem Mond in Verbindung stehen, gibt es viele. Inanna, Isthar, Isis, Artemis, Selene, Hekate, Luna und Diana sind wohl die bekanntesten unter ihnen. Eines ihrer Hauptsymbole ist die Mondsichel. Die Göttinnen vertreten oftmals die verschiedenen Mondphasen und werden vielfach als Dreiheit gesehen.

Alle 29 ½ Tage stirbt der Mond in die im Osten aufgehende Sonne hinein und verschwindet für drei Nächte vom Nachthimmel, um sich dann wieder aus der Verschmelzung mit der Sonne herauszulösen. Als filigrane Sichel gebiert sich der Mond aus der im Westen untergehenden Sonne in den Abendhimmel hinein.

In der nun zunehmenden Phase wird der Mond der Kraft von Artemis beziehungsweise Diana zugeordnet. Beide werden als verführerisch schön, zugleich aber auch als keusch beschrieben, und trotz ihrer Keuschheit sind sie Göttinnen der Geburt. Sie sind Jägerinnen und gleichzeitig Schutzpatroninnen der Tiere. Ihre Attribute sind der Pfeil und der silberne Bogen, der die Mondsichel symbolisiert. Es ist die Zeit der jungen Frau, des Erwachens und Erblühens. In jugendlichem Übermut wird das Leben entdeckt und erfahren.

Das junge Mädchen hat ihre Erfahrungen gesammelt und ist zur Frau herangereift. Nun beginnt die Kraft der Mondgöttin Selene oder Luna zu wirken. Als strahlendste Mondgöttin trägt sie das blühende Leben in sich, sie ist zur fruchtbaren Mutter geworden. Selene ist die Göttin des Mondes, die mit einem silbernen Wagen, von weißen Pferden gezogen, über den Himmel fährt. Selene war in den sterblichen Endymion verliebt, den sie jede Nacht besuchte und ihm angeblich 50 Kinder gebar.

Der Mond schreitet auf seiner Reise weiter und erscheint immer später am Nachthimmel. Mit jeder Nacht verliert er an Licht und geht der Sonne entgegen. Die Mondgöttin Selene wird zu Hekate, der alten weisen Göttin, die sich zurückzieht und erneuert. Sie versteht sich auf Magie, verwandelt und heilt, was sie berührt. Hekate macht tiefgründige und mystische Erfahrungen möglich und vertritt den Aspekt der Übergänge und der Verwandlung. Sie herrscht über Geburt, Leben und Tod.

Neumond, die wandernde Nachtbotin schließt ihre Reise ab und vereinigt sich mit dem Sonnengott. Sie bringt ihm, der kontinuierlich seiner Bahn folgte, ihre Erfahrungen als Geschenk mit. Die alte, zerstörende Göttin Hekate stirbt in die Sonne hinein, schöpft aus dieser Verbindung neue Kraft, um kurz darauf jung und belebt als Göttin Artemis ihre Reise erneut zu beginnen.

Unser Tanz mit dem Mondrhythmus

Viele Geschichten ranken sich um den Mond, der seit jeher Romantiker, Poeten, Träumer und Liebende inspiriert. Der Mond wirkt auf das irdische Wasser ein, bewegt die Ozeane der Erde und die Wolken am Himmel, die den Leben spendenden Regen in sich tragen. Er trägt die Kraft der Natur und des Lebens in sich, die bewegt, wandelt, verbindet und reflektiert. Der Rhythmus des Mondes wirkt auch auf uns und unseren Alltag. Der Mond lädt uns ein, in seinen Rhythmus einzusteigen und mit ihm zu tanzen.

Bei Neumond, während Sonne und Mond eins sind, wirken unsere Energien stärker nach innen und unsere Reaktionen sind instinktiver. Es ist die Kraft des Neubeginns, die in der schöpferischen Vereinigung von Sonne und Mond entsteht. Der hier neu gesetzte Impuls will nun, für die nächsten vier Wochen, in die alltägliche Welt hinein gestaltet und umgesetzt werden.

Zunehmender Mond – der anwachsende Schwung des Mondes ist einen Tag nach dem exakten Neumond am stärksten. Mit seiner Kraft können wir persönliche Neuanfänge einleiten. Wir können neue Projekte und Anliegen entwickeln und in der alltäglichen Wirklichkeit manifestieren. Aber auch schon Bestehendes kann mit dem wachsenden Mond auf eine neue Ebene gebracht werden. Mit jeder Nacht wird der Mond lichtvoller. Der Tag vor Vollmond ist die machtvollste Zeit. Kurz bevor er seine Vollkommenheit erreicht, ist nochmals die ganze Spannung der Entwicklung seit Neumond spürbar.

Vollmond – auf der menschlichen Erfahrungsebene ist der Höhepunkt erreicht. Die Sonne geht im Westen unter, der volle Mond im Osten auf. Alles ist erfüllt und der Mond steht in seiner ganzen Pracht der Sonne gegenüber, sie betrachten sich aus der größtmöglichen Entfernung. Was wir bei Neumond gesät haben, ist nun zur Ernte bereit. Wir verstehen, was aus der Verschmelzung von Sonne und Mond entstanden ist, kommen zu neuen Erkenntnissen und Einsichten und wachsen über uns selbst hinaus.

Abnehmender Mond – auf unserer menschlichen Erfahrungsebene haben wir alles erreicht, die Energien ziehen sich langsam zurück. Äußerlichkeiten verlieren mehr und mehr an Bedeutung. Unser Interesse richtet sich vermehrt auf die verborgenen Geheimnisse des Lebens.

Das Mondprinzip in der Astrologie

Der Mond wird astrologisch dem Element Wasser, dem Zeichen Krebs und dem 4. Haus zugeordnet. Der Mond steht für alles, was uns gefühlsmäßig und seelisch bewegt, für unsere weibliche und gefühlvolle Natur, für Instinkte und Intuition, für unsere Fähigkeiten, uns beeindrucken zu lassen und mitzuschwingen. Er gibt Auskunft über unsere Bedürfnisse nach Nähe und Geborgenheit, unser

Heim und unsere Heimat. Er ist zugleich das nährende, gebende, aber auch aufnehmende Prinzip. Zusammen mit der Venus drückt der Mond die feminine Seite aus. Im übertragenen Sinne begegnen wir der Mondkraft bei anderen Menschen in Frauen, Müttern und Kindern. Vertreter des Mondprinzips sind Menschen in helfenden, heilenden und pflegenden Tätigkeiten, aber auch Künstler.

Stichworte zum Mond
Weiblichkeit, Seele, Gefühle, Instinkt, Zyklus, Bedürfnisse, Nähe und Geborgenheit, Empfänglichkeit, Reizempfinden, Heim und Heimat

Eintauchen in die Welt, die »monden« ist

Meine schamanische Begegnung mit dem Mond hat meine Beziehung zu unserem Erdtrabanten erheblich verändert. Zu meiner Vorstellung vom »romantischen Mond« sind viele neue Eindrücke hinzugekommen. Ich staune über die Vielfalt seiner Kräfte, die aufbauend, nährend und zugleich Furcht einflößend sein können. Sein wechselhaftes Wesen macht ihn geheimnisvoll und magisch. So oft ich ihn auch bereise, ein Teil von ihm bleibt unergründlich. Der Mond entwickelt seine Kraft im Verborgenen und durch seine Wandelbarkeit. Ich habe ihn in seiner Kraft unterschätzt. So wie wir wohl auch die dem Mond zugeordneten Attribute unterschätzen. Astrologisch symbolisiert der Mond Weiblichkeit, Gefühle, Intuition, Seele, Empfänglichkeit, Heim und Heimat. Viele dieser Mondeigenschaften haben nicht gerade einen prominenten Stellenwert in unserer Gesellschaft. Sie werden milde belächelt, als Kindereien abgetan oder gar angegriffen. Wie schon eine Strophe aus Matthias Claudius' Abendlied sagt:

Seht ihr den Mond dort stehen?
Er ist nur halb zu sehen
Und ist doch rund und schön!
So sind wohl manche Sachen,
Die wir getrost belachen,
Weil unsre Augen sie nicht sehn.

Nicht zuletzt ist das wohl so, weil gerade Intuition, Seele und Gefühle immer etwas ungreifbar bleiben und ihr Eigenleben haben, das wir mit unseren Verstandeskräften nicht fassen können.

Die Vielfalt der mit dem Mond verbundenen Themen, die wir schamanisch bereisen können, scheint unendlich zu sein. Fasziniert von der Wandlungsfähigkeit des Erdenbegleiters, erforschte ich hauptsächlich seine fließende, bewegende und wandelnde Kraft in Bezug auf das Leben, unsere Gefühle und unsere Intuition.

Die Rückeroberung des Mondes

Heute zweifeln viele daran, ob die Mondlandung von 1969 überhaupt stattgefunden hat. Doch unabhängig davon: Was alles darüber berichtet wurde, hat vielleicht mehr dazu beigetragen, die mystische Kraft des Mondes wieder ins Bewusstsein der Menschen zu bringen, als manchem lieb ist. Der von Astronaut Neil Armstrong angeblich ausgesprochene Satz: »Ein kleiner Schritt für einen Menschen, ein riesiger Sprung für die Menschheit«, dürfte sich damit auch noch anders deuten lassen als rein wissenschaftlich. Ob die Mondlandung in Wirklichkeit stattgefunden hat, ist zweitrangig, denn damals glaubte man daran. Ich finde es spannend, dass es die Verschwörungstheorie zur Mondlandung gibt. Sie regt an, über die Realität der Wirklichkeit nachzudenken. Was ist Wirklichkeit? Wer macht sie? Wie wirklich ist die Wirklichkeit wirklich? Wenn drei Menschen das Gleiche erleben, erzählt jeder seine eigene Variante darüber. Was ist nun real? Nur das, was alle gemeinsam gesehen und erlebt haben? So definieren wir meistens Wirklichkeit. Der Mond lehrt mich meine Wahrnehmung von Wirklichkeit auszudehnen. Er gab mir dazu ein wunderschönes Bild:

Sonne und Mond sind die Lichter des Himmels. Sie sind Partner. Die Sonne als Geberin des Lebens für das ganze Planetensystem strahlt aus sich heraus und erwärmt die Erde. Der Mond als Lebensspender der Erde reflektiert das Licht der Sonne. Aber er tut noch etwas mehr, denn er strahlt das reflektierte Sonnenlicht auf die Erde und taucht ihre Landschaften in einen wundersamen Schein. Die Eindrücke bei Mondlicht in der Nacht öffnen uns für eine weitere Dimension des Lebens, ohne die das Leben fad und leer wäre.

Astrologisch steht die Sonne in unserem Leben für unsere Persönlichkeit und unser Wesen. Der Mond steht für unsere Gefühle und unsere Seele. Erst wenn wir unsere Gefühle, die unsere Persönlichkeit widerspiegeln, in die Welt erstrahlen lassen, schenken wir der Welt unser ganzes Licht von Sonne und Mond, von Persönlichkeit und Seele zusammen. Erst dann würdigen wir unsere Persönlichkeit in ihrer Ganzheit und verändern damit zugleich auch unsere Umgebung. Gleich dem Mond, der uns mit seinem Licht in seine Wirklichkeit holt. Das, was wir der Welt von uns zeigen über unsere Gefühle, aber auch über uns als beseeltes Wesen, bietet anderen Menschen die Möglichkeit, eine andere Dimension der Wirklichkeit kennenzulernen, nämlich unsere.

Sonne und Mond sind nur gemeinsam eine wirkungsvolle Kraft. Lehnen wir unsere mondenen Attribute, unsere Weiblichkeit, die Gefühle, die Intuition, die Seele und das Mitschwingen ab, halten wir auch nicht viel von unserem sonnigen Wesen. Lehnen wir unsere sonnigen Attribute ab, unsere Persönlichkeit, unser Wesen, den Körper, die Schöpfer- und Lebenskraft, verkümmert auch unsere mondene Ausdrucksfähigkeit.

Die Zeit ist reif, den mondenen Attributen den Platz neben der Sonne wieder zuzuweisen. Das Wassermann-Zeitalter bietet uns das Potenzial, die Trennung zwischen Sonne und Mond, männlich und weiblich, Verstand und Intuition aufzuheben. Die Kraft liegt in der Gemeinsamkeit. »Unser Ziel ist, einander zu erkennen und einer im anderen das zu sehen und ehren zu lernen, was er ist: des anderen Gegenstück und Ergänzung«, sagte Hermann Hesse.

Das Bedürfnis der Menschen nach unmittelbarem Erleben ist groß. Wir sehnen uns danach, wieder in Verbindung mit unseren Gefühlen, unserer Seelenkraft und unserer Intuition zu sein. Ich staune immer wieder, wie die Menschen während eines schamanischen Trommelkreisabends oder eines Seminars zu leuchten beginnen. Menschen, die sich dem unmittelbaren Dasein öffnen, sind schön. Auch wenn es erst einige Hemmungen abzulegen und Widerstände zu überwinden gilt. Sich auf gegenwärtige Gefühle einzulassen bedeutet einfaches Sein und führt uns in die Lebendigkeit des Lebens. Erobern wir uns die Kraft des Mondes zurück.

Urkraft des Mondes

Die Reise zur Urkraft des Mondes lehrt Sie vieles über die Natur des Lebens, über Ihre Seele, die Gefühle, die Intuition und Ihre weibliche Seite – natürlich auch bei Männern. Der Mond offenbart Ihnen aber auch die verborgenen Seiten und Hintergründe des Lebens. Lernen Sie Ihren Mondverbündeten auf einer ersten Forschungsreise kennen und lauschen Sie seinem Rhythmus.

Die schamanische Reise zur Urkraft des Mondes

- Schaffen Sie sich eine angenehme Atmosphäre im Raum und sorgen Sie dafür, dass Sie für eine Zeit ungestört bleiben. Nehmen Sie eine entspannte liegende oder sitzende Haltung ein, in der Sie aber nicht so leicht einschlafen.
- Formulieren Sie Ihre Absicht: »Ich will so schnell wie möglich zum Mond gelangen, um dort die ursprüngliche Mondkraft in Gestalt eines Geistwesens anzutreffen. Ich will mehr über die Urkraft des Mondes erfahren und darüber, wie sie mit mir in Verbindung steht.«
- Spielen Sie die Trommelmusik-CD von Michael Harner ab.
- Gehen Sie auf die Reise. Bitten Sie Ihr verbündetes Krafttier oder Ihren Lehrer, mitzukommen und Ihnen den Weg zu weisen. Öffnen Sie Ihr Körpertor und gehen Sie gleich von dort, wo Sie sind, durch Ihre Haustür, das Dach oder das Fenster, hinein ins Universum zum Mond.
- Sobald Sie spüren, dass Sie am Ort des Mondes angekommen sind, rufen Sie: »Mond, zeigt dich mir! Zeig mir deine ursprüngliche Kraft und wie diese mit mir in Verbindung steht. Lass mich deine ursprüngliche Kraft erleben.«
- Wenn Ihnen Ihr Mondverbündeter begegnet, stellen Sie die drei Fragen: Wer bist du für mich? Was tust du für mich? Was kann ich für dich tun?
- Wenn Sie genug erlebt und erfahren haben beziehungsweise wenn Sie vom veränderten Trommelrhythmus zurückgerufen werden, verabschieden Sie sich von Ihrem Mondverbündeten, bedanken sich und kehren wieder in Ihren Körper und Ihre alltägliche Wirklichkeit zurück.

- Verbringen Sie nach der Reise noch ein wenig Zeit mit sich, um die Erfahrung nachwirken zu lassen. Spüren Sie in Ihren Körper hinein. Was hat sich verändert, was fühlt sich anders an? Vielleicht wollen Sie Ihre Erfahrungen auch zeichnen, singen, tanzen oder in Worten aufschreiben.

Reisen Sie während verschiedener Mondphasen zum Mond. Sie werden die Kraft des Vollmondes oder Neumondes anders erfahren, wie sich der Mond auch in seiner abnehmenden oder zunehmenden Phase jeweils anders zeigt. Lassen Sie sich von Ihrem Mondverbündeten zeigen, was die verschiedenen Mondphasen für Sie bedeuten und wie Sie diese Kraft gestaltend für Ihr Leben nutzen können. Weiter unten werden wir uns noch Rituale zum Neumond und zum Vollmond genauer ansehen.

Der Heilplatz des Mondes

Wir alle sind als Kinder in irgendeinem Bereich zu kurz gekommen, haben zu wenig Liebe, Aufmerksamkeit, Unterstützung oder Geborgenheit erfahren. Der Mond als Verwandlungskünstler offenbarte mir: Es gibt einen Ausstieg aus den ermüdenden Wiederholungen des immer gleichen Spiels. Wir können natürlich ein Leben lang unsere Eltern oder unsere Umgebung dafür verantwortlich machen, was alles in unserem Leben schiefgelaufen ist. Aber ich finde es immer etwas seltsam, wenn ich einen 50-jährigen Mann oder eine Frau dieses Alters höre, die eigene Kinder haben und sich immer noch über die Verfehlungen ihrer Eltern beklagen. Wenn die frühesten Erlebnisse uns so sehr leiden lassen, uns so stark einschränken und beeinflussen, läuft etwas falsch. Die Prägungen der ersten Lebenszeit sind unbestritten oft sehr tief, sodass wir ohne Absicht die ersten Erfahrungen in unserem Leben ständig wiederholen. Wir fühlen uns ungeliebt, wir glauben, nicht zu genügen und unsere Bedürfnisse nicht erfüllt zu bekommen. Wie ein rotes Band ziehen sich diese Themen durch unser Leben, ohne dass wir es so recht verstehen. Der Ausstieg daraus ist oft mühsam. Aber nicht unmöglich! Wir alle haben irgendein Thema, ein Leiden, für das wir den anderen die Schuld geben. Letztendlich bringt es uns aber keinen Schritt weiter, wenn wir die Schuld im Außen und bei anderen suchen. Damit richten wir lediglich den Fokus auf unsere Defizite, die damit immer wieder neue Kraft erhalten und uns weiterhin im Gefängnis unserer alten Muster festhalten. Vielleicht haben wir eines Tages die Nase voll von dieser Haltung und beginnen mit der Wandlung dieser uralten Opferthematik, die die Menschheit schon viel zu lange mit sich schleppt. Dann ist es Zeit für eine Reise zum Heilplatz des Mondes.

Als Erstes lehrte mich der Mond, wie man sich nähren lässt. Er lud mich zu sich an einen heilen Platz ein und erklärte mir, dass wir neben unseren physischen Eltern auch spirituelle Eltern haben. Der Mond als spirituelle Mutter kann uns all das geben, was wir von unseren Eltern nie bekommen haben, denn er ist nicht an Zeit und Raum gebunden, wie es unsere physischen Eltern sind beziehungsweise waren.

Die schamanische Reise zu Ihrem Mondverbündeten bringt Sie mit dieser nährenden Kraft zusammen. Sie können die Reise zum Heilplatz des Mondes für all Ihre Mondthemen machen, die Heilung brauchen. Seien es unerfüllte Bedürfnisse wie ein Mangel an Zuwendung, Liebe oder Geborgenheit, aber auch Gefühle des Entwurzeltseins oder der Einsamkeit. Reisen Sie zum Heilplatz des Mondes mit der tiefsten Absicht Ihrer Seele und Ihres Herzens, in Ihrem Anliegen jetzt Heilung und Veränderung zu erfahren. Erlauben Sie sich, von der Kraft des Mondes genährt und gestärkt zu werden. Heilung beginnt, wenn Sie es zulassen. Die Balance, die Sie in der nichtalltäglichen Wirklichkeit erfahren, wird sich früher oder später in Ihrem Alltag zeigen.

Die Reise zum Auffüllen Ihrer Defizite können Sie so oft Sie wollen wiederholen. Manchmal sind mehrere Reisen nötig, um die Veränderungen im Leben spürbar werden zu lassen. Nicht, weil es mit einer Reise nicht möglich wäre, sondern weil wir ein sehr ausgeklügeltes System erschaffen haben, um Heilung zu verhindern. Das läuft nicht auf einer bewussten Ebene ab. Die immer neu gegebenen Impulse, die wir in der nichtalltäglichen Wirklichkeit durch eine solche Reise setzen, brauchen etwas Zeit, um sich in die alltägliche Wirklichkeit hinein zu manifestieren. Früher oder später kommt die Wirkung. Oftmals fällt uns die Veränderung gar nicht gleich auf, weil sie sich still und leise in unser Leben eingefügt hat.

Die schamanische Reise zum Heilplatz des Mondes

- Schaffen Sie sich wieder eine angenehme Atmosphäre im Raum. Nehmen Sie eine entspannte liegende oder sitzende Haltung ein.
- Formulieren Sie Ihr Anliegen, zum Beispiel: »Ich reise zum Heilplatz des Mondes und lasse mich von ihm in meinem Defizit, zu wenig Liebe erhalten zu haben, heilen und mich neu von Liebe umgeben und nähren.
- Spielen Sie die Trommelmusik-CD von Michael Harner ab.
- Gehen Sie auf die Reise. Bitten Sie Ihr verbündetes Krafttier oder Ihren Lehrer, mitzukommen und Ihnen den Weg zu weisen. Wenn Sie Ihren Mondverbündeten angetroffen haben, besprechen Sie mit Ihm Ihr Anliegen. Lassen Sie nun geschehen, was geschehen mag.
- Wenn Sie genug erfahren haben beziehungsweise wenn Sie vom veränderten Trommelrhythmus zurückgerufen werden, verabschieden Sie sich von der Mondkraft und bedanken sich. Vielleicht gibt Ihnen Ihr Verbündeter noch eine Botschaft oder ein Symbol mit auf den Weg. Kehren Sie wieder in Ihren Körper und Ihre alltägliche Wirklichkeit zurück.
- Verbringen Sie nach der Reise noch ein wenig Zeit in Ruhe mit sich, um die Erfahrung nachwirken zu lassen oder in irgendeiner Weise auszudrücken. Malen oder tanzen Sie oder schreiben Sie auf, was Ihnen jetzt wichtig ist.

Vorschläge für die schamanische Reise zur Mondkraft

- Sie können den Mond als Geistwesen und Ihren Verbündeten immer tiefer kennenlernen.
- Wenn Sie im Zeichen des Krebses geboren sind, ist der Mond Ihr Zeichenherrscher. Ihr Mondverbündeter kann Ihnen viel über die Sehnsucht Ihrer Seele, sich in diese Welt hinein zu gestalten, erzählen und darüber, wie Sie Ihr wandlungsfähiges Sein in Ihrem eigenen Rhythmus kreativ zum Ausdruck bringen können.

- Es lohnt sich, die Kraft des Mondes in seinen verschiedenen Phasen, zunehmend, abnehmend, voll und leer, zu erforschen und zu erfragen, wie Sie diese Kraft für die Gestaltung Ihres Lebens nutzen können.
- Als Herrscher über Zyklen, Rhythmen, Gezeiten und Wasser kann Ihnen der Mond eine andere Sichtweise vermitteln, er lässt Sie die verborgene Seite Ihrer Anliegen erkennen.
- Auch um die mit dem Mond in Verbindung stehenden astrologischen Attribute zu erforschen, können Sie zu Ihrem Verbündeten reisen: Ihre weibliche Seite, die Natur Ihrer Gefühle und Ihrer Intuition, Ihre emotionale Aufnahmefähigkeit und Beeindruckbarkeit, Ihre Seele, Ihre Bedürfnisse, Ihre Instinkte, Ihre Traumwelt, die Themen Mutterschaft, Herkunft und Wurzeln, Heim und Heimat.

Gefühle wollen fließen

Der Mond, der in seinem Rhythmus unermüdlich in Bewegung ist, lehrte mich auf einer meiner ersten schamanischen Reisen zu ihm: »Das einzig Beständige im Leben ist die Wandlung.« Mehr als andere Gestirne steht der Mond in engster Beziehung zur Erde. Er bewegt die Ozeane und unsere Gefühle. Der Mond weiß viel über die Natur unserer Gefühle und ihre Wandlungsfähigkeit zu erzählen.

Die Kraft der Gefühle liegt in ihrem Fließen. Was sie gar nicht mögen: Konservierung. Genau das aber tun wir so oft. Vergangene Erfahrungen, seien diese nun traumatisch oder sehr schön, kleben an uns, weil wir in den Gefühlen von damals hängenbleiben. Einmal ein wunderschönes Liebesglück erlebt, jagen wir diesem besonderen Gefühl nach, wollen es um jeden Preis wiedererleben. Wir beschränken uns mit fixen Vorstellungen darauf, wie etwas in unserem Leben sein sollte – und verpassen prompt eine Menge andere nette Gelegenheiten, die uns neue Erfahrungen und Gefühle bereithielten. Auch das Festhalten an bestehenden Glücksgefühlen kann dazu führen, dass wir in einem Hochgefühl erstarren, bis alles nur noch eine Farce ist.

Aber auch traurige oder schwierige Erfahrungen halten wir fest. Ein Erlebnis, egal ob schön oder schmerzhaft, das wir immer und immer wieder erzählen, erhält jedes Mal neue Kraft. Auch wenn es schon Jahre zurückliegt. Damit nähren wir diese Gefühle. Wenn wir uns an ein vergangenes Hochgefühl klammern oder an den Erlebnissen der Vergangenheit leiden, fließen unsere Gefühle nicht mehr frei durch uns hindurch. In alten Gefühlen hängen bleiben, hält uns davon ab, unsere ganze Lebenskraft ins Hier und Jetzt zu bringen. Gefangen in früheren Erlebnissen, können wir nicht aus dem Moment heraus leben, der uns frei und offen für Menschen und Situationen macht.

Gefühle unterdrücken oder zurückhalten ist auch keine Lösung. Wir schneiden uns auch damit von unserer natürlichen Kraftquelle ab, die uns lebendig und beweglich hält. Schauen Sie sich einmal die Kinder an, ihnen fehlt es selten an Energie. Sie leben Freude, Wut, Trauer und Lust immer unmittelbar. Erst die Erziehung bringt ihnen bei, dass sich das nicht gehört. Gefühle besitzen ihre stärkste Kraft im Fließen und in der Unmittelbarkeit des Jetzt. Darin liegt ihr wahres Lebenselixier, das es für uns Erwachsene wiederzuentdecken gilt. Wir haben verlernt, unsere Gefühle in der Unmittelbarkeit auszudrücken. Einfacher ist es, über Vergangenes und über konservierte Gefühle zu reden.

Während unserer diesjährigen Wüstenreise hatten wir das Glück, das Schauspiel einer Mondfinsternis zu sehen. Wir lagen auf den Dünen und sahen zu, wie der Erdschatten langsam den Mond schwärzte, wie die Wüste in ein fahles Licht gehüllt wurde, wie Millionen Sterne in die Dunkelheit der Nacht hinein zu funkeln begannen. Es war bewegend, in der Stille und Weite der Wüste dieses Ereignis mitzuverfolgen. Wir hatten untereinander eine Abmachung getroffen, dass wir über keine vergangenen Erlebnisse sprechen, sondern nur über die Erlebnisse in der Wüste. Doch am nächsten Morgen hörte ich niemanden über die Mondfinsternis reden. Ich war einmal mehr erstaunt über unsere »Unfähigkeit«, unmittelbar erfahrene Gefühlserlebnisse, mit denen wir noch verbunden sind, auszudrücken. Viel einfacher ist es, über eine ähnliche, aber längst vergangene Situation zu sprechen – was wir dort aber eben nicht »durften«, also wurde geschwiegen. Aktuelle, bewegende Gefühle scheinen in den Bereich »Privat« zu gehören, der niemanden etwas angeht. Über momentane Gefühle zu sprechen, macht uns verletzlich, und Verletzlichkeit wird in unserer Gesellschaft meist als Schwäche angesehen. Das unmittelbare Erleben und Ausdrücken der eigenen Gefühle ist vielen von uns abhanden gekommen. Wir haben es verlernt und oft ist es uns peinlich. Stattdessen fühlen wir aus der Konserve und denken unsere Gefühle, statt sie zu fühlen. Das ist schade, denn ich finde gerade, dass der spontane Ausdruck der Gefühle das Leben bunt, lebendig und interessant macht. Fühlen und erleben heißt nicht denken und analysieren. Fühlen heißt spüren mit allen Sinnen im Jetzt.

Die Wandlung alter Prägungen

Die Mondkraft ist die Kraft, mit der wir nach unserer Geburt am stärksten verbunden sind. Noch gibt es keine Worte. Wir sind vollkommen abhängig von unserer Umgebung, schwingen und fließen mit ihr – ohne Absicht, Wertung und Zeitgefühl. Der Austausch zwischen uns und unserer Umgebung geschieht auf einer instinktiven und intuitiven Ebene. Offen und beeindruckbar nehmen wir alles ungefiltert auf. Die Erlebnisse dieser ersten Zeit prägen uns tief. Die Prägungen führen zu Glaubensmustern, die unser Verhalten und unsere emotionale Grundstimmung beeinflussen. Im späteren Leben sind uns diese auf einer bewussten und intellektuellen Ebene oft nicht zugänglich.

So kann es sein, dass eine unfassbare Grundtönung unser Leben überschattet. Vielleicht sind wir, ohne benennbaren Grund, immer etwas traurig oder werden von einer diffusen Angst begleitet. Möglicherweise hängt das mit Erfahrungen der ersten Zeit unseres Lebens zusammen. Weil wir als Baby keine Worte zur Verfügung hatten, haben wir dann meist auch als Erwachsene keine. Prägungen, Glaubens- und Verhaltensmuster sind schwer zu durchschauen und zu durchbrechen, weil sie auf einer Bewusstseinsebene verankert sind, die rational kaum fassbar ist.

Der Neumond zeigte mir eine Möglichkeit, diese Muster zu wandeln. Der Mond liebt alles Rhythmische und Zyklische. Er selbst folgt seinem eigenen Zyklus von Zunahme, Fülle, Abnahme und Leere. Er lehrte mich, dass auch wir im Rhythmus des Mondes unsere Gefühle wandeln können. Nichts bleibt ewig gleich, alles ist in ständiger Bewegung, so auch unsere Gefühle. Wut, Trauer, Ohnmacht, Hass, Schmerz, Liebe und Sehnsucht, aber auch erstarrte Hochgefühle, die längst nur noch eine Farce sind, weil in ihnen kein Leben mehr ist, können wir wandeln, indem wir sie zur Erfüllung bringen. Gleich dem Mond, der sich bei Vollmond erfüllt.

Wir können kein Erlebnis in unserem Leben rückgängig machen. Aber wir können eine neue Einstellung und Sichtweise dazu bekommen und die Kraft der Erfahrung und der Prägung wandeln. Die Gefühle, die uns mit der alten Erfahrung verbinden, können wir wandeln.

Die schamanische Reise zum Neumond

Mit dem Neumond beendet und beginnt der Mond zugleich seinen Zyklus. Für kurze Zeit verschmilzt er mit der Sonne. Es ist die Zeit der Leere und des Nichts, die zugleich alles sind. Und genau das macht eine Wandlung und eine Umkehrung der Ausrichtung unserer Kräfte beziehungsweise Themen möglich. An diesem Punkt der Leere bei Neumond sind die Polaritäten negativ/positiv, wie wir sie in der alltäglichen Wirklichkeit kennen, aufgehoben. Bewusstsein (Sonne) und Seele (Mond), Verstand und Intuition sind für einen Moment eins. Der Zeitpunkt ist perfekt, um mehr über die eigenen Prägungen in Erfahrung zu bringen, da Bewusstsein und Seele engstens miteinander verbunden sind.

Versichern Sie sich vor einer solchen Reise, dass Sie wirklich bereit für eine Veränderung sind. Manchmal braucht es erst eine gewisse Zeit, in der Sie zum Heilplatz des Mondes reisen, um sich einfach zu nähren. Nehmen wir nun an, Sie reisen zum Neumond mit der Absicht, Ihr tiefes Misstrauen dem Leben gegenüber zu wandeln und gegen Vertrauen und Geborgenheit einzutauschen. Denken Sie daran, Sie reisen zur ursprünglichen Kraft des Mondes. Dort ist die Polarität aufgehoben, das heißt, die Kraft des Misstrauens ist in ihrem Ursprung die gleiche wie die des Vertrauens.

Mit der folgenden Reise können Sie sich eine alte Vereinbarung zeigen lassen, die Sie – so unser Beispiel – zum Thema Misstrauen/Vertrauen irgendwann einmal eingegangen sind. Und Sie können mit dem Mondverbündeten eine neue Vereinbarung hierzu eingehen. Meine Verbündeten zeigen mir meine Vereinbarungen in Form einer Metapher, einer kurzen Handlung oder durch ein Symbol, das die alte und neue Kraft der Vereinbarung ausdrückt.

Die schamanische Reise zum Neumond am Beispiel: Misstrauen wandeln

- Schaffen Sie sich eine behagliche Atmosphäre und nehmen Sie eine entspannte Haltung ein.
- Formulieren Sie Ihre Absicht: »Ich reise zur Kraft des Neumondes, um mein Misstrauen in das Leben zu wandeln. Mein Mondverbündeter soll mir die alte Vereinbarung zum Thema Misstrauen zeigen. Wenn ich spüre, dass ich bereit bin, diese alte Vereinbarung zu verabschieden, soll mir der Mondverbündete die neue Vereinbarung zeigen, die mich in Vertrauen und Geborgenheit verankert.«
- Nun beginnt die schamanische Reise. Sobald sich Ihr Mondverbündeter zeigt, fragen Sie ihn: »Was war meine bisherige Vereinbarung mit dem Thema Misstrauen?« Die alte Vereinbarung zeigt sich vielleicht so: Sie sehen sich ganz allein in einer öden Landschaft stehen. Weit und breit kein Mensch, keine Tiere, keine Vegetation, nicht mal der Hauch eines Windes, nicht das winzigste Etwas, das Ihnen sagt, dass Sie leben. Sie stehen wie versteinert dort und können sich nicht bewegen. Nehmen Sie die Kraft dieser alten Vereinbarung wahr und betrachten Sie sich. Vielleicht müssen Sie dabei weinen. Lassen Sie die Tränen zu, aber identifizieren Sie sich nicht mit Ihrem Schmerz. Atmen Sie den Schmerz aus. Bleiben Sie Betrachter. Nehmen Sie die Tränen als Möglichkeit wahr, Kraft von innen nach außen zu bringen.
- Sobald Sie etwas ruhiger und gelassener geworden sind, fragen Sie sich: Bin ich bereit, diese alte Vereinbarung zu verabschieden? Falls nicht, fragen Sie Ihren Mondverbündeten, was Sie brauchen, um diesen Schritt machen zu können.
- Falls ja, schauen Sie sich in der alten Vereinbarung an. Betrachten Sie sich selbst so lange, bis Sie trotz der vielleicht misslichen Lage die Kraft Ihrer ewigen Seele erkennen können. Erlauben Sie dieser Kraft, als Leuchten wieder zum Vorschein zu kommen. Sie sehen sie womöglich als Licht in Ihren Augen oder bemerken sie, indem Sie zu lächeln beginnen, oder als einen Schein, der sich um Ihr Herz hüllt. Vielleicht spüren Sie einfach die starke Präsenz der ewigen Seele und plötzlich wissen Sie:

Jetzt ist es gut. Egal wie sie es wahrnehmen: Es ist die heile und reine Kraft, das Seelenlicht in Ihnen, etwas, das allen Schmerz überstrahlt. Sobald Sie es sehen, fühlen, wissen oder erahnen, lassen Sie sich nun dieses leuchtende Seelenlicht von Ihrem Mondverbündeten bringen. Wenn Ihr Mondverbündeter vor Ihnen steht, öffnen Sie in dieser Wirklichkeit Ihre Hände. Ihr Mondverbündeter wird Ihnen Ihre reine, heile Seelenkraft in Ihre Hände legen. Nehmen Sie die Kraft zu sich, indem Sie die Hände auf Ihren Körper legen, auf die Stelle, an die sie Ihrem Gespür nach gehört. Atmen Sie die Kraft Ihres Seelenlichtes ein, spüren Sie, wie es jede Zelle, jede Faser von Ihnen erfüllt.

- Wenden Sie sich erneut an Ihren Mondverbündeten, sagen Sie ihm: »Zeig mir jetzt meine neue Vereinbarung, die mich in Vertrauen und Geborgenheit verankert.« Sie erhalten nun vielleicht eine Sichel als Symbol und sehen, wie die Sonne in der Landschaft aufgeht, wie Flüsse entstehen und Blumen wachsen. Das ist nun Ihr Kraftbild, mit dem Sie in Ihrem Leben weitergehen.
- Bedanken Sie sich beim Mondverbündeten und kommen Sie zurück in die alltägliche Wirklichkeit. Lassen Sie sich noch etwas Zeit, um das Erlebte nachwirken zu lassen, vielleicht wollen Sie es auch malen, singen oder tanzen.

Sie haben nun den Impuls zur Wandlung Ihres Themas gesetzt. Gleich dem Neumond, der nun in seine zunehmende Phase geht und mit immer mehr Licht am Himmel erscheint, beginnt sich Ihre neue Vereinbarung jetzt in der alltäglichen Wirklichkeit zu verankern.

Nun wird der Alltag zeigen, inwieweit Sie wirklich bereit und entschlossen sind, Ihr Misstrauen aus Ihrem Leben zu verabschieden. Das bedeutet, Sie werden immer wieder in Situationen geraten, die Sie herausfordern, Vertrauen zu zeigen. Sobald Sie in eine Lage kommen, in der die alten Gefühle des Misstrauens hochkommen – und das werden sie – holen Sie in sich das Kraftbild der neuen Vereinbarung hervor. Damit erlauben Sie der Kraft der neuen Vereinbarung, dem Vertrauen, sich mehr und mehr in der alltäglichen Wirklichkeit zu verankern. Atmen Sie die alten Gefühle, Ängste und Zweifel aus und erinnern Sie sich an das Kraftbild oder Symbol, das Sie von Ihrem Mondverbündeten erhielten. Wenn Sie das Bild gemalt haben oder in einer anderen Weise umgesetzt haben, können Sie auch das nutzen. Ich habe vom Mond eine Körperhaltung bekommen, die ich, wann immer ich mich vom Leben zu wenig genährt fühle, einnehmen kann. Eine Körperhaltung, die Sie sich vom Mond zeigen lassen, ist eine sehr gute Möglichkeit, die Kraft der neuen Vereinbarung zu verankern.

Vollmond

Wann immer ich kann, gehe ich bei Vollmond in die Natur hinaus, mache ein Feuer und trommle ein, zwei Stunden lang, verbinde mich mit der Kraft des vollen Mondes und lausche seinen Weisheiten. Er erzählte mir viel über die Kraft der Vollendung und wie wir diese für unsere Erlebnisse, Erfahrungen und Gefühle nutzen können. Bei Vollmond hat sich für den Mond alles erfüllt, was er seit Neumond aufgebaut hat. Er hat nun seine Erfahrungen zum Höhepunkt gebracht und beleuchtet die Welt mit seiner ganzen Pracht und Fülle.

Alles in unserem Leben hat einen Anfang, eine Mitte und ein Ende. Meist tun wir uns mit diesen zyklischen Prozessen in unserem Leben schwer. Trotzdem, irgendwann neigt sich in unserem Leben alles dem Ende zu. Oder anders ausgedrückt: Alles in unserem Leben ist einmal erfüllt. So hatte sich unser Kindsein einmal erfüllt, als wir die Schwelle zum Erwachsenenleben überschritten. Wir verändern ständig unsere Lebensrollen, werden von der jungen, unabhängigen Frau zur Mutter, vom Single zum Partner, vom Berufstätigen zum Rentner. Wir wechseln Stellen, ziehen an einen neuen Wohnort, lösen Beziehungen auf. Auch ein plötzlicher Schicksalsschlag kann große Veränderungen mit sich bringen.

Veränderungen gehören zum Leben, trotzdem fordern sie uns heraus und machen uns manchmal Angst. Nicht zuletzt, weil uns der natürliche Umgang damit verloren ging. Unser Fokus ist während der Wandlungszeiten meist auf den Abschied gerichtet und auf das, was wir dabei alles verlieren oder bereits verloren haben. Wir sagen: Es ist zu Ende, aus, vorbei. Wir trauern. Wir sagen nicht: Es hat sich erfüllt, ein Grund zur Freude. Der Ausdruck »Es ist zu Ende« fühlt sich für mich schwer und definitiv an. Es gibt keine Weiterentwicklung. Die Aussage »Es hat sich erfüllt« hingegen lässt mich leicht und hoffnungsvoll werden. Es hat sich etwas erfüllt – und das Leben geht weiter.

Der Mond feiert seinen Höhepunkt in seiner Vollendung. Er zeigt sich nochmals in seiner ganzen Fülle und Pracht am Nachthimmel, bevor er in die Phase der Abnahme und des Abschiednehmens geht. Der Mond gab mir Einblick in die Art seiner Übergänge. Dem Gedanken der Vollendung bin ich zum ersten Mal in Carlo Zumsteins Traumseminar begegnet, in dem wir unsere unfertigen Träume zu einem guten Ende träumten. So sagte mir der Vollmond: »Eveline, träume nicht nur deine Träume zu einem guten Ende, sondern auch deine Gefühle, Erlebnisse und Erfahrungen. Bevor du das aber tust, würdige nochmals deine ganze aufbauende Phase, die dich dahin brachte, wo du jetzt gerade stehst.« Genau dazu lädt uns die Kraft des Vollmonds ein.

Wir können erst dann wirklich etwas beenden, wenn wir unseren Weg und unsere Erfahrungen, die uns an den Ort führten, an dem wir gerade stehen, anerkennen. Dabei ist es egal, ob es um schöne oder schmerzvolle Gefühle oder Lebensabschnitte geht. Gerade schwierige Gefühle und Lebensphasen würdigen wir, wenn wir Sie als Erfahrung anschauen und zugleich spüren, dass es Zeit ist, sie als erfüllt anzusehen, um frei und offen für das Neue zu sein. Mit der Anerkennung unserer Erfahrungen steigen wir aus der Opfer- und Schuldzuweisungshaltung aus und beginnen, die Verantwortung für uns zu übernehmen. Denn sobald wir unseren Weg würdigen, holen wir die Kraft zu uns zurück.

Nichts in unserem Leben bleibt konstant, alles wandelt sich, auch unsere Gefühle. Wir müssen auf keinem unserer Gefühle sitzen bleiben, weder auf unserer Trauer oder unserem Schmerz noch auf unserer Wut und der Ohnmacht. Aber auch die schönen Lebensabschnitte und Gefühle der Kraft müssen wir immer wieder den Kräften der Wandlung übergeben.

Feuer-Vollmond-Ritual

Gern gehe ich bei Vollmond mit ein paar Menschen in den Wald, wir machen ein Feuer und trommeln gemeinsam. Sobald wir das Holz aufgeschichtet haben, zündet jemand das Feuer an, und die anderen beginnen trommelnd und singend die Kraft des Feuers zu begleiten, damit es uns bei unserem Wandlungsprozess unterstützt. Mitgebrachte Kräuter, wie Salbei oder Lavendel, geben wir dem Feuer, um es in seiner Kraft zu nähren und zu würdigen. Ich begrüße, jeweils still für mich, die Geister der Umgebung, der Bäume, des Wassers, alle Himmelsrichtungen, die Elemente und natürlich als Hauptattraktion den Mond.

Wir rufen trommelnd, rasselnd und singend die Kraft des Feuers, damit es unsere Gefühle und Erlebnisse wandeln hilft. Wir rufen singend und trommelnd die Kraft des Vollmondes, mit der wir unsere Gefühle erfüllen und zu einem guten Ende bringen wollen. Zwischendurch nehmen wir unsere Kräuter, hauchen, singen, flüstern, atmen all unsere Gefühle zu unserem Anliegen in sie hinein, um sie dann zur Wandlung dem Feuer zu übergeben. Die letzte Trommel verstummt, wenn alles gewandelt ist.

Danach sitzen wir still beim Feuer. Wir lauschen, spüren und sind einfach. Manchmal singen wir noch einige Lieder, bis die Glut des Feuers uns sagt: Es ist alles erfüllt.

Im Vollmond-Ritual können Sie folgende Themen zur Erfüllung bringen

- Ein **aktuelles Gefühl**, das Sie immer wieder einholt, wie Wut, Angst, Hass, Eifersucht, Ohnmacht, Traurigkeit oder Druck. Aber vielleicht müssen Sie auch Ihre Gefühle wandeln, die Sie noch in Bezug auf eine unerwiderte Liebe oder ein Projekt, das nicht zustande kam, haben.
- Eine **aktuelle Situation**, Sie heiraten, bekommen ein Kind, wechseln die Arbeitsstelle, sind mitten in einer Scheidung.
- Ein **altes Glaubensmuster** wie: »Ich habe sowieso kein Glück im Leben.« Einem Glaubensmuster sitzen wir auf, wenn wir trotz vieler Bemühungen (wie Affirmationen oder Visualisierungen) immer wieder in die alten Gefühlsmuster zurückfallen, sobald wir mit dem aktiven Bemühen um Veränderung aufhören. Glaubensmuster haben sich erst dann wirklich aufgelöst, wenn sie uns nicht mehr beschäftigen, wenn unser Selbstwertgefühl einfach zu unserer Natur gehört, wenn wir es verinnerlicht haben und auch in unserem Herzen glauben. Glaubensmuster können nicht über den Kopf aufgelöst werden, denn sie sind in einer anderen Ebene verankert.

- Ein sich **wiederholendes Lebensmuster**. Das kann beispielsweise Mobbing am Arbeitsplatz sein. Sich wiederholende Lebensmuster haben oft mit alten Glaubensmustern zu tun. Aber manchmal ist der Zugang nicht über die Gefühle zu finden, sondern über die Lebensumstände.

Nehmen Sie für Ihr erstes Vollmond-Ritual nicht gerade Ihr schwierigstes Lebensthema. Diese brauchen meistens mehrere Rituale oder Reisen, weil wir nur Schicht um Schicht die damit verbundenen Schwierigkeiten lösen können.

Ihre Bereitschaft zur Veränderung ist sehr wichtig. Je mehr Leidenschaft wir in unsere Absicht geben, desto schneller und stärker werden die Veränderungen im Leben spürbar sein. Je dringlicher Ihr Anliegen ist, je mehr Kraft Sie in das Anliegen geben, desto stärker erleben Sie die unterstützende Kraft des Universums, des Mondes und des Feuers. Erinnern Sie sich an eine Notsituation in Ihrem Leben? Meine Erfahrung ist: Je intensiver ich in der Not meine Absichten formulierte, klar und kompromisslos, desto schneller und klarer kam Hilfe. Wichtig bei dieser Übung, wie bei allen anderen auch, ist übrigens, dass Sie nur Ihre eigenen Erfahrungen und Gefühle ändern können; aber nicht die Gefühle und Situationen anderer Menschen.

Das Feuer-Vollmond-Ritual

- Um die wirkliche Kraft des Vollmondes für Ihre Lebensgestaltung zu nutzen und seine Kraft zu spüren, ist es natürlich sinnvoll, das Vollmond-Ritual um die Vollmondzeit zu machen. Es eignet sich gut für kleinere Gruppen draußen in der Natur, jede Person verstärkt die Kraft. Sie können das Feuer-Vollmond-Ritual jedoch auch zu Hause allein oder mit anderen Menschen zusammen machen. Sie brauchen eine Kerze; Kräuter, zum Beispiel Lavendel oder Salbei; Räucherwerk und Räucherkohle, auf der Sie die Kräuter verbrennen können, oder Räucherstäbchen; ein rhythmisches Instrument, zum Beispiel eine Rassel oder eine Trommel.
- Wählen Sie Ihr Thema. Welche Gefühle oder Erlebnisse sind Sie bereit, heute zur Erfüllung zu bringen?
- Erinnern Sie sich an das Gefühl, das Sie mit der heutigen Zeremonie zur Erfüllung bringen und wandeln wollen. Zünden Sie

die Kerze an und rufen Sie die Kraft des Mondes und des Feuers. Verbrennen Sie das Räucherwerk und danken Sie dem Mond und dem Feuer, dass sie Sie bei Ihrem Anliegen unterstützen.

- Rasseln, trommeln und singen Sie jetzt für die Erfüllung Ihres Anliegens. Nehmen wir an, Sie wollen Ihre Eifersuchtsgefühle zur Erfüllung bringen. Während des Trommelns und Singens kommen Ihnen vielleicht verschiedene Situationen, in denen Sie eifersüchtig waren, in den Sinn. Lassen Sie Bilder, Gefühle, Gedanken und Einsichten einfach hochkommen und durch Sie hindurchfließen. Wenn die Gefühle unerträglich werden, singen Sie sie, geben Sie diesem Schmerz die Kraft des Tones, sodass er aus Ihnen herausfließen kann. Nehmen Sie die Kräuter in die Hand und singen, flüstern, hauchen Sie Ihren Schmerz, Ihre Wut oder was immer Ihnen gerade hochkommt, in die Kräuter hinein. Streuen Sie sie dann auf die Kohle. Trommeln Sie so lange, bis Sie spüren, dass sich Ihr Anliegen erfüllt hat.
- Das Ende des Rituals ist gekommen, wenn Sie spüren, wie sich die Kräfte zurückziehen. Sie werden es wahrnehmen. Es kann eine wunderschöne Ruhe in Sie einkehren und das Gefühl: »Nun ist es gut. Es ist erfüllt.« Nehmen Sie sich insgesamt mindestens eine Stunde Zeit. Die Kraft des Rituals entwickelt sich unter anderem auch mit der Dauer.
- Wenn alles erfüllt ist, bedanken Sie sich mit Kräutern nochmals beim Feuer und beim Mond.

Der Mond hat als Vollmond seinen Höhepunkt erreicht und tritt nun in seine abnehmende Phase an. Erlauben Sie sich während den nächsten zwei Wochen bis zum Neumond, dass die Gefühle der Eifersucht oder was auch immer Sie im Ritual erfüllt haben, aus Ihnen heraus sterben. Sie »feierten« bei Vollmond die Erfüllung Ihrer Eifersucht, nun braucht dieses Gefühl noch etwas Zeit, um sich wirklich zu verabschieden. Um das zu unterstützen, eignet sich ein kleines Alltagsritual.

Ein kleines alltägliches Ritual

Dieses kleine Alltagsritual können Sie auch unabhängig vom Feuer-Vollmond-Ritual in Ihrem Leben immer wieder anwenden. Es hilft, die Gefühle im Fluss zu halten und grundsätzlich mit ihnen in Kontakt zu kommen. Sie, ich, wir alle haben mit der Zeit gelernt, unsere Gefühle zu verbergen. So gut, dass wir sie bald selbst nicht mehr spüren. Eng mit den Gefühlen ist aber immer noch unser Atem verbunden. Achten Sie einmal auf Ihren Atem, wenn Sie in eine missliche Lage kommen. Was tun Sie? Sie werden feststellen, dass Sie, sobald in eine emotional unangenehme oder stressige Lage kommen, für einen kurzen Moment den Atem anhalten.

Dieses Alltagsritual bekam ich von meinen Verbündeten, als es mir ziemlich beschissen ging. Ich war gerade aus einer langjährigen Beziehung heraus, nicht ganz freiwillig. Ich wusste wohl, dass sich diese Beziehung erfüllt hatte, dass wir uns alles gegeben hatten, was es zu geben gab, alles miteinander erlebt hatten, was es für uns beide zusammen zu erleben gab. Der Zeitpunkt war gekommen, dass wir uns beide freigaben für unsere eigenen Wege. Ich wusste, dass es keine gemeinsame Zukunft gibt, aber die Erinnerung an die Vergangenheit tat unsäglich weh. Ich vermisste ihn.

In einem dieser verzweifelten Momente bekam ich die Idee von meinen Verbündeten, den Schmerz, die Sehnsucht, die Ohnmacht, die Erinnerung aus mir herauszuatmen. So einfach! Sie forderten mich auf, meinen Partner und all die Gefühle, Erinnerungen, schöne wie schwierige, einfach auszuatmen, immer dann, wenn sie hochkamen. Ich atmete etwa zwei Monate lang diese Beziehung und all die damit verbundenen Gefühle aus. Manchmal täglich mehrmals für ein, zwei Minuten, manchmal 15 Minuten lang. Sobald mich eines der Gefühle so in Anspruch nahm, dass ich nichts anderes mehr tun konnte als heulen, wütend oder traurig sein, setzte ich mich hin und atmete einfach das jeweilige Gefühl aus, so lange, bis ich ruhig wurde. Das ging manchmal ganz schnell, manchmal dauerte es etwas länger. Eines Morgens wachte ich mit einer Leichtigkeit auf und spürte mit einer kristallenen Klarheit: »Er ist draußen.« Die schmerzhaften, sehnsüchtigen, traurigen, ohnmächtigen Gefühle und Erinnerungen, sie waren weg. Von da an war eine neue Begegnung mit ihm möglich. Geblieben ist eine Freundschaft. Die Einfachheit dieses Rituals ist beeindruckend.

Die schamanische Kraft des Mondes

- Die Mondkraft fließt, bewegt und wandelt. So nahm ich sie auf meinen Reisen am stärksten wahr. Die Kraft des Mondes können Sie rufen, um wieder in Fluss zu kommen, wenn es in Ihrem Leben stagniert. Der Mond steht in enger Verbindung zu allem Lebendigen, dem Leben selbst und dem Wasser. Wie er das Wasser der Ozeane bewegt, hat er auch seine Wirkkraft auf die Wolken am Himmel und die Wasser in uns. Ich glaube, es gibt noch viele Geheimnisse mit ihm zu erforschen, nicht zuletzt das der Verjüngung.
- Der Mond kann Verletzungen in Ihrer Weiblichkeit ausgleichen, Sie zum Beispiel während Ihrer Schwangerschaft begleiten und nähren. Er kann Ihnen helfen, aufgenommene Eindrücke zu verarbeiten. Er kann Sie ausgleichen, wenn Sie ein Mensch sind, der sich von äußeren Eindrücken überfluten lässt, und Ihnen einen neuen Umgang damit aufzeigen. Er zeigt Ihnen Ihre wahre Seelenheimat, wenn Sie sich entwurzelt fühlen, lehrt Sie das Träumen und klärt mit Ihnen Ihre Nachtträume. Lassen Sie sich vom Mond selbst zu weiteren Themen inspirieren.
- Sie können mit allen astrologisch beschriebenen Mondthemen zum Heilplatz des Mondes reisen, um Kraft, Heilung und Balance zu erhalten oder in einem dieser Belange genährt zu werden.
- Er ist ein hilfreicher Verbündeter, wenn Sie eine andere Sichtweise brauchen, etwas über die verborgene Seite des Lebens oder eine Ihnen unklare Begebenheit erfahren wollen.
- Der Mond zeigt Ihnen, wie Sie Situationen und Menschen verabschieden, weil sich etwas erfüllt hat, und wie Sie mit der Kraft Ihrer Gefühle fließen, um in die Lebendigkeit des Lebens zurückzukehren. Hierfür eignet sich vor allem das Vollmond-Ritual oder eine schamanische Reise zum Vollmond.
- Auch wenn Gefühle bewegt werden sollen oder Prägungen, eingefleischte Gewohnheiten und Glaubensmuster gewandelt werden sollen, steht der Mond mit seiner Kraft an Ihrer Seite. Hierfür ist die Reise zum Neumond am besten geeignet.

Der blaue Planet

Plötzlich tauchte hinter dem Rande des Mondes in langen,
zeitlupenartigen Momenten von grenzenloser Majestät
ein funkelndes blauweißes Juwel auf,
eine helle, zarte, himmelblaue Kugel,
umkränzt von langsam wirbelnden weißen Schleiern.
Allmählich steigt sie wie eine Perle aus einem tiefen Meer empor,
unergründlich und geheimnisvoll.
Du brauchst eine kleine Weile, um ganz zu begreifen,
dass es die Erde ist ... unsere Heimat.

Edgar Mitchell, Astronaut

Erde – Heilkraft der Natur

Mythologie: Gaia, die Leben erzeugende und tragende Erde

Glaubt man Hesiod, entsprang Gaia als Erste dem Chaos. Ihr folgten aus dessen gähnendem Schlund ohne Anfang und ohne Ende Tantaros (Unterwelt), Erebos (Finsternis), Nyx (Nacht) und Eros (Liebe). Erebos und Nyx vereinigten sich und gebaren den Äther (Aither) und den Tag (Hemera). Die Welt um Gaia war noch leer und ungeformt. Sie zeugte aus sich heraus Uranos (Himmel), Pontos (Meer) und Orae (Gebirge). Doch das Werk war noch unvollständig. Gaia vereinigte sich mit ihrem Sohn Uranos und zeugte mit ihm das älteste Göttergeschlecht, die zwölf Titanen, drei Kyklopen und drei Hekatoncheiren. Aus der Verbindung der Titanen Okeanos und Thetis gingen die Flüsse und die Okeaniden hervor, aus der Verbindung von Hyperion und Theia gingen Helios (Sonne), Selene (Mond) und Eos (Morgenröte) hervor und aus der Verbindung von Rhea und Kronos Zeus, der Göttervater.

Die Kraft der Erde

Vor einigen Jahren unternahm ich mit ein paar anderen Schamanen und Schamaninnen einen Ausflug in einen stillgelegten Steinbruch. Wir wollten die Kraft des Ortes erleben und erforschen. Zugleich dachten wir, dass der Ort, der durch menschliche Hand so verunstaltet wurde, Heilung brauche. Aber weit gefehlt. Was wir im Steinbruch antrafen, war alles andere als ein Ort, der bedürftig um Hilfe schrie, sondern ein Ort, der uns mit purer Kraft aus seiner Tiefe begegnete. Er »brauchte« unsere Heilung nicht. Wir waren mehrere Stunden dort, lauschten in den Steinbruch hinein und gingen mit unseren Trommeln und unserem Gesang in Resonanz mit ihm. Wir taten das mit viel Hingabe, sodass die Erdgeister uns einiges über die Kraft und die Geheimnisse dieses Fleckchens Erde preisgaben. Mir erzählten sie, dass die Offenlegung der Erde für sie keine Wunde ist, sondern ihr dient, weil sie dadurch ihre alten und lange in sich festgehaltenen Kräfte freigeben kann. Ich spürte die Kraft aus der Tiefe des Steinbruchs als eine kühlende, bis in die Knochen gehende Energie, die noch am gleichen Tag eine tiefe Wandlungskrise bei mir auslöste. Eine alte Verletzung, von der ich nicht einmal wusste, dass sie in dieser Form existierte, brach hervor. Das war alles andere als lustig. Aber irgendwann erinnerte ich mich an das, was mir die Erdgeister des Steinbruchs gesagt hatten: Es diene der Erde, die Kräfte aus ihrem Innern freizugeben. Also war es auch eine Chance für mich, meine alten Verletzungen, tief in mir verborgen, endlich aus meinem Körper und aus meinen Gefühlen herausfließen zu lassen und freizugeben.

Der Steinbruch brauchte von unserer Seite keine Heilung. Aber er lehrte mich etwas Entscheidendes: Wenn ich mit den Kräften der Erde in Resonanz trete, wenn ich es zulasse, von ihnen berührt zu werden, und mich auf meine persönliche Heilung einlasse, dann tu ich der Erde einen großen Gefallen. Die Heilung der Erde beginnt bei uns. Was wir bei uns ausbalancieren, balanciert auch die Erde aus.

Jeder Ort hat eine bestimmte Kraft, die auf ihre eigene Weise auf uns wirkt und auf die wir unterschiedlich reagieren. Jeder Ort löst Gefühle, Stimmungen und körperliche Reaktionen aus. Daher kann ein jeder Ort ein Kraft- und Wandlungsort für uns sein, der uns unterstützt. Manche Plätze der Erde wirken besänftigend und beruhigend auf uns, andere beleben uns, aktivieren Energien, die uns herausfordern.

Es lohnt sich, verschiedene Orte in der Natur auf sich einwirken zu lassen und ihrer Kraft nachzuspüren. Es gibt Zeiten in unserem Leben, da unterstützt uns vielleicht besonders gut die Kraft der Berge, die Kraft des Waldes oder die der Flüsse. Erfahren Sie einmal die unterschiedliche Kraft des Wassers, die eines Flusses, eines Sees oder eines Wasserfalls. Wie wirkt sie auf Sie? Wie reagieren Sie darauf? Der Fluss war lange Zeit ein wichtiger Kraftplatz für mich, sein Fließen half mir, meine lange in mir getragenen, schweren Gefühle in die Weite des Meeres abfließen zu lassen, als sie nach und nach in mein Bewusstsein kamen. Ein Wasserfall hingegen, seine preschende und erfrischende Kraft, energetisiert mich. Ein See beruhigt und zentriert mich. Was wir bei den anderen Himmelskörpern auf einer schamanischen Reise als Kraftplatz erfahren können, können wir auf der Erde ganz direkt als Kraftort erleben.

Kraftorte erfahren

Lassen Sie sich einmal darauf ein, die Kraft eines Ortes in der Natur zu erfahren. Vielleicht ist es einer Ihrer Lieblingsplätze oder es ist ein Ort, der Sie auf einer Wanderung oder einem Spaziergang einlädt, einen Moment bei ihm zu verweilen. Setzen Sie sich hin, atmen Sie, schauen Sie sich um, lauschen Sie, spüren Sie. Erfahren Sie den Ort mit all Ihren Sinnen.

- Schauen und hören Sie sich um. Was sehen Sie? Was hören Sie? Welche Assoziationen löst es in Ihnen aus?
- Wie erleben Sie den Ort körperlich? Wo ist die Kraft am stärksten spürbar? Ist es angenehm oder unangenehm? Welche Assoziationen kommen Ihnen in den Sinn?
- Welche Gedanken und Gefühle löst dieser Ort in Ihnen aus? Könnte es sein, dass in Bezug auf dieses Gefühl oder Thema etwas heilen will?
- Wie kann Sie der Ort in Bezug auf Ihre Gefühle und Gedanken unterstützen? Beruhigt er Sie? Energetisiert er Sie? Lenkt er Sie vom Thema ab und führt Sie zu einem anderen Gefühl oder anderen Gedanken?
- Wie wirkt die Kraft dieses Ortes auf Sie, nachdem Sie eine Weile dagesessen und gelauscht haben? Erinnern Sie sich, was Sie auf all die bisher gestellten Fragen geantwortet haben. Oft finden Sie die Kraft des Ortes und seine Bedeutung für Sie darin.
- Oder fragen Sie die Naturgeister des Ortes. »Wie unterstützt und heilst du mich in meiner jetzigen Situation?« Achten Sie auf die Zeichen. Ein Vogel, der zwitschert, ein Sonnenstrahl, der Sie berührt. Gehen Sie in Resonanz mit der Kraft des Ortes und erlauben Sie ihm, Sie auszubalancieren.
- Bedanken Sie sich bei den Naturgeistern, bevor Sie den Ort verlassen. Ich gebe ihnen als Dank gern ein paar Kräuter oder einen Schluck meines Getränkes.

Heilkräfte der Natur

An Kraftorten begegnen wir Kräften, die nicht immer nur angenehme Gefühle und Erlebnisse auslösen. An manchen Orten fühlen wir uns schwindlig, werden nervös oder es wird uns plötzlich heiß. Das bedeutet nicht, dass mit dem Ort etwas nicht stimmt. Die Kraft eines Ortes kann uns lediglich in einer Konzentration begegnen, die unser System so nicht gewohnt ist. Meine Erfahrung ist, dass Kraftorte uns zu Beginn oft an sensiblen Körperstellen berühren oder an jenen Bereichen, die Heilung benötigen. Denn gerade an diesen Körperstellen sind wir besonders aufnahmefähig und offen. Die Folge davon sind nicht selten körperliche, seelische, intellektuelle, geistige oder emotionale Reaktionen. Irritation, Verunsicherung, Wut, Traurigkeit, Müdigkeit, Verwirrung oder Schmerzen sind dann eine erste Heilreaktion.

Wir treten ständig, bewusst oder unbewusst, in Resonanz mit den Kräften der Orte. Kraftorte verstärken einerseits die vorhandene Kraft, was wir als unterstützend erleben. Andererseits kann die Kraft aber auch manche Türen aufstoßen, die wir bisher, mit oder ohne Absicht, lieber verriegelt gehalten haben. Kraftorte wirken auf unsere ungelösten Themen, zurückgehaltenen Gefühle, alten Verhärtungen, körperlichen Blockaden und blinden Flecken. Sie lösen etwas in uns aus, nicht um uns zu ärgern, sondern um das, was aus dem Gleichgewicht geraten ist, auszubalancieren.

Ich fahre seit mehreren Jahren in die marokkanische Wüste. Jedes Mal, wenn wir aus der Steinwüste in die sinnliche Dünenlandschaft eintauchen, sorgt das für erhebliche, zwischenmenschliche Konflikte. Ich habe mich schon immer gefragt, wieso wir gerade in besonders schönen Augenblicken für Stress und Streit sorgen. Inzwischen ist mir klar, dass »Schönes« auszuhalten oft genauso schwer ist, wie Schwieriges zu ertragen. Zu viel Fülle und Schönheit kann uns an unsere Defizite erinnern, also reagieren wir mit Ablehnung und Widerstand. Die Dünen, die sich uns mit ihrer ganzen weiblichen Kraft schamlos präsentieren, uns mit ihren sanft und erotisch geschwungenen Linien bezaubern, lösen Konflikte aus, wenn wir ein ungelöstes Thema mit Weiblichkeit, Sinnlichkeit, Lust, Geborgenheit und Hingabefähigkeit haben. Sie verstärken jedoch auch die Kraft, wenn wir damit versöhnt sind.

Wir haben wohl alle in der einen oder anderen Form noch ein offenes Thema mit der Weiblichkeit, ob wir uns das eingestehen oder nicht. Die Kraft der Weiblichkeit, der Instinkte, der Intuition, der Inspiration, des Traumes, der Seele, der Kreativität, des Frauseins, der Mütter und Kinder, der Geborgenheit und Hingabefähigkeit will ausbalanciert, aber auch neu entdeckt werden.

Wenn wir auf unserem Wüstentrip in die Dünenlandschaft kamen, die uns mit urweiblichen Kräften konfrontierte, musste jedes Mal jemand seinen ganz persönlichen Abnabelungsprozess durchleben, sich trotzend von Vorschriften und Strukturen befreien. Meist geschah das, indem er den Konflikt auf eine Autorität in der Gruppe lenkte und somit das Thema für alle öffnete. Männer wie Frauen, die Mühe mit der Weiblichkeit haben, gerieten dann in einen Konflikt mit einer anderen Frau oder richteten die Kräfte gegen sich selbst, was teils bis zu Missgeschicken und Verletzungen führte.

Die Kraft eines Ortes kann unsere sensiblen oder geschwächten Stellen, eine Wunde, ein ungelöstes oder verstecktes Thema in uns zum Schwingen bringen und schon finden wir uns in einer Auseinandersetzung mit einem Gegenüber wieder. Es ist die uns bekannteste und gebräuchlichste Form, erfahrene Kraft zu gestalten.

Dies auf Beziehungsebene auszutragen kann sehr verletzen. Doch genau das tun wir ständig. Besser wäre es, sich an die dahinterliegende Kraft zu erinnern, die letztendlich etwas ausbalancieren will. Halten Sie in solchen Momenten kurz inne und spüren Sie, was los ist, fragen Sie sich: »Was für Kräfte der Natur arbeiten jetzt mit mir?«, »Welcher blinde Fleck wird aufgedeckt, welche Verhärtungen gelöst, welche Wunde wollen jetzt heilen?« Die Kraft hinter einem Streit oder einer Auseinandersetzung zu suchen, hilft uns auch, es nicht so persönlich zu nehmen. Anstatt Wut, Ohnmacht oder Trauer aus dem Gefühl persönlicher Verletztheit am Gegenüber auszulassen oder gegen sich selbst zu richten, kann man der Kraft, die diese Gefühle hervorrufen, auch kreativen Ausdruck verleihen, wie im folgenden Ritual beschrieben. Erlauben Sie sich andere Formen der Kraftgestaltung – Sie müssen sie nicht auf der Beziehungsebene ausagieren. Singen Sie die Kraft, malen Sie sie, schreiben Sie über die Kraft oder tanzen sie Sie. Tun Sie mit ihr etwas, das Sie gut können, oder etwas, wofür Sie viel Kraft brauchen.

Gestalten mit der Kraft der Natur

Sie können mit der Kraft eines Ortes Verletzungen ausbalancieren, wenn Sie es zulassen. Nehmen wir einmal an, Sie sind in der Natur und ein Ort bringt Sie mit einem alten Gefühl großer Traurigkeit in Verbindung oder löst eine starke körperliche Reaktion bei Ihnen aus. Die Kraft des Ortes bewegt etwas in Ihnen. Anstatt nun Konflikte anzuzetteln, können Sie auch Folgendes tun:

- Nehmen Sie sich einen Moment Zeit. Treten Sie mit der Kraft des Ortes in Verbindung. Atmen Sie, schauen Sie sich um und hören Sie der Natur zu. An welcher Körperstelle ist die Verbindung zum Ort spürbar? Gehen Sie mit dieser Stelle in Kontakt, verweilen Sie eine Zeit lang dort, atmen Sie dort hinein.
- Lauschen und spüren Sie, was der Ort in Ihnen auslöst. Welche Themen und Gefühle bringt er hervor? Wie reagiert Ihr Körper auf ihn? Treten Sie mit den Gefühlen, den Gedanken oder den körperlichen Reaktionen in Kontakt.
- Atmen Sie und bleiben Sie mit allem, was in Ihnen entsteht, in Kontakt – Gefühle, Gedanken, körperliche Reaktionen, vielleicht entstehen Bilder, Ideen, Assoziationen.
- Fragen Sie sich, ob Sie bereit sind, das Gefühl, den körperlichen oder seelischen Schmerz, vielleicht auch eine Sehnsucht oder was auch immer der Ort in Ihnen aktiviert hat, zu entlassen.
- Fragen Sie den Ort, ob er bereit ist, das Gefühl von Ihnen aufzunehmen. Fragen Sie ihn, wie und wo Sie das machen sollen. Der Ort spricht zu Ihnen über Ihre Intuition. Wo zieht es Sie hin? Was möchten Sie tun? Wie möchten Sie es tun? Lassen Sie sich ein kurzes einfaches Ritual zeigen. Zum Beispiel können Sie Ihre Hände auf die Erde legen und Ihren Schmerz durch die Hände ausatmen, zugleich Ihre Tränen der Erde schenken, im Wissen, dass mit jeder Träne ein Stück Schmerz abfließt. Die Erde weiß, wie man ihn wandelt. Jede Träne ist eine Perle, ein Geschenk für die Erde. Meine Erfahrung ist, dass die Erde immer auch die nötigen Ressourcen dazu hat, einen Schmerz, der durch einen Ort aktiviert wird, zu heilen.
- Wenn alles, was Sie heute der Erde geben können, gegeben ist, lassen Sie sich von ihr nähren. Legen Sie sich zum Beispiel hin, spüren Sie Ihren Herzschlag und das Pulsieren der Erde selbst.

Oder spüren Sie, wie die nährende Kraft der Erde durch Ihre Füße oder durch einen Baum, an dem Sie lehnen, in Ihren Rücken fließt.

- Wenn Sie genug Kraft und Balance erhalten haben, bedanken Sie sich bei der Erde. Ich gebe ihr zum Dank Kräuter, einen Schluck aus meiner Wasserflasche oder eine Nuss. Habe ich nichts dabei, gebe ich ihr etwas von meinem Speichel als Geschenk.

Auch wenn die Auswirkung eines solchen Rituals für Sie nicht gleich spürbar ist, sollten Sie es nicht unterschätzen. Nach meinen Erfahrungen verändern Rituale unser Leben langfristig, sehr sanft und natürlich. Das Thema kann ohne großen Tumult einfach aus Ihrem Leben verschwinden, so leise, dass es Ihnen zuerst gar nicht auffällt. Erst wenn Sie nach einiger Zeit zurückschauen, stellen Sie fest, wie sehr Sie sich verändert haben.

Innenwelt und äußeres Drama

Die Begegnungen mit der Kraft eines Ortes und unsere Reaktionen darauf machten mir etwas klar: Was immer wir im Außen erleben, es ist die Inszenierung unserer Innenräume. Wir sind sozusagen Produzent, Regisseur und Hauptdarsteller in einer Person und gestalten diese Kräfte in unsere alltägliche Wirklichkeit hinein. Unsere Mitmenschen sind Nebendarsteller und Statisten in unserem eigenen Bühnenstück. Die Kraft eines Ortes, eine Situation oder ein Erlebnis in unserem Leben bringen eines unserer Themen, das wir in unserem Inneren tragen, in Schwingung. Nun beginnen wir die Kraft aus unserem Inneren im Außen zu gestalten. Das bedeutet: Alles, was Sie in Ihrem Leben im Außen antreffen, ist nichts anderes als das, was bereits in Ihren Innenräumen vorhanden ist. Die Dinge sinnvoll nach außen zu tragen bedeutet neben dem gestalterischen Aspekt, sich bewusst zu werden, was im Inneren ist.

Wenn Sie sich häufig in Konflikten mit anderen Menschen wiederfinden, fragen Sie sich einmal, welchen Konflikt Sie in Ihren Innenräumen haben und als Lebenskünstler, Lebenskünstlerin geschickt ins Leben hineingestalten. Ein Beispiel: Früher wurde ich von Menschen oft übersehen. Es passierte mir immer wieder, dass jemand direkt in mich hineinlief, was mich ziemlich ärgerte. Wenn nun also das Thema »nicht gesehen zu werden« eine Gestaltung aus meinem Inneren ins Außen war, hatte ich die Gabe, meine Kräfte so zurückzunehmen, mich so unscheinbar und durchsichtig zu machen, das andere mich nicht wahrnahmen. Ich hatte ein Grundgefühl von mir, das das Nicht-gesehen-Werden kreativ, ohne bewusste Absicht ins Außen gestaltete. Ich sah mich zu dieser Zeit selbst nicht, wusste weder meinen Platz in der Welt einzunehmen noch wusste ich, wer ich wirklich bin. Heute passiert mir das nicht mehr. Ich habe meinen Platz in meinem Leben und in der Welt eingenommen. Sobald sich das Thema im Innen gewandelt hat, wir ein neues Verhältnis dazu gewonnen haben, verändert es sich auch im Außen. Es besteht dann einfach kein Grund mehr, es so in die alltägliche Wirklichkeit hineinzugestalten. Geblieben ist aber meine Kunst, mich »unsichtbar« zu machen, das heißt, wenn ich möchte, kann ich meine Energien so zurücknehmen, dass man mich nicht bemerkt. Aus einem »Makel« wurde eine Kunst.

Das Wissen, dass ich mein Drama oder Lustspiel selbst inszeniert habe, stimmt mich gerade in Konflikten mit anderen Menschen versöhnlich. Ich kann den »übergeordneten« Sinn einer Situation besser erkennen und muss den Konflikt nicht weiter auf der Beziehungsebene ausleben. Das hilft mir, meine Mitmenschen nicht mehr nur über ihre Taten und Aussagen zu bewerten, sondern sie als Teil meines Lebensstückes anzusehen. Zugleich hole ich meine Kraft, die ich anderen Menschen abgegeben habe, indem ich ihnen die Schuld für meine Situationen zugewiesen habe, zu mir zurück. Das bedeutet, dass sie keine Macht über mich haben.

Falls in Ihrem Leben jemand behauptet, er habe die Hauptrolle und nicht Sie, erinnern Sie sich daran, wer Regisseur und Produzent ist. Sie selbst! Und Sie haben immer die Möglichkeit, die Hauptrolle zurückzufordern. Tja, und wenn Sie bereits ein super Regisseur im Bereich der Dramen sind, fragen Sie sich doch mal, ob Sie sich zur Abwechslung nicht auch an ein Lustspiel wagen wollen?

Die Erde als Geistwesen

Die Erde selbst ist ein Geistwesen, Gaia, das wir auch schamanisch bereisen können. Der ungewöhnlich warme Winter 2006/07 machte unseren Trommelkreis neugierig, was eigentlich die Erde selbst zu all diesen klimatischen Veränderungen meint. Wir unternahmen eine Reise zum Geistwesen der Erde und wollten von Gaia wissen, wie sie mit diesen Veränderungen umgeht und was sie für sie bedeuten. Was wir erfuhren, war wieder einmal sehr erstaunlich. Wir alle bekamen, in verschiedenen Versionen, die gleiche Nachricht: Sie sei alt und müde und nun im Begriff, alte Energie, die sie und wir nicht weiter benötigen, zu entlassen. Gaia wächst über ihr altes Ich, ihre alte Energie hinaus zu einem neuen Bewusstsein, wie es auch für uns Menschen im Zeitalter des Wassermanns möglich ist.

Einem der Teilnehmer antwortete Gaia: »Ach weißt du, ich hatte schon mal eine Erkältung (Eiszeit) und nun habe ich Fieber, auch das geht wieder vorüber.« Später fand ich in einem Text des Astronomen Johannes Kepler eine ähnliche Aussage; für Kepler bedeuteten zu viel Regen oder große Dürre eine »Krankheit« der Erde. Fieber ist eine sinnvolle und notwendige Reaktion des Körpers, mit der er sich wieder ins Gleichgewicht bringt. Möglich, dass die Erderwärmung ein vorübergehender und notwendiger Ausgleich ist, den die Erde vornimmt, um wieder gesund zu werden. Die Reise zu Gaia, aber auch meine Erfahrung im Steinbruch, zeigen, wie wenig wir auf die Regenerationsfähigkeit der Erde vertrauen – wie wir ja auch vergessen haben, dass unser Körper in großem Maße die Fähigkeit hat, sich zu regenerieren.

Die Erde ist ein lebendiger Organismus, der einem komplexen, selbstregulierenden System von Rückkoppelungen gleicht, sagte James Lovelock, Chemiker, Mediziner, Biophysiker und Vater der Gaia-Hypothese, die er zusammen mit der Mikrobiologin Lynn Margulis Anfang der 1970er-Jahre entwickelte. Lovelocks Sichtweise einer sich selbst regulierenden Erde stand im krassen Widerspruch zu bisher geltenden Paradigmen. Revolutionär war diese Ansicht vor allem durch die Rolle, die dabei das Leben spielen sollte: Nicht mehr nur als passiv reagierender Teil der Regelkreise, sondern als formender, die abiotischen Faktoren (Umweltfaktoren, an denen Lebewesen nicht erkennbar beteiligt sind, wie Klima, Atmosphäre, Wasser, Wärme, Temperatur, Licht) entscheidend beeinflussender Bestandteil des Gesamtsystems. Damit revolutionierte er eine eiserne Regel Darwins: Das Leben passe sich an die Bedingungen der Umwelt an, nicht umkehrt. Lovelocks Gaia-Hypothese wurde zuerst weltweit ausgelacht und dann von den Esoterikern vereinnahmt, wobei ihn diese ebenfalls missverstanden; er sagte nie, dass die Erde als Gesamtheit ein denkendes Bewusstsein habe. Mit der Zeit wurden immer mehr Daten gesammelt und es zeigte sich, dass Lovelock richtig lag und Darwin in diesem Punkt Unrecht hatte. Heute gilt James Lovelock als Begründer einer neuen Wissenschaft der Erdsystemforschung. Viele Aspekte der Gaia-Hypothese, wenn auch nicht alle, sind heute in der Geowissenschaft anerkannt.

Ich war begeistert, als ich auf Lovelocks Gaia-Hypothese stieß. Schade fand ich dann jedoch seine düstere Prognose für die Menschheit. Die Welt wird sich seiner Ansicht nach so oder so selbst regenerieren. Was aber auf der Strecke bleiben wird, sind wir, mehr oder weniger. Ich wünschte mir, dass so intelligente Wissenschaftler wir Lovelock sich öfters erlauben würden, ihren Geist auszudehnen und etwas weiter wandern zu lassen. Die Antworten auf viele Fragen sind vorhanden, aber wir können sie nicht finden, weil wir sie in einem Bereich der alten Energie und des alten Denkens suchen. Die Antworten liegen einen Atemzug entfernt, aber sind so lange nicht zu sehen, wie wir im Bereich unseres intellektuellen Denkens und der bisherigen Modelle suchen. Sobald wir unseren Geist wandern lassen, die Lösungen nicht mit dem Intellekt suchen, finden wir die Antworten – sie kommen dann zum Beispiel in Form einer plötzlichen Eingebung zu uns. Neue Energien stehen uns zur Verfügung, sobald wir uns erlauben, mit einem neuen Bewusstsein das Leben, die Erde und die Menschheit zu betrachten.

Fortschritte, neue Erkenntnisse und Lösungen werden nicht dadurch gefunden, dass wir im bisher Bekannten bleiben. Es gab schon immer Menschen, die der Zeit einen Schritt voraus waren und den Mut hatten, über das bisher Bekannte hinauszugehen. Sie waren es, die neue Entdeckungen machten und die Menschheit damit weiterbrachten. Das Wassermannzeitalter ermöglicht es, Materie mit Geist zu verbinden. Das bedeutet, neue Technologien und neue Lösungen finden wir, wenn wir unser Bewusstsein in den »Himmel« ausdehnen und dann auf die »Erde« bringen, wenn wir Geist, Inspiration und Instinkt in wissenschaftliche und alltägliche Arbeit miteinbeziehen. Darin liegt die Chance und das Potenzial der Menschheit und der Erde, den Wandel zu überleben.

Reise zum Geistwesen Erde

Die Auffassung von der Erde als einem belebten Wesen mit einer Seele war schon in der Spätantike vorhanden. Plato schrieb: »Wir bekräftigen, dass der Kosmos, mehr als allem anderen, einem lebenden Wesen gleicht, von dem alle anderen lebenden Wesen ein Teil sind.« Auch der bereits erwähnte Astronom Kepler vertrat viel später ähnliche Ideen, indem er sagte: Wie die belebten Körper Haare haben, so hat die Erde Gras und Bäume – wie Lebewesen in einer Blase Urin haben, so lassen die Berge Quellen entstehen, den Exkrementen entspricht der Schwefel, dem Blut und Schweiß entsprechen Metalle und Regenwasser, die Nahrung der Erde ist das Meerwasser.

Wer die Erde als Geistwesen für Sie selbst ist, können Sie auf der folgenden schamanischen Reise erfahren.

Die schamanische Reise zu Gaia.

- Schaffen Sie sich eine angenehme Atmosphäre im Raum und sorgen Sie dafür, dass Sie für eine Zeit ungestört bleiben. Nehmen Sie eine entspannte liegende oder sitzende Haltung ein.
- Formulieren Sie Ihre Absicht: »Ich will Gaia in Gestalt eines Geistwesens antreffen und kennenlernen. Ich will mehr über die Kraft der Erde erfahren und darüber, wie sie mit mir in Verbindung steht.«
- Spielen Sie die Trommelmusik-CD *Shamanic Journey* von Michael Harner ab.
- Gehen Sie auf die Reise. Bitten Sie Ihr verbündetes Krafttier oder Ihren Lehrer, mitzukommen und Ihnen den Weg zu weisen. Öffnen Sie Ihr Körpertor und gehen Sie gleich von dort, wo Sie sind, auf Reisen. Die Erde als Geistwesen treffen Sie in der mittleren Welt.

- Wenn Sie Ihren Erdenverbündeten getroffen haben, lernen Sie ihn in Ruhe kennen und stellen ihm die drei Fragen: Wer bist du für mich? Was tust du für mich? Was kann ich für dich tun?
- Wenn Sie genug erlebt und erfahren haben beziehungsweise wenn Sie vom veränderten Trommelrhythmus zurückgerufen werden, verabschieden Sie sich von Ihrem Verbündeten der Erde, bedanken sich und kehren wieder in Ihren Körper und Ihre alltägliche Wirklichkeit zurück.
- Verbringen Sie nach der Reise noch ein wenig Zeit mit sich, um die Erfahrung nachwirken zu lassen. Spüren Sie in Ihren Körper hinein. Was hat sich verändert, was fühlt sich anders an? Vielleicht wollen Sie Ihre Erfahrungen auch zeichnen, singen, tanzen oder in Worten aufschreiben.

Mensch-Sein – im Rhythmus der Erde

Die Erde ist in einer großen Umbruchphase, das können wir wohl kaum mehr bestreiten. Erdbeben, Flutwellen, Klimaerwärmung, Umweltbelastungen, Ressourcen, die zur Neige gehen, das alles beschäftigt uns, macht uns Angst. Die Medien schreiben tagtäglich darüber. Wir lesen über die hohen Ozonbelastungen, über die gefährliche Luftverschmutzung durch Feinstaub, über Elektrosmog und anderes. Wenn ich die Situation nur aus der menschlichen Perspektive betrachte, meinen Blick nur auf die alltägliche Wirklichkeit richte, wird auch mir ganz bange zumute. Wir können uns leicht in den menschlichen Dramen verlieren und unser Leben von der Angst bestimmen lassen, wenn wir die ökologische Situation der Erde nur aus dieser Sicht betrachten. Ich jedenfalls fühle mich, wenn ich mich nur auf diese Ebene beschränke, hoffnungslos verloren. Erst wenn ich über die alltägliche Wirklichkeit hinausgehe, mein Bewusstsein in die nichtalltägliche Wirklichkeit hinein ausdehne, mit meinen Verbündeten Kontakt aufnehme, kann ich den größeren Zusammenhang der Veränderung, die die Erde und wir durchlaufen, erfassen. Es ist nicht so, dass ich es dann verstehe – denn »verstehen« kann nur der Verstand, wir sind hier aber in Bereichen, die außerhalb des für den Verstand Erreichbaren liegen. Dort, wo wir das Sein als beseelte und göttliche Wesen erfassen. Immer wieder in die nichtalltäglichen Bereiche zu reisen, mich mit meinen Verbündeten der nichtalltäglichen Welt auszutauschen, bringt mich mit einer unendlichen Kraft in Verbindung, die mich mit Gelassenheit, Mut, Hoffnung und Liebe erfüllt. Durch meine Reisen habe ich begriffen, dass ein jeder Mensch viel mehr Einfluss auf das alltägliche Geschehen in seinem Leben, aber auch auf die Entwicklung der Erde hat, als er meint.

Wir sollten uns selbst immer mehr erlauben, unser Bewusstsein aus den alten linearen Denkweisen herauszulösen und in andere, multidimensionale Daseinsbereiche hinein auszudehnen. Zugleich sollten wir alles, was wir hier auf Erden erleben, als einen natürlichen Prozess betrachten. So werden wir Lösungen für viele unserer Fragen und Probleme finden.

Gaia selbst lehrte mich noch eine andere Art, mit den Veränderungen der Welt umzugehen. Ich bin ein Mensch, der sehr sensitiv auf die Umwelteinflüsse und Kräfte in der Umgebung reagiert. Ich nahm Mittelchen ein, die dazu dienten, dies und jenes in meinem System zu stärken, und ich nahm Mittelchen ein, um dies und jenes aus meinem System zu entfernen. Meistens waren es zwar homöopathische oder pflanzliche Mittel. Eines Tages hatte ich aber trotzdem die Nase gestrichen voll, täglich meine Vitamine, Pillen und Tropfen einzunehmen, die meinen Zustand nicht wirklich besserten. Ich wollte nicht mehr wöchentlich zum Akupunkteur gehen, und auch all die sonstigen Versuche, mich fit und munter zu halten, nervten. Das alles beanspruchte so viel Zeit und ich fand, dass dies kein Leben sei.

Irgendwann setzte ich alles ab und kam auf die Idee, Gaia zu fragen, ob sie eine Idee hätte, wie ich mit den Veränderungen, die sie ja auch durchzustehen hatte, umgehen könnte. Sie ist Materie, ich bin Materie. Sie muss sich an neue Umweltbedingungen anpassen, ich muss mich an neue Umweltbedingungen anpassen. Sie (wie ich seit Kenntnisnahme der Gaia-Hypothese weiß, aber damals noch nicht) ist ein lebendiges System in Wechselwirkung, so ausgeklügelt, dass es sich selbst zu regenerieren vermag. Die Erdatmosphäre ist gemäß der wissenschaftlichen Untersuchungen weit entfernt von einem chemischen Gleichgewicht. Die wilde Mischung hochaktiver Gase kann nur damit erklärt werden, dass sich die Gase ständig erneuern und regulieren – und die Pumpe für diese Zirkulation muss das Leben selbst sein. Also, wer könnte besser Bescheid wissen über die Selbstregulierung als Gaia? Auch James Lovelocks Aussage inspirierte mich zu dieser Reise: *Unsere Zukunft hängt viel mehr von einem Verhältnis zu Gaia als von dem endlosen Drama des ewig Menschlichen ab.* Es ist also Zeit, wieder ein Verhältnis mit Gaia zu beginnen!

Ich reiste mit der Frage zu Gaia, wie ich mich den Veränderungen der Erde, der Umwelt anpassen kann. Die Antwort von Gaia war so einfach, dass ich es erst gar nicht glauben konnte. Sie meinte:

1. Ich solle mich immer wieder mit ihr verbinden, mich ab und zu auf die Erde legen, meinen Herzschlag spüren, mein Bewusstsein tief in die Erde sinken lassen und ihr Pulsieren spüren, mich darauf einstimmen und unserem gemeinsamen Rhythmus lauschen.
2. Ich solle einen Verbindungsanker in meinem Körper suchen, wo ich die Kraft von Gaia am stärksten spüre – bei mir ist das im Unterbauch, es kann aber überall im Körper sein – und immer wieder über diesen Punkt mit ihr zusammen atmen.
3. Gerade wenn ich ein körperliches Problem habe, auch ausgelöst durch Umweltbedingungen, in Form von Atemschwierigkeiten oder Schwindel, solle ich atmen und die Kräfte einfach durch mich hindurchfließen lassen. Nicht, dass dies ein Allerheilmittel ist, aber seit ich das tue, macht mir zum Beispiel die Ozonbelastung weniger Probleme.

Wann lagen Sie zum letzen Mal auf der nackten Erde? Atmeten dabei den Duft der Erde, des Grases und der Blumen ein, haben Ihrem Herzschlag gelauscht und ihn mit dem Pulsieren der Erde verbunden? Versuchen Sie es einmal und gehen Sie die oben genannten Punkte für sich durch. Ich habe dabei gelernt, besser auf meinen Körper zu achten und zu hören. Ich gehe heute viel mehr auf die Bedürfnisse meines Körpers ein. Er gibt viele Impulse, die mir sagen, was er braucht und was ihm guttut, zum Beispiel ein kurzer Spaziergang oder eine manchmal nur wenige Minuten andauernde Ruhepause. Aber es liegt an mir, diesen Impulsen auch zu folgen.

Seit ich Gaias Vorschläge beachte, kann ich mit Veränderungen besser leben. Mir geht es körperlich, aber auch seelisch besser. Ich nehme immer noch ein paar unterstützende Mittel ein, wenn ich den

Impuls dazu habe, und gehe auch nicht gerade bei Ozonhöchstwerten joggen.

Vorschläge für die schamanische Reise zu Gaia, dem Geistwesen der Erde

- Lernen Sie Gaia als Ihr persönliches Geistwesen kennen.
- Erfahren Sie verschiedene Orte der Natur, von denen Sie sich angezogen fühlen, als Kraftplatz.
- Lassen Sie sich von der Kraft der Natur in Ihr Gleichgewicht bringen, lassen Sie sich halten und tragen. Stimmen Sie sich in die Veränderung der Erde ein. Verbinden Sie sich mit der Kraft von Gaia, atmen Sie mit ihr, erlauben Sie sich, dass der Pulsschlag der Erde mit Ihrem im gleichen Rhythmus schlägt.
- Reisen Sie mit allen Fragen zu Ihrem Körper zu Gaia. Fragen Sie Gaia, was Ihnen hilft, die Umweltveränderungen leichter zu integrieren.
- Reisen Sie zur Kraft des Windes, des Feuers und des Wassers, um auch diese Elemente als Geistwesen kennenzulernen.

Feuer

Knisternde Funken –
Funkende Wärme
Wärmendes Sprühen –
Sprühende Helle
Helles Licht
Lichtes Flämmchen
Flammende Lohe
Lodernde Glut
Glutrotes Feuer
Feurige Liebe
Liebende Flamme
Flammende Freude
Freudige Glühe
Glühende Vernichtung
Vernichtende Asche
Aschiger Staub
Staubiges Nichts
Nichts?
Erleuchtung

Eveline Dächer

Mars – Pure Lebenskraft

Sonne und Mond, als Lichter des Himmels, sind unübersehbar. Auch Venus und Merkur, die als Morgen- oder Abendstern am Himmel stehen, erkennen wir noch relativ einfach. Um Mars und all die anderen Planeten ausfindig zu machen, braucht es schon einen geübteren Blick in den Sternenhimmel oder einen astronomischen Hinweis. Das Wissen, das mir diese Planeten schenkten, ist dadurch noch weniger von ihrem äußeren Erscheinungsbild oder ihren Bewegungen am Himmel geprägt. Die Sonne schenkte mir allein durch ihre Strahlkraft und ihr Licht viel von ihrem Wissen. Der Mond enthüllte mir durch seine sichtbare Wandlungsfähigkeit seine Geheimnisse. Bei meinen schamanischen Reisen zu Mars ertappte ich mich dabei, wie ich mich viel stärker als bei Sonne und Mond auf astrologische Grundlagen und auf die Marsmythen als Ausgangspunkte stützte. Zuletzt wohl auch, weil mir Mars mit seiner Kraft etwas unheimlich schien.

Bei unserer ersten schamanischen Begegnung zeigte er sich mir als ein großes, loderndes Feuerwesen, dessen Flammen ständig nach allen Seiten züngelten. Als einzige Fixpunkte ließen sich zwei dunkle Augen ausmachen, die mich jedoch auch nicht gerade vertrauenswürdig anblickten. Während meiner Schreibarbeit über ihn schubste mich Mars in eine Konfrontation hinein, die mir verdeutlichte, dass auch ich dieser archaischen Kraft lieber aus dem Weg ging. Ein Freund von mir las den Text und fand darin mehr die Astrologin als die Schamanin. Es folgte eine feurige Auseinandersetzung, an der Mars mit Sicherheit viel Spaß hatte und mir zugleich noch eine Lektion erteilen konnte. Ich begriff, wie ich mich aus Respekt vor seiner archaischen Kraft mit ihm lieber auf Distanz und intellektuell beschäftigte, als mich tiefer auf seine Kraft einzulassen, mit ihr zu tanzen und sie zu erforschen. Mars gefiel das natürlich überhaupt nicht. Er lockte mich in eine Konfrontation, was er ja außerordentlich gut kann, und brachte mich dazu, mich nun wirklich auf seine Kraft einzulassen. Erst durch diese Auseinandersetzung erkannte ich die wirkliche Kraft von Mars und verlor meine Furcht vor ihr. Das Maßgebende, das er mir durch diese Auseinandersetzung mitteilte, war: Wir können seine Kraft nicht mit intellektueller Distanz erfassen, er lockt uns immer in eine Erfahrung hinein, immer in das Hier und Jetzt, immer in die Unmittelbarkeit des Seins. Denn sein unbändiger Drang ist Leben und Erleben.

Mythologie: Ares, der wilde Krieger

Im alten Griechenland und bei den Römern war Ares beziehungsweise Mars der wilde, zerstörerische Kriegsgott. Er war wegen seiner blinden Unbesonnenheit und Wildheit bei allen Göttern verhasst, sogar bei Zeus und Hera, deren Sohn er ist. Niemand war seiner unberechenbaren Streitlust gewachsen. Nicht nur bei den Göttern, auch bei den Menschen war Ares unbeliebt. Hades, der Gott der Unterwelt, war wohl der einzige Gott, der sich am Treiben des Kriegsgottes erfreute. Kam doch so mancher Tote durch Ares in sein Reich. Im alten Griechenland gab es nur wenige Kultstätten, an denen Ares verehrt wurde. Diese entstanden erst später in Rom, wo Mars nach Jupiter der mächtigste Gott war. Und doch gehört Ares zu den zwölf olympischen Göttern. Sogar Jupiter/Zeus, der ihn zeugte, nahm letztlich das Zerstörerische von ihm an, im Wissen, dass es ein Gleichgewicht schafft.

Als Repräsentant der Kampfleidenschaft war Ares jedoch kein Kriegsgott, der sein Volk zu Kampf und Sieg führte. Seine pure Lust am Krieg und am Streit ließ ihn wahllos mal auf Seiten der Griechen, dann wieder auf Seiten der Trojaner kämpfen. Die Symbole von Ares waren Schild, Speer, Fackel, Schwert, Helm und Geier.

Ares hat jedoch neben seiner zerstörerischen Seite noch eine andere: die Sehnsucht nach Ergänzung und Befriedigung, nach Lust und Liebe. Er begehrte Aphrodite (römisch Venus). Sie, die in allem seine Ergänzung, sein Gegenpol ist, kann als einzige seine Stürme besänftigen, Ruhe und Ausgleich schaffen. Aphrodite war mit dem leidenschaftslosen Hephaistos verheiratet. Erst nachdem Helios, die Sonne, die Affäre zwischen Ares und Aphrodite aufdeckte, ging diesem ein Licht auf. Hephaistos wollte mit einer List die Affäre zum Gespött der Götter machen, was ihm nicht gelang. Denn die Olympier amüsierten sich zu sehr über die anregende Geschichte. Poseideon, der sich in Aphrodite verliebte, nahm Ares sogar in Schutz, in der Hoffnung, irgendwann einmal an seiner Stelle zu sein. Und Zeus erklärte Hephaistos zum Narren. Trotz aller Hindernisse ist die Beziehung zwischen Ares und Aphrodite, zwischen Mars und Venus nicht leicht zu beenden, denn sie sind füreinander geschaffen und bleiben als Pole aufeinander bezogen.

Aus der Verbindung von Ares und Aphrodite wurden Phobus, der Schrecken, und Deimos, die Furcht, geboren. Aber auch Eros, der Liebe erweckende Knabe, dessen Zauber sich niemand entziehen kann. Sein Pfeil, mit Honig und Galle bestrichen, bringt Süße und Leid über die Getroffenen.

Auf einen anderen Marsmythos bin ich im Buch von Samuel Sagan *Heilende Planetenkräfte* gestoßen. Darin erwähnt Sagan einen Mythos, der auf der Erde in Vergessenheit geriet, nun aber wieder vermehrt ins Bewusstsein der Menschen zurückdrängt.

Vom Fall und der Erlösung des Feuers

Mars war ursprünglich ein glühender Verehrer des Göttlichen. Man prägte den Begriff Mars-Feuer, vermochte er doch die Herzen der Menschen zu erwärmen. Ein jeder Mensch, der sich auf die tanzenden Flammen eines Feuers einließ, wurde von der göttlichen Schöpferkraft ergriffen. Und so wurde das Mars-Feuer zum Tempel des höchsten Gottes. Dann geschah schleichend und unbemerkt etwas Geheimnisvolles. Das Feuer veränderte sich. Anstatt den Menschen die göttliche Gegenwart zu bringen, wurde es Übermittler allen Übels. Es brachte Ärger, Krieg, Fieber, Krankheiten, und die Menschen begannen das Feuer für die Herstellung von Waffen zu benutzen. Irgendwann begriffen die Menschen, dass der höchste Gott den Tempel verlassen hatte. Das Feuer übermittelte nicht mehr die göttliche Kraft. Die Menschen sahen im Feuer große und mächtige Wesen, die sie manchmal auch die »Herren des gefallenen Feuers« oder »Kriegsherren« nannten.

Manche sagen, das Feuer sei von dunklen Mächten gestohlen worden. Andere wiederum behaupten, die Menschen haben das Feuer verloren, da sie sich nicht gut genug darum gekümmert hätten. Wieder andere sagen, der Lauf der Geschichte wäre, egal was die Menschen getan hätten, der gleiche gewesen. Und der Mythos behauptet, dass keine dieser Ansichten vollkommen richtig ist, aber auch keine von ihnen ganz falsch.

Letztlich, so der Mythos, bestehe die Herausforderung der Menschen darin, das Feuer zu erlösen, ihm seine Integrität zurückzugeben und es wieder zum Ort der göttlichen Kraft zu machen. Das wird den »Herren des gefallen Feuers« gar nicht passen. Sie werden ihre Stellung auf das Schärfste verteidigen.

Das Marsprinzip in der Astrologie

In der Astrologie herrscht Mars über das Sternzeichen Widder und das 1. Haus, gemäß der klassischen Astrologie zudem über das Zeichen Skorpion und das 8. Haus. Mit der Entdeckung von Pluto übernahm dieser die Herrschaft von Skorpion. Pluto wurde allerdings im Jahr 2006 von der International Astronomical Union der Planetenstatus aberkannt.

Mit Sonne und Jupiter zusammen wird Mars dem Element Feuer zugeordnet. Mars ist der erste Funke des Feuers, der alles Leben weckt. Er ist pure, nach dem Leben strebende, zündende Kraft! Im Leben drückt sich die Marskraft in unseren spontanen Handlungen aus, in unseren Aktionen und Reaktionen, aber auch im Umgang mit Widerständen. Mars steht für unsere Durchsetzungskraft, Willensstärke, Konfliktfähigkeit, Risikobereitschaft und sexuelle Kraft. Sein Instinkt und seine Kraft werden vorwiegend in spannungsreichen Zeiten aktiviert. Er liebt es, sich mit seiner Kraft im Wettbewerb zu messen. Mars drückt mit der Sonne zusammen das männliche Prinzip aus. Vertreter der Marskraft sind Kämpfer, Eroberer, Abenteurer, Pioniere, Wettkämpfer, der junge Mann, der Liebhaber, der Bruder und der Sohn.

Stichworte zum Mars
Durchsetzungskraft und Energie, Initiative, Lebensimpuls, Aktion, Risikobereitschaft, Willenskraft, Wagemut und Courage, Konfliktbereitschaft, Handlungsfähigkeit, Wettbewerb und Wettstreit, Eros, Trieb und Sexualität

Mars – pure Lebenskraft

Am Anfang sind das Feuer und Mars ohne Vergangenheit, ohne Erinnerung, ohne Geschichte und ohne Gewissen, pure augenblickliche Lebenskraft. Ich begriff durch meine schamanischen Reisen zu ihm, dass hinter all den Kraftakten von Mars eine Kraft steht, die weder gut noch schlecht ist, sondern einfach den Impuls des Lebens darstellt.

Mars ist Impuls und zündender Funke, der es liebt, sich als ein imposant aufflackerndes Leuchtfeuer in Szene zu setzen. Damit ermöglicht er Leben und verhindert Stagnation. Gerade in seiner Spontaneität, in seiner direkten und wilden Ausdrucksfähigkeit liegt seine Stärke. Kurz und heftig erhalten wir von Mars den Energieschub, werden von ihm in die Unmittelbarkeit geholt, von ihm über Grenzen und in Neues gestoßen. Gerade diese Impulse setzende Kraft, die Leben erzeugt und uns ins physische Leben hineinholt, brachte für mich eine neue Erkenntnis, die mir als Astrologin so nicht bewusst war. Nach der oben beschriebenen Konfrontation mit meinem Freund zum Beispiel loderte mein ganzer Körper. In der folgenden Nacht fühlte es sich so an, als säße Mars als loderndes Flammenwesen in meinem Körper, alles ausbrennend, was schon lange überfällig war. Jede Zelle versetzte er in brennende Schwingung. Mars wütete heftig, aber nach kurzer Zeit war es vorbei. Ich fühlte mich nach dieser Nacht noch etwas müde, aber spürte schon eine neue Kraft in mir.

Hat Mars seine Impulse gesetzt, interessiert ihn der weitere Verlauf nicht mehr. Schon locken ihn neue Abenteuer, die seine Kraft herausfordern und zugleich stärken. Darin ist er unermüdlich. Ohne Erinnerungen an die Vergangenheit stürzt er sich auf sie – jeweils mit neuem Elan und neuer Frische. Begegnet er uns ein weiteres Mal, und das tut er, ist es wie ein erstes Mal. Von ihm können wir lernen, die Welt jeden Tag neu zu entdecken und in der Unmittelbarkeit zu leben, ohne Schuldzuweisung und ohne nachtragend zu sein.

Die schamanische Reise zur Urkraft von Mars

Die schamanische Reise zur ursprünglichen Kraft von Mars kann uns einen neuen Zugang zu dieser impulsiven Energie aufzeigen. Wir lernen eine Kraft kennen, die ins Leben drängt, die uns immer wieder mit neuen Impulsen zum Weitergehen auffordert. Diese Reise kann auch viel Heilung in Bezug auf negative Erfahrungen mit Aggression, Gewalt und Wut bewirken und auch unsere Furcht vor dieser archaischen Kraft schwächen beziehungsweise auflösen. Als ich begriff, dass hinter der wilden Marsenergie reine Lebenskraft steht, nahm mir das die Angst vor ihr. Diese Reise kann uns auch wieder mit der Quelle unserer ursprünglichen Lebenskraft verbinden.

Die schamanische Reise zur Kraft des Mars

- Schaffen Sie sich eine angenehme Atmosphäre im Raum und sorgen Sie dafür, dass Sie für eine Zeit ungestört bleiben. Nehmen Sie eine entspannte liegende oder sitzende Haltung ein.
- Formulieren Sie Ihre Absicht, zu Mars zu reisen und seine ursprüngliche Kraft kennenzulernen.
- Spielen Sie die Trommelmusik-CD *Shamanic Journey* von Michael Harner ab.
- Gehen Sie auf die Reise. Bitten Sie Ihr verbündetes Krafttier oder Ihren Lehrer, mitzukommen und Ihnen den Weg zu weisen. Öffnen Sie Ihr Körpertor – den Ort, an dem Ihre Seele aus dem Körper gehen kann – und gehen Sie gleich von dort, wo Sie sind, mitten in den Himmel hinein.
- Wenn Ihnen Ihr Marsverbündeter begegnet, lassen Sie sich von ihm seine ursprüngliche Kraft zeigen, die noch den Impuls des Göttlichen in sich trägt und die Herzen der Menschen zu erwärmen vermag. Entdecken und erforschen Sie diese ursprüngliche Kraft mit all Ihren Sinnen. Erlauben Sie sich, dass diese Ursprungskraft in Ihnen wieder erwacht.

- Sie können Ihrem Verbündeten des Mars auch die drei Fragen stellen: Wer bist du für mich? Was tust du für mich? Was kann ich für dich tun?
- Wenn Sie genug erlebt und erfahren haben beziehungsweise wenn Sie vom veränderten Trommelrhythmus zurückgerufen werden, verabschieden Sie sich von Ihrem Verbündeten des Mars, bedanken sich und kehren wieder in Ihren Körper und Ihre alltägliche Wirklichkeit zurück.
- Verbringen Sie nach der Reise noch ein wenig Zeit mit sich, um die Erfahrung nachwirken zu lassen. Spüren Sie in Ihren Körper hinein. Was hat sich verändert, was fühlt sich anders an? Vielleicht wollen Sie Ihre Erfahrungen auch zeichnen, singen, tanzen oder in Worten aufschreiben.

Vorschläge für die schamanische Reise zur Marskraft

- Sie können Mars als Ihren Sternenahnen und Verbündeten kennenlernen. Wer ist er für Sie? Was tut er für Sie? Was können Sie für ihn tun? Lassen Sie sich ein Mantra, einen Ton, eine Geste oder ein Bild von Mars geben. Wann immer Sie seine Kraft benötigen, schauen Sie sich das Bild an, sagen das Mantra auf, machen die Kraftgeste oder singen den Ton.
- Die Begegnung mit der Marskraft in ihrer Ursprünglichkeit kann ein weiteres Anliegen sein. Nehmen Sie ein Bad in der Kraftquelle von Mars und erlauben Sie sich mit all Ihren Sinnen, diese belebende Energie zu erfahren. Erfahren Sie die spontane Ausdrucksfähigkeit von Mars, diejenige Kraft, die ins Leben hineindrängt, die Impulse in Ihrem Leben setzt, Sie tatkräftig zum Weitergehen auffordert und Sie ins Hier und Jetzt lockt. Erfahren Sie Mars als pure Lebenskraft. Die Reise zur ursprünglichen Marskraft kann auch viel Versöhnung und Heilung mit dieser Kraft bewirken, gerade wenn Sie negative Erfahrungen mit ihr gemacht haben.
- Sich dem Krieger stellen ist ein weiteres Marsthema. Wir alle tragen eine zerstörerische Kraft in uns, ob wir das nun wahrhaben wollen oder nicht. Das heißt aber nicht, dass wir diese Seite auch leben müssen. Eine Begegnung mit Ihrem eigenen Krieger kann

Sie für das Ausmaß Ihrer Kraft sensibilisieren und Ihnen den Umgang mit ihr erleichtern. Stellen Sie sich Ihrer zerstörerischen Seite und schauen Sie dann, was noch dahintersteht. Was will diese Kraft wirklich? Wo liegt ihre Stärke? Wie machen Sie sich zum Meister dieser Kraft und lassen sich nicht von ihr beherrschen?

- Wenn Sie im Zeichen Widder oder Skorpion (so sieht es die klassische Astrologie) geboren sind, ist Mars Ihr Zeichenherrscher. Mars kann Ihnen neue Erkenntnisse über Ihre ureigensten Lebensimpulse und Ihre grundlegende Motivation aufzeigen.

Feuriger Mars – impulsiv, heißblütig, erobernd

Der Mythos vom Fall und der Erlösung des Feuers erzählt von der Veränderung des Feuers und davon, dass das Göttliche den Tempel verlassen hat. Für die alten Astrologen war Mars, neben Saturn, der »Übeltäter«. Man gewann ihm wenig Gutes ab. Auch wir haben, wie mir scheint, den Tempel der ursprünglichen Kraft von Mars verlassen, und unseren Zugang zu ihrer Natürlichkeit verloren. Der Umgang mit der Marskraft ist schwierig. Wir erschrecken, wenn wir auf diese archaische und unbändige Kraft stoßen, sie aus uns oder aus jemand anderem unmittelbar herausbricht. Wir werten sie negativ und drängen sie sofort zurück. Auch unser Umfeld lässt uns oft spüren, dass diese Kraft nicht erwünscht ist und sich ein derart impulsives Verhalten einfach nicht gehört. Jungs und Männern gesteht man diese energische und durchsetzungsfähige Seite eher zu. Impulsive Mädchen und Frauen haben es hingegen schwer.

Mars in seiner ursprünglichen Kraft richtet keinen Schaden an, wenn diese Kraft unmittelbar zum Ausdruck gebracht wird. Er gibt damit neue und erfrischende Lebensimpulse. Aber die Ursprünglichkeit dieser Leben spendenden Kraft geriet fast völlig in Vergessenheit. Heute begegnen wir der Marskraft vorwiegend in einer verdrehten Form, wie der Mythos besagt, die Ärger, Krieg, Fieber und Krankheiten bringt. Unsere Herausforderung ist es, den Weg zur Ursprünglichkeit der Marskraft wiederzufinden und sie zum Aufenthaltsort der göttlichen Kraft zu machen. Vielleicht haben wir uns so weit von der ursprünglichen Marskraft entfremdet, den natürlichen Umgang mit dieser Kraft total verlernt, die Göttlichkeit dieser Kraft komplett vergessen und sie so gut polarisieren gelernt, dass nun die Zeit reif ist für eine Umkehrung der verdrehten Marskraft.

Es gibt viele verschiedene Gründe, weshalb wir die Marskraft in einer verdrehten Form wie Wut, Aggression, aber auch der völligen Blockierung unseres Ausdrucks leben. Eine davon ist möglicherweise, dass wir heute unsere Marskraft nicht mehr im gleichen Maß einsetzen können, wie es unsere Vorfahren konnten. Diese Kraft war für ihr Leben und Überleben notwendig. Sie wurden von Unvorhersehbarem ständig herausgefordert, das aktivierte ihre Marskraft, ihren Instinkt und Überlebenswillen. Der zivilisierte Mensch muss nicht um sein nacktes Leben kämpfen, ist den Naturgewalten nicht mehr so unmittelbar ausgeliefert. Heute ist uns oft nicht klar, wohin wir mit dieser impulsiven Marskraft sollen. Unsere Alltagskultur lehrt uns wenig über den kreativen Umgang mit ihr.

Zurückhaltung und Unterdrückung dieser Kraft sind keine Lösungen, diese Kraft löst sich damit nicht einfach auf. Im Gegenteil, zurückgehaltene Kraft verstärkt sich, gleich einem Bogen, der unter noch größere Spannung gebracht wird, indem der Schütze die Sehne noch weiter zurückzieht. Marskraft ist pure Lebenskraft, die immer einen Weg zum Ausdruck suchen und finden wird. Halten wir die Impulse der Marskraft zu lange zurück und finden keinen kreativen Umgang mit ihr, staut sich diese ungelebte Kraft in uns. Und dann wird sie sich plötzlich im Übermaß in unserem alltäglichen Leben ihren Platz suchen und ausbrechen, ob zur Situation passend oder nicht. Die Marskraft findet dann in einer verdrehten, destruktiven Art ihren Ausdruck. Wir regieren gereizt und ungeduldig, finden uns in Streitgesprächen wieder, drücken während des Autofahrens aggressiv aufs Gaspedal. Wir alle kennen das, Mars kann dann wüten und wie ein Feuer alles niederbrennen.

Die zunehmende Gewaltbereitschaft, die Wut und Aggression in unserer Gesellschaft stellen ein immer größer werdendes Problem dar. Auch hier wird Marskraft in ihrer ganzen Verdrehung und Destruktivität ausgedrückt. Manche Menschen wachsen in einem Umfeld auf, in dem sie niemals die gesunde, ursprüngliche Kraft von Mars erfahren. Wir alle haben auf die eine oder andere Art Erfahrungen mit der Destruktivität der Marskraft gemacht, die sich in Gewalt, Aggression, Wut und in ihrer Extremform als brutale Zerstörung und Krieg zeigt. Entweder haben wir diese Destruktivität durch andere erlebt oder selbst ausgedrückt. Aber letztlich liegt hinter dieser verdrehten Ausdrucksform immer eine ursprüngliche Impulskraft, eine heile Kraft, die zum Leben drängt, und die wir anzapfen können.

Die Umwandlung der Marskraft

Die Reise zum Heilplatz von Mars können Sie machen, wenn Sie Ihre Marskraft übermäßig impulsiv oder gar nicht zum Ausdruck bringen. Der Heilplatz von Mars ist der Ort, an dem die Kraft noch keine Prägung der dualen Wirklichkeit hat, sie ist lediglich reines Potenzial der Kraft. Dort ist Wandlung, Ausbalancierung und Heilung von destruktiven Ausbrüchen der Marskraft in Form von Wut oder Aggression möglich.

Reise zum Heilplatz des Mars

- Setzen oder legen Sie sich in einer entspannten Haltung hin und stimmen Sie sich auf die schamanische Reise ein.
- Ihr Anliegen bei übermäßig impulsivem oder verhindertem Ausdruck der Marskraft ist, die Wandlung dieser Kraft zuzulassen, um eine neue Umgangsform mit ihr zu finden.
- Spielen Sie die Trommelmusik-CD ab und gehen Sie auf die Reise.
- Rufen Sie Ihren Verbündeten des Mars und erzählen Sie ihm Ihre Problematik mit Ihrer Kraft. Zeigen Sie ihm, wie sich das Problem in Ihrem Alltag auswirkt, wie Sie beispielsweise einen Schreikrampf haben oder Tassen an die Wand schmeißen. Verbinden Sie sich dann mit Ihrem Wunsch, für diese Kraft eine konstruktive Form zu finden und teilen Sie es Ihrem Marsverbündeten mit. Lassen Sie sich von ihm an den Heilplatz führen.
- Alles, was Sie jetzt erleben und erfahren, hat mit der Heilung und dem Ausbalancieren Ihres Anliegens zu tun. Diese Reise kann manchmal ganz schön herausfordernd sein. In einigen Fällen wird sie zu einer Zerstückelungsreise, zu einem Wand-

lungs- und Transformationsritual, in dem wir von unseren Verbündeten zerlegt und auseinandergenommen werden. Es ist ein spirituelles Sterben. Erschrecken Sie nicht, sondern lassen Sie es einfach geschehen. Sie werden danach entweder noch während der Reise oder in der folgenden Nacht neu zusammengesetzt.

- Kehren Sie spätestens mit dem Rückholsignal in die alltägliche Wirklichkeit zurück.
- Lassen Sie sich noch ein bisschen Zeit, um dem Erlebten nachzuspüren, und geben Sie ihm auf kreative Art Ausdruck. Malen oder tanzen Sie die erlebte Kraft. Hier ist es besonders wichtig, die Kraft in eine Form hinein zu gestalten. Eine gute Möglichkeit ist es, sie über eine sportliche Tätigkeit auszudrücken. Joggen Sie einmal Ihre Marskraft. Oder rufen Sie sie herbei, bevor Sie Tennis spielen gehen.

Es liegt nun an Ihnen, das Erfahrene in Ihre Alltagswirklichkeit hineinfließen zu lassen. Die Impulse sind gesetzt. Seien Sie nicht ungeduldig, wenn es nicht gleich auf das erste Mal hin klappt. Geben Sie sich die Erlaubnis, nun neue Erfahrungen mit Ihrer Kraft zu machen. Oftmals verhindern wir unsere Heilung, indem wir stur am Alten festhalten und die feinen Impulse des Neuen überhören und übersehen. Erinnern Sie sich an das folgende Gedicht, wenn Sie wieder einmal an sich und den Wandlungsmöglichkeiten in Ihrem Leben zweifeln:

Du bis jeden Augenblick neu:
Drum sei dem Alten nicht zu knechtisch treu.
Und war dein Herz bis heut wie Kohle schwarz -
Du hast die Macht: Und es wird weiß wie Quarz.
Christian Morgenstern

Sie können Ihre Absicht der Wandlung bestärken, indem Sie immer wieder zum Heilplatz Ihrer Marskraft reisen und sich mit der ursprünglichen Kraft dieses Planeten verbinden.

Weitere Vorschläge für Reisen zum Heilplatz des Mars

- Lebensimpuls. Leiden Sie unter mangelnder Lebenskraft? Wenn Sie vergessen haben, welches Ihr Impuls zum Leben ist oder wie Sie diesen Impuls in Ihrem Leben umsetzen können, sollten Sie zum Heilplatz von Mars reisen.
- Kraft tanken. Bei mangelnder Lebenskraft und -freude, dem Gefühl der Kraftlosigkeit, aber auch wenn Sie sich ausgebrannt fühlen, können Sie zum Heilplatz von Mars gehen und Kraft tanken.
- Unfähigkeit sich durchzusetzen und zu handeln. Betrachten Sie Ihre Durchsetzungsunfähigkeit aus der Sicht von Mars. Wie können Sie Mars zu Ihrem alltäglichen Verbündeten machen, wenn es darum geht, aktiv zu werden und sich durchzusetzen? Wie stärkt er Sie? Wie können Sie seine Kräfte anzapfen, um sie für Ihr Leben nutzbar zu machen?
- Sexuelle Kraft. Ein spannendes Thema, das Sie bereisen können, um mehr darüber zu erfahren, aber auch wenn Sie Schwierigkeiten mit Ihrer sexuellen Kraft haben. Reisen Sie über die Schwierigkeiten hinaus zur ursprünglichen Kraft von Mars. Fragen Sie ihn zum Beispiel, was Ihre sexuelle Kraft behindert und was sie wieder in Fluss bringt.
- Umgang mit Konflikten. Konflikte beinhalten immer ein Kraftpotenzial. Reisen Sie, wenn Sie in einem Streit oder Konflikt sind, zu Mars und lassen Sie sich die hinter dem Streit liegende Kraft zeigen. Was will Ihnen der Konflikt wirklich aufzeigen? Was ist das »Geschenk«, das Ihnen der Konflikt bereithält?
- Mut. Sie sind voller Ideen, aber es fehlt Ihnen an Mut, diese umzusetzen? Bei Mars können Sie sich den Kick für die Umsetzung Ihrer Pläne holen. Reisen Sie zur Marskraft und verbinden Sie sich mit seiner Kraft, mit der Absicht, Mut und Stärkung für die Durchführung Ihrer Ideen zu erhalten. Mars wird diese Ideen für Sie nicht umsetzen, denn in der alltäglichen Wirklichkeit sind Sie dafür verantwortlich. Er wird aber als Ihr Verbündeter an Ihrer Seite stehen. Lassen Sie sich von ihm eine Kraftgeste geben, die Sie immer dann machen können, wenn Sie seine Unterstützung bei der Umsetzung Ihrer Ideen brauchen.

Die Marskraft gestalten

Mars in seiner Urkraft weckt die Lebensgeister in uns, er vitalisiert und belebt uns. Gefühle der Traurigkeit, der Dumpfheit bis hin zur Depression können mit einer nicht zum Ausdruck gebrachten Marskraft oder mit einer zu wenig gelebten und zurückgehaltenen Marskraft zu tun haben. Gelebte Marskraft, der wir unmittelbar in unserem Leben Ausdruck verleihen, sorgt für wunderschöne Bewegung, Aktivität und Lebendigkeit. Mars regt uns an und fordert uns auf, seiner Kraft Ausdruck zu geben.

Es gibt verschiedene Möglichkeiten, wie wir die Marskraft leben und kreativ ausdrücken können. Jeder Mensch hat seine Vorlieben, wie er die Kraft von Mars gestalten will. Einige bringen sie am stärksten durch körperliche Aktivitäten in Sport oder Beruf zum Ausdruck. Gerne messen wir unsere Marskräfte im körperlichen oder geistigen Wettbewerb. Manche führen ein abenteuerliches und aufregendes Leben, das sie immer wieder in Extremsituationen bringt und herausfordert. Wieder andere leben ihre Marskräfte in Führungs- und Pionierpositionen. Andere suchen den kurzen Adrenalinkick, zum Beispiel beim Bungeejumping. Wieder andere erobern am liebsten das andere Geschlecht und leben Mars vorwiegend in der Sexualität.

Das sind einige der Möglichkeiten, mit der wir Marskraft ausdrücken können. Je mehr wir von dieser Kraft in uns haben und aktivieren, desto mehr müssen wir einen gestalterischen Ausdruck dafür finden. Ansonsten kann es gut sein, dass sich die Marskraft gegen uns richtet, zum Beispiel in Form von Selbstverletzungen oder Autoimmunerkrankungen, aber auch durch Wutanfälle oder aggressive Handlungen.

Zu wenig Marskraft

Es gibt nicht nur ein Zuviel an Marskraft, sondern auch ein Zuwenig. Wenn wir Marsimpulse lange Zeit zurückhalten, aus Angst vor dieser Kraft, oder weil wir uns den »zivilisierten« Anstandsnormen unterworfen haben, kann es geschehen, dass wir auch den Zugang zur natürlichen Kraftquelle Mars abwürgen und die Verbindung zu dieser Kraft verloren geht. Dann spüren wir die Abwesenheit der Marskraft als Apathie und Lustlosigkeit, als Fehlen der Leidenschaft, wir haben keine Lebenskraft, keine Durchsetzungskraft und kaum Lebenswillen. Aber auch negative Erfahrungen mit dieser Kraft, beispielsweise wenn uns jemand Gewalt antat, können bewirken, dass wir uns der ursprünglichen und Leben spendenden Quelle der Marskraft verschließen.

Reisevorschlag: Die Kraftquelle neu erschließen
Sie können die Kraftquelle Mars für sich neu erschließen. Machen Sie eine Reise zum Ursprung Ihrer Marskraft. Lassen Sie sich von Ihrem Verbündeten Ihr persönliches Lebenselixier zeigen, das Sie trotz aller Schwierigkeiten immer wieder neu ins Leben ruft. Lassen Sie alles heilen, damit die Verbindung zu Ihrer persönlichen Kraft wiederhergestellt werden kann. Tauchen Sie in den Lebensquell von Mars ein.

Meine Erfahrungen mit der Marskraft

Mit 25 Jahren hatte ich eine unliebsame Begegnung mit einem jungen Mann. Ich stieg in die Straßenbahn und wollte mich auf einen Einzelplatz setzen, als ich im letzten Moment eine offene Suppenbüchse auf dem Sitzplatz stehen sah. Ohne weiter darüber nachzudenken, stellte ich sie auf den Boden. In dem Moment wurde ein unter Drogen stehender junger Mann unsäglich wütend, er kickte die Büchse mit dem Fuß weg. Dann beklagte er sich lautstark über mein Verhalten, dass ich kein Recht hätte, seine Büchse wegzustellen, und dass dies sein Platz gewesen sei. Wie ich reagierte, weiß ich nicht mehr genau, aber wahrscheinlich habe ich mich verbal gewehrt. Der junge Mann wurde noch wütender und griff mich schließlich tätlich an. Ein anderer Fahrgast stoppte ihn und warf ihn an der nächsten Haltestelle raus.

Nach diesem Ereignis war ich verwirrt und schockiert. Als ich mich wieder gefangen hatte, begann ich etwas zu ahnen. Wenn ich aus heiterem Himmel so massiv in einen Konflikt hineingezogen wurde, jemanden so wütend und aggressiv machte, dann musste diese Aggression auch etwas mit mir zu tun haben. Ich selbst empfand mich als nicht sehr aggressiv. Ich trug eher eine unendliche Traurigkeit und emotionale Lähmung in mir. Konnte ich diese durchbrechen, zeigten sich Wut und Trotz, die ich jedoch gegen mich selbst richtete. Diese Begegnung in der Straßenbahn war eine Begegnung mit der Marskraft. Sie weckte mich aus meiner Lähmung auf. Ich wusste, dass ich etwas tun musste, dass es da etwas zu erforschen gab. Mein Impuls zu leben war geweckt. Ich begann eine psychologische Gesprächstherapie.

Meine Begegnungen mit der Marskraft lehrten mich eine wichtige und sinnvolle Lektion. Hitzige Konfrontationen, heftige Konflikte, Streit und Kollisionen verschiedener Kräfte bringen stagnierte Energie in unserem Leben wieder ins Fließen. Jeder Konflikt und jeder Streit ist ein Aufeinandertreffen von Energien. Zwei verschieden gepolte Kräfte stehen sich gegenüber, regieren aufeinander und geraten in eine Konfrontation. Durch diese Herausforderung erschaffen sie die Möglichkeit, sich zu erforschen und zu entdecken. Auch wenn das Aufeinandertreffen zweier Kräfte auf den ersten Blick eine zerstörerische Auswirkung hat, sobald wir einen Schritt weitergehen und unseren Fokus auf das Dahinterliegende richten, sehen wir auch, wie viel alte, festgefahrene Energie damit freigesetzt werden kann. Das Aufeinandertreffen von Kräften kann sehr wohl eine Explosion bewirken. Zugleich aber wird auch Energie freigegeben, die das Potenzial der Neugestaltung in sich trägt, wenn wir es wagen, hinter die Tragödie zu blicken. Schon Zeus wusste um die Notwendigkeit der kriegerischen und zerstörerischen Seite von Mars, die hilft, das Gleichgewicht zu erhalten.

Wenn wir den Mut haben, einen Blick hinter das menschliche Drama zu werfen und die Konfrontation nicht zu unserem persönlichen Anliegen zu machen, können wir auf neue Antworten und neue Umgangsformen mit der Marskraft stoßen. Das bedeutet auch zugleich, aus der Opfer- oder Täterrolle auszusteigen, um die Kraft der Kollision zu erforschen. Damit findet eine erste Umkehrung der verdreht gelebten und ausgedrückten Marskraft statt. Der Ausstieg aus der Opferhaltung bedeutet zu erkennen, dass wir, wenn auch nicht offensichtlich oder agierend, an allen Konfrontationen mitbeteiligt sind. Immerhin sind wir genau zu diesem Zeitpunkt an diesem Ort und treffen auf diese Situation und die beteiligten Menschen. Sobald ich meine Mitgestaltung anerkenne, übernehme ich für meinen Teil die Verantwortung. Anstatt den anderen Beteiligten die Schuld zu geben und damit auch meine Kraft wegzugeben, hole ich die

Kraft zu mir und prüfe, was diese Konfrontation für mich bedeutet. Damit bin ich kein Opfer mehr, ich kann weitergehen und die Kraft, die diese Kollision ausgelöst hat, erforschen. Wo liegt das Geschenk, die Kraft dieser Kollision?

Im Nachhinein bin ich dem jungen Mann dankbar. Diese Auseinandersetzung brachte mich dazu, meine Lebensgeschichte näher zu betrachten und mich mit meiner eigenen, versteckten und nicht kreativ zum Ausdruck gebrachten Kraft auseinanderzusetzen. Es war letztlich eine Erfahrung, die mich mir selbst näherbrachte.

Der Blick hinter das menschliche Drama

Versuchen Sie es einmal: Werfen Sie nach einem Streit oder nach einer unliebsamen Begegnung einen Blick hinter die Kulissen des menschlichen Dramas.

Hinter das Drama blicken

- Nehmen Sie Ihre bequeme Reiseposition ein. Formulieren Sie Ihre Absicht, einen Streit oder Konflikt tiefer zu verstehen und die dahinter verborgenen Kräfte zu sehen.
- Nehmen Sie einen Moment lang Abstand von all Ihrem Frust, der Ohnmacht, der Wut oder was auch immer für Gefühle vorhanden sind. Mir hilft es manchmal, wenn ich erst eine Zeit lang trommle oder rassle und alle meine Gefühle in mein Instrument einfließen lasse. Oder ich singe, töne meinen ganzen Frust erst nach draußen, bevor ich mich auf die Reise mache.
- Sobald Sie für die Reise bereit sind, lassen Sie die Trommelmusik laufen und begeben sich zum Mars. Rufen Sie Ihren Marsverbündeten und sagen Sie ihm, er soll Ihnen die hinter dem Ereignis liegende Kraft aufzeigen. Versuchen Sie dabei nicht, die Reise mit dem Kopf zu analysieren, sondern erlauben Sie sich, in die Ursprünglichkeit der Marskraft einzutauchen und der Absicht zu folgen, etwas Neues über sich und Ihre Motivation zu erfahren.
- Nach Ihrer Rückkehr verweilen Sie noch ein wenig in Ihren Erfahrungen der schamanischen Reise. Stellen Sie sie in Verbindung zu Ihrer Konfrontation und stellen Sie folgende Fragen: Welche Kraft liegt hinter der Konfrontation? Worum dreht es

sich in Wirklichkeit? In welchen Bereichen meines Lebens halte ich an etwas fest? Wohin will die Energie in meinem Leben wieder fließen, wo musste die Kraft für Bewegung sorgen? Wo liegt die schöpferische Kraft dieser Auseinandersetzung und wie kann ich diese in meinem Leben kreativ ausdrücken? Beantworten Sie diese Fragen aus dem Bauch heraus, auch wenn es völlig absurde Antworten zu sein scheinen. Oftmals ergeben diese Antworten erst später einen Sinn.

Mars und Venus

Eine anders geartete Konfrontation mit der Marskraft erlebte ich vor wenigen Jahren. Ich stand kurz vor einer Auslandsreise und erledigte noch letzte Einkäufe. Zugleich musste ich an diesem Tag noch einen Text über die schamanischen Kräfte von Mars schreiben. Auf dem Weg nach Hause schnitt mir als Fußgängerin ein Autofahrer massiv den Weg ab. Ich, einerseits erschrocken und zugleich wütend, schlug mit der flachen Hand auf das Auto. Daraufhin stieg der Fahrer wutentbrannt aus dem Auto, kam auf mich zu, beschimpfte mich und griff mich an. Ich war einerseits irritiert über sein heftiges Verhalten, musste aber zugleich lachen – Mars erteilte mir gerade eine erneute Lektion. Der Ausbruch des Autofahrers brachte mich augenblicklich in die Gegenwart, und das hatte ich anlässlich meiner bevorstehenden Reise dringend nötig.

Nach meiner Rückkehr und einem Telefongespräch mit diesem Herrn, in dem er sich erklärte und entschuldigte, sah ich von einer Anklage ab. Mit diesem Verhalten rechnete er überhaupt nicht, er war völlig erstaunt und konnte es kaum glauben. Wer weiß, vielleicht kam gerade durch mein Einlenken bei ihm viel mehr in Bewegung, als wenn ich auf einer Anzeige bestanden hätte. Mars' Ergänzung ist die Venus. Wenn Mars gegen Mars antritt, gibt es keinen Gewinner. Wenn wir auf Gewalt mit Krieg reagieren, wird es nie ruhig werden. Die impulsive Kraft von Mars findet nur in Venus' ausgleichendem Wesen Ruhe. Und bekäme Venus von Mars nicht die notwendigen Impulse zum Leben, würde sie sich in ihrem Bedürfnis nach Harmonie und Schönheit zu Tode langweilen.

Die schamanische Kraft des Mars

Marskraft setzt Impulse. Mit seiner unbändigen Kraft lockt dieser Planet uns ins Leben, in Erfahrungen und in die Unmittelbarkeit des Hier und Jetzt. Seine Kraft regt an, durchstößt Barrieren, sie sprengt, bewegt und rüttelt auf. Mit der Marskraft können wir Widerstände und Hindernisse überwinden, stagnierte Energien in Bewegung bringen und Lebenskraft und Lebensfreude wieder neu entdecken.

Venus

Über den Wassern ein Schaumgeflimmer
nächtens leuchtender Sternenschimmer
hoch die Venus funkelt von fern,
ewiger Morgen- und Abendstern.

Hat sie tröstend geweiht den Tag,
schützend hämmernder Pulse Schlag,
und ist erfüllt ihr Liebeslauf,
strahlt neu als Stern der Nächte sie auf.

Liebe – sie dämmt das Leben ein,
endlos im Kreislauf von Lust und Pein,
Liebe, sie bringt um Sinn und Verstand
den, der aus ihrem Licht verbannt!

Nächtens leuchtender Sternenschimmer,
über den Wassern ein Schaumgeflimmer.

Hermione von Preuschen

Venus – Liebe, Schönheit und Sinnlichkeit

Die Venus am Himmelsfirmament

Venus am Himmel sehen wir mit ihrem bezaubernden Sternenlicht jeweils als Abendstern im Westen oder als Morgenstern im Osten funkeln. Galileo Galilei beobachtete 1610, dass der Planet Venus Phasengestalten zeigte, wie der Mond. Zudem schwankte sein Durchmesser erheblich, was nur im Zusammenhang mit der sich verändernden Entfernung zur Erde zustande kommen konnte. Galilei zog daraus die Schlussfolgerung: Die Venus leuchtet nicht selbst, sondern wird von der Sonne beschienen und muss sich um sie herumbewegen. Galilei hatte damit den Nachweis für die Richtigkeit des kopernikanischen Weltmodells geführt, nach dem die Sonne im Mittelpunkt unseres Sonnensystems steht und von den Planeten umkreist wird.

Venus und Merkur, als sogenannte innere Planeten, umkreisen die Sonne innerhalb der Erdbahn. Sie können erdnah, zwischen Sonne und Erde stehen, oder erdfern, wenn sie, von der Erde aus betrachtet, hinter der Sonne sind. Auf ihrer Umlaufbahn kommt Venus in ihrer abnehmenden Phase als Abendstern der Erde immer näher, sie wird immer heller und leuchtender. Ihre Phasen sind allerdings mit bloßem Auge nicht ersichtlich. Ihr hellstes Licht zeigt sie als Abendstern 35 Tage, bevor sie in die Sonne eintaucht, und 35 Tage danach, wenn sie im Osten als Morgenstern, nun in der zunehmenden Phase, wieder auftaucht. Während ihrer Konjunktion mit der Sonne wechselt sie ihre Position. Sie wird vom Abend- zum Morgenstern bei einer unteren Konjunktion mit der Sonne (Venus ist in Erdnähe und steht zwischen Erde und Sonne) und vom Morgen- zum Abendstern bei einer oberen Konjunktion (Venus hat ihren erdfernsten Punkt erreicht und steht von der Erde aus gesehen direkt hinter der Sonne).

Mythologie: Venus – Göttin der Liebe, der Schönheit und der sinnlichen Begierde

Die Sumerer verbanden den hellsten Wandelstern mit der Göttin Inanna, die Babylonier mit Ischtar, der Göttin der Liebe und des Krieges. Im frühen antiken Griechenland nannte man die Venus als Morgenstern Phosphoros, Lichtbringer (auf lateinisch Lucifer) und als Abendstern Hesperos. Erst die späteren Hellenen brachten diesen Planeten in Zusammenhang mit der Göttin Aphrodite, die dann wiederum in Rom Venus hieß.

Hesperos war ursprünglich ein Sohn des Atlas, den der Wind vom Gebirge des Vaters davontrug und in einen Stern verwandelte. Phosphoros ist der Lichtbringer, der personifizierte Morgenstern und Sohn der Eos (Morgenröte). Hesperos und Phosphoros werden als empor- und abwärtsfliegende Knaben mit Fackeln dargestellt. In der römischen Mythologie war Luzifer die poetische Bezeichnung für Venus, den Morgenstern. Luzifers Aufgabe war es, den neuen Tag heraufzuführen.

Die Mehrgestaltigkeit der Venus spiegelt sich auch in der Mythologie. Von Anfang an gab es verschiedene Geschichten über die »Geburt« der Göttin. Aphrodite wurde hauptsächlich in zwei Figuren dargestellt: in einer himmlischen als Aphrodite, die Schaumgeborene, und in einer irdischen als Aphrodite Pandemos.

Wenn Venus sich als Planet auf die Erde zubewegt, kommt sie den Menschen näher und begegnet ihnen als Aphrodite Pandemos (griechisch: »dem Volke gehörig«). Sie ist die Tochter des Zeus und der Meeresnymphe Dione, und sie gehört allen. Sie ist auch bekannt als Aphrodite-Porne, die Göttin der lustvollen Sexualität, als sakrale Tempeldienerin und als Aphrodite Hetaira, die gebildete, kultivierte und für jene Zeit außergewöhnlich freie Frau.

Wenn sich Venus als Planet wieder von der Erde weg in Richtung Sonne bewegt, weckt sie unsere unstillbare Sehnsucht nach der alles umfassenden Liebe, nach der göttlichen Liebe. Venus begegnet uns dann als Aphrodite, die Schaumgeborene, die Muse, die Unerreichbare und die Göttliche.

Als Schaumgeborene ist Aphrodite die Tochter des Uranos. Es wird berichtet, dass Kronos, Sohn von Uranos und Gaia, auf Gaias Geheiß Uranos mit einem Sichelhieb die Geschlechtsteile abschlug und ins Meer warf. Das Blut und der Samen vermischten sich mit dem Wasser, das zu schäumen begann. Aus dem Schaum entstieg Aphrodite. Diese von Uranos abstammende Aphrodite ist die himmlische. Sie ist es, die Botticelli auf einer Muschelschale stehend darstellte.

Man sagt der Schaumgeborenen nach, dass sie, kaum den Boden betretend, die Erde zum Erblühen brachte. Wilde und zahme Tiere folgten ihr wie von einem Zauber erfasst. Aphrodite als Meeresgöttin lässt die Wogen zur Ruhe kommen, die Wellen sich glätten. Als sie zum ersten Mal Land betrat, wurde sie von den Göttinnen der Anmut, der Grazie und des Wachstums empfangen. Jenseits aller Scham tanzte Aphrodite mit ihnen, ließ sich von ihnen waschen, mit duftenden Ölen einreiben und in luftige Kleider hüllen. Sie wird als Göttin der Menschen und der Götter gefeiert, und als Göttin, die das Lachen liebt, gepriesen. Aphrodite ist das Entzücken, die Liebe, das Verbindende, das Ergänzende, sie geht über die irdische Begrenzung hinaus. Dieser Aspekt der Venus ist die Sehnsucht nach dem Einssein mit dem Göttlichen. Aphrodite ist die Quelle der Inspiration, der Kreativität, der sich verschenkende Reichtum, der dadurch immer reicher wird. Symbole der Aphrodite sind Schwan, Taube, Muschel, Gürtel und Spiegel.

Man unterscheidet von dieser Aphrodite beziehungsweise Venus wie gesagt die irdischere. Die Idee dahinter ist die Erkenntnis, dass Liebe nicht gleich Liebe ist. Man trennt die sinnliche von der »reinen« Liebe, die nicht auf körperlicher Anziehung beruht, sondern auf geistiger. Diese reine Liebe verkörpert Aphrodite, die Schaumgeborene, Tochter von Uranos, während Aphrodite Pandemos die »gewöhnliche« Liebe darstellte, die sexuelle Anziehungskraft. Mit dem irdischen Aspekt der Venus verwandt ist auch die Mythologie von Demeter, die als dreifache Muttergöttin zugleich auch den veränderlichen Phasen der Venus als Planet gerecht wird.

Demeter ist als Muttergöttin zuständig für die Fruchtbarkeit der Erde, des Getreides, der Saat und der Jahreszeiten. Als dreifaltige Göttin tritt sie in verschiedenen Manifestationen auf: als Jungfrau, Mutter und alte Frau; als Kore (Jungfrau/Frühjahrsgöttin), Demetrie (Mutter, Sommer- und Erntegöttin) und Persephone (altes Weib, Todes- und Wintergöttin). Kore beziehungsweise Persephone trifft man auch als Tochter von Demeter an.

Die irdische Venus als Demeter in ihrer Dreigestaltigkeit zeigt den Verlauf des Lebens. Kore symbolisiert den Frühling, die Entstehung, die Jungfräulichkeit, das Erblühen der Kräfte und die junge Liebe. Demetrie symbolisiert den Sommer, die Blüte, die Ernte, die Lust, den Genuss, den Höhepunkt und die reife Liebe. Persephone symbolisiert den Herbst, das Zurückziehen und die Abnahme der Kräfte, die Vergänglichkeit, sowie die weise Liebe.

Symbole der Demeter, die in Rom dann Ceres hieß, sind der goldene Ährenkranz, die Fackel, der Korb mit Pfirsichen oder Blumen.

Das Venusprinzip in der Astrologie

Venus wird astrologisch mit dem weiblichen Aspekt, mit der Liebe, der Schönheit, der Sinnlichkeit und der Freundschaft in Verbindung gebracht. Sie gibt Auskunft über unsere Ausstrahlung und Anziehungskraft, sie ist die Muse der Künstler, sie sagt etwas über unser Schönheitsempfinden aus, darüber, wie und was wir genießen und welche Werte uns wichtig sind. Aber auch Begriffe wie Frieden, Harmonie und Balance gehören zu ihr.

Die zweifache Bedeutung der Venus als Morgen- und als Abendstern zeichnet sich auch in der Astrologie ab. Venus wird zwei Zeichen zugeordnet, dem erdigen Stier und der luftigen Waage und dem 2. und 7. Haus.

Die Stierqualität der Venus symbolisiert mehr unsere praktische, lustvolle Seite und unsere persönlichen Werte, wie Geld und Besitz, Eigenwert und Ressourcen. Venus im Stier ist nüchtern und realitätsbewusst. Sie will dem Leben die schönen Seiten abgewinnen. Sie will Lust und Liebe leben, nicht nur davon träumen. Sie liebt das Leben und die Liebe, sie flirtet, verführt und genießt. Die Natur ist ihr nahe.

Stand die Venus bei Ihrer Geburt vor Sonnenaufgang am Osthimmel, ist sie der Morgenstern. Venus als Morgenstern ist die irdische Venus und ihre Ausdrucksfähigkeit ist stärker auf das Tagesbewusstsein ausgerichtet. Sie packt an, ist ausdauernd, und wenn es ums »Überleben« geht, hat sie sogar etwas Kämpferisches und Verteidigendes an sich. In der Antike sprach man Venus als Morgenstern noch die kämpferische Seite der Amazone und Kriegsgöttin zu. Später verlor sich diese Sichtweise und Mars übernahm diese Aspekte.

Mit der Waagequalität der Venus kommt die Sehnsucht nach dem Du, nach einer Ich-Ergänzung, ins Spiel. Die Liebe ist hier nicht nur auf Genuss ausgerichtet, sondern auch auf die Ästhetik und die Kunst. Hier kommt Venus stärker mit ihrer kreativen, ausgleichenden, verbindenden und ergänzenden Seite zum Ausdruck, aber auch als inspirierende Muse.

Wenn Venus bei Ihrer Geburt am Abend nach Sonnenuntergang am Abendhimmel im Osten zu sehen war, ist sie der Abendstern. Hier wird sie mit dem himmlischen Aspekt in Verbindung gebracht, hier ist sie die Göttin der Nacht. Hier treffen Menschliches und Göttliches aufeinander. Das löst eine tiefe Sehnsucht nach der himmlischen Liebe aus, beschwört aber auch das unerfüllbare Wunschbild der höchsten Liebe und der idealen Frau herauf. Die Kraft dieser Venus ist weniger realitätsorientiert. Sie gehört ganz der Nacht. Als Muse inspiriert sie Künstler und Dichter. Als Madonna, Mutter des Himmels und Himmelskönigin weckt sie die Sehnsucht nach der Verschmelzung mit dem All-Einen.

Stichworte zur Stierqualität der Venus

Praktische Liebe, Genuss- und Lustfähigkeit, Anziehungskraft, materielle Werte, Selbstwerte, Eigenliebe, Wertschätzung sich selbst gegenüber, innerer Reichtum, Schönheit aus sich selbst, Hingabefähigkeit, Ressourcen, Verbindung zur Natur

Stichworte zur Waagequalität der Venus

Liebesfähigkeit, Sehnsucht nach dem Du, der Ich-Ergänzung, Beziehungswerte, Muse, Inspiration, künstlerischer Ausdruck, kreatives Sein, Ausgleich und Harmonie

Venus als Morgenstern

Ihre Kräfte richten sich auf die lebbare Liebe, auf das tägliche Überleben und den praktischen Alltag.

Venus als Abendstern

Inspiration, Sehnsucht nach dem All-Einen, die Liebe als Ideal und als Verbindung zwischen Mensch und Göttlichkeit

Das Pentagramm – Symbol für Planet und Göttin Venus

Das Erste, was mir auf meinen schamanischen Reisen zur Venus als Sternenwesen auffiel, war ihr extrem ausgleichendes und ergänzendes Wesen. Ich wunderte mich dann auch nicht, als ich auf das Pentagramm stieß, das seit der Antike Symbol des Planeten, der Göttin Venus ist und für Glück und Harmonie steht. Als Glückssymbol wird es mit zwei Spitzen nach unten dargestellt. Der Ursprung der Verbindung des Pentagramms mit der Venus liegt in den periodischen Bewegungen des Planeten: In acht Jahren verbindet sich die Venus fünfmal in Erdnähe mit der Sonne (untere Konjunktion). Wenn man diese fünf aufeinanderfolgenden Begegnungspunkte verbindet, erhält man ein fast perfektes Pentagramm.

Schon die alten Babylonier erkannten diese Regelmäßigkeit und nannten sie Isthar-Periode. Das Pentagramm, Symbol der Venus, sowohl des Planeten als auch der Göttin, versinnbildlicht die griechische Göttin Kore, die im Herzen der Erdmutter Demeter ruht. Das natürliche Abbild des Pentagramms zeigt sich in einem Apfel, dessen Kerngehäuse (englisch: *core*) im Querschnitt einen fünfzackigen Stern zeigt, und in fünfblättrigen Pflanzen. Die Fünf gilt als ein formbestimmendes Prinzip der organisch belebten Natur. Pythagoras kannte das Pentagramm als Glücks- und Gesundheitssymbol, auch wenn ihn daran mehr der mathematische Aspekt, der Goldene Schnitt, interessierte.

Meine erste Reise zum Sternenwesen Venus

Ich begab mich, wie immer von monotonen Trommelklängen getragen, zu Venus, mit der Absicht, sie als Sternenwesen kennenzulernen. Sie begegnete mir als wunderschönes, leuchtend blaues und weißes Licht, das mich spiralenförmig umschlängelte und mit einem intensiven Gefühl von Frieden nach oben zog. Ich wurde von ihr an einen Ort geführt, an dem mich menschlich aussehende Lichtwesen erwarteten. Die Schönheit und Fülle dieses Ortes berührte meine Seele tief. Die Lichtwesen führten mich durch einen warmen Nebel, der mich auf eine besondere Art zu reinigen schien. Danach verweilte ich jeweils eine Zeit lang bei den verschiedenen Formen des Wassers, bei Schneekristallen, bei Wassertropfen, bei Flüssen, Seen, Wasserfällen und schließlich bei den Wolken. Auf dieser sonderbaren Wasserreise geschah bei jeder Begegnung mit den Wasserformen eine Veränderung mit mir, die ich körperlich wahrnahm. Da war eine Entspannung, ein offeneres Atmen, ein Druck, der sich löste, letztlich fühlte ich mich selbst nur noch wie weiches, sanftes Wasser, anschmiegsam und fließend. Ein Regenbogen führte mich daraufhin zu einer Quelle, von der ich aufgefordert wurde, zu trinken. Ich spürte, wie das kühle Wasser durch meinen Körper floss, der selbst zu Wasser wurde. Eine Zeit lang war es ganz ruhig und still. Bis ich plötzlich zu einer übersprudelnden Fontäne von schillernden Lichtfunken, die sich in alle Himmelsrichtungen verteilten, wurde. Ich versprühte mein Licht, bis mich das Rückholsignal, die vier Mal sieben Trommelschläge, zurück in die alltägliche Wirklichkeit rief.

Ich war nach dieser Reise überwältigt und erstaunt über die liebende, ausgleichende und harmonisierende Kraft der Venus. Sie brachte etwas in mir zum Klingen, das mich mit mir selbst versöhnlich stimmte. Das mir half, mich als wertvolles Menschenwesen zu fühlen. Ich fühlte mich in meinem Wert gestärkt, genährt, aufgehoben und sehr, sehr schön.

Nach dieser Reise erkannte ich: Die Liebe und der Respekt, die ich mir von anderen Menschen wünsche, muss ich mir zuerst selbst entgegenbringen. Und das ist wohl eine der größten Herausforderungen im Leben. Die Kraft von Venus hilft mir immer wieder, mir in meiner eigenen Schönheit zu begegnen und mich anzunehmen, wie ich bin.

Ihre Begegnung mit sich selbst

Auf Ihrer ersten schamanische Reise zu ihr sollten Sie Venus zunächst als Sternenwesen und als Ihre Verbündete kennenlernen und erforschen. Wer ist Venus für Sie? Was tut sie für Sie? Was können Sie für sie tun? Hier gehen Sie genauso vor, wie wir es bereits für die Sonne, den Mond und so weiter beschrieben haben.

Ihre nächste Reise zu Venus sollte die Begegnung mit Ihnen selbst in Ihrer schönsten Form sein. Aphrodite, die Schaumgeborene, entstieg dem Meer, kam an Land und ließ sich von den Göttinnen empfangen, waschen, mit duftenden Ölen einreiben; sie tanzte mit ihnen ohne Scham. Machen Sie es wie Aphrodite, lassen Sie sich von Venus, ihrer Sternenverbündeten, empfangen, waschen und mit duftenden Ölen einreiben. Lachen Sie, tanzen Sie mit dem Sternenwesen Venus und würdigen Sie sich als ein wunderbares Menschenwesen.

Die Reise zum Heilplatz der Venus – und zu Ihrer Schönheit

- Schaffen Sie sich eine angenehme Atmosphäre im Raum und sorgen Sie dafür, dass Sie für eine Zeit ungestört bleiben. Nehmen Sie eine entspannte liegende oder sitzende Haltung ein, in der Sie aber nicht so leicht einschlafen.
- Formulieren Sie Ihre Absicht: »Ich will so schnell wie möglich zum Sternenwesen Venus gelangen und mich von ihr an den Ort führen lassen, an dem ich mir selbst in meiner schönsten Form begegnen kann. Ich will mich von Venus verwöhnen lassen.«
- Spielen Sie die Trommelmusik-CD von Michael Harner ab.
- Gehen Sie auf die Reise. Bitten Sie Ihr verbündetes Krafttier oder Ihren Lehrer, mitzukommen und Ihnen den Weg zu weisen. Öffnen Sie Ihr Körpertor und gehen Sie gleich von dort, wo Sie sind, durch Ihre Haustür, das Dach oder das Fenster, hinein ins Universum zu den Sternen.
- Sobald Sie am Ort der Venus angekommen sind, an dem Sie sich selbst in der schönsten Form begegnen können, lassen Sie sich von der Kraft der Venus verwöhnen. Lassen Sie heilen, was geheilt werden will. Lassen Sie geschehen, was geschehen mag. Behalten Sie Ihre Reiseabsicht im Auge, aber ohne fixe Vorstellungen und Erwartungen, wie und was Sie genau erleben sollen. Erlauben Sie sich, sich wie ein Kind überraschen zu lassen, zu staunen und mit all Ihren Sinnen diese Reise zu erfahren.
- Wenn Sie genug erlebt und erfahren haben beziehungsweise wenn Sie vom veränderten Trommelrhythmus zurückgerufen werden, verabschieden Sie sich von Ihrem Sternengeistwesen, bedanken sich und kehren wieder in Ihren Körper und Ihre alltägliche Wirklichkeit zurück.
- Verbringen Sie nach der Reise noch ein wenig Zeit mit sich, um die Erfahrung nachwirken zu lassen. Spüren Sie in Ihren Kör-

per hinein. Was hat sich verändert, was fühlt sich anders an? Verankern Sie Ihre Erfahrungen. Zeichnen, singen, tanzen Sie oder machen Sie sich einige Notizen.

Diese Reise können Sie sooft Sie wollen wiederholen, um sich in Ihrem Selbstwert zu bestärken, gerade wenn dieser mal wieder im Keller unten liegt und Sie sich unwert und ungeliebt fühlen.

Einige Reisevorschläge zur Urkraft und dem Heilplatz der Venus

- Sie können Venus als Sternenwesen kennenlernen und ihr die drei Fragen stellen: Wer bist du für mich? Was tust du für mich? Was kann ich für dich tun?
- Lassen Sie sich von der Urkraft der Venus Ihre Ressourcen aufzeigen. Was ist Ihr persönlicher Schatz? Wo liegen Ihre (künstlerischen) Fertigkeiten? Welche Geschenke tragen Sie in sich, die Sie vergessen haben, die noch im Verborgenen liegen oder noch nicht richtig zur Entfaltung gekommen sind?
- Menschen, die im Zeichen des Stiers oder der Waage geboren sind, haben Venus als Zeichenherrscher. Die Sternenahnin Venus kann diesen Menschen tiefere Einsichten in ihre Ressourcen und Werte geben.
- Erforschen Sie die verschiedenen Attribute, die der Venus astrologisch zugeordnet werden.
- Sie können sich an den Ort führen lassen, an dem Sie sich in Ihrer schönsten Form begegnen.
- Stellen Sie sich Ihren Bedürfnissen nach Zuwendung und Liebe, am Heilplatz der Venus können Sie sich von ihr verwöhnen lassen.

Die verborgene Seite der Venus

Während ich an diesem Buch schrieb, stand Venus immer am Abendhimmel und schien mir, bei schönem Wetter und dem Einbruch der Nacht, in mein Arbeitszimmer. Oft betrachtete ich ihr wundervolles, hell funkelndes Licht. So schön und lieblich, wie sie mir am Abendhimmel ihr Licht schenkte, so schwer tat ich mich mit dem Schreiben über sie. Inzwischen wusste ich zwar, dass sich meine Vorstellungen von den Sternen nicht unbedingt mit denen der Sterne selbst deckten, und dass ich da jeweils einige Auseinandersetzungen auszufechten hatte. Während der Ausarbeitung meiner Texte über die Planeten setzten sie jeweils ihre eigenen Impulse. Sie ließen mir so lange keine Ruhe, bis ich auch die Bereiche bereist, erfahren, beleuchtet und zu Papier gebracht hatte, die ihnen selbst wichtig waren. Das führte mich oft in Bereiche, die mir im Zusammenhang mit den Sternen noch unbekannt waren und die außerhalb meines astrologischen Wissens lagen. Aber gerade diese Reisen und Auseinandersetzungen waren es, die mir zu einem tieferen Verständnis verhalfen und eine neue Leidenschaft für die Sterne in mir entfachten. Dieser Prozess war nicht immer leicht für mich. Er forderte mich heraus, die tief gehenden Sternenkraft-Erfahrungen in verständliche Worte zu übersetzen.

Venus war diesbezüglich eine besondere Herausforderung. Sie zog mich in ihre unbekannten oder vielleicht von uns einfach noch nicht erkannten oder auch verdrängten und abgewerteten Bereiche. Ihre Vielschichtigkeit fiel mir schon in der Auseinandersetzung mit ihrer Mythologie auf. Wir kennen ihre irdisch und praktisch bezogene Seite, die anpackt, genießt, verführt, lustvoll und naturverbunden ist. Und wir kennen ihre himmlische Seite, die in der Sehnsucht nach einer göttlichen Ergänzung lebt. Aber Venus hat noch eine andere Seite. Eine Seite, die sie mir erst nach einigen Reisen zu ihr offenbarte. Diese führt, wie mir scheint, zu ihrer stärksten Kraft und wahren Essenz. Es ist die magische Seite der Venus, eine Seite, die sie lange Zeit verborgen und damit vielleicht auch heil hielt.

Die magische Venus

Venus hält sich immer in der Nähe der Sonne auf. Sie kündigt als Abendstern die Nacht und als Morgenstern den Morgen an. Ihr Platz ist zwischen Licht und Dunkelheit, das macht sie zur Botin von Licht und Dunkelheit. Jenseits aller Wertung anerkennt Venus beide Seiten, die der Dunkelheit und die des Lichts, und vereint damit beides in sich. Sie hat nichts zu verbergen und funkelt in ihrem schönsten

Licht am Abend, die Nacht und die Dunkelheit ankündigend, oder am Morgen, den Tag und das Licht ankündigend. Sie kennt die Polarität und tanzt zwischen beiden Seiten. In diesem Tanz der Polaritäten liegt ihre wahre Kraft. Das ist eines ihrer Geheimnisse, das sie mir anvertraute. Ein kraftvolles Geheimnis, wie mir scheint.

Venus lehrte mich den Tanz dieser Polaritäten. Sie half mir, mich an die Dunkelheit in mir zu erinnern, und sie half mir, mich an mein Licht zu erinnern. Sie unterstützt mich, damit ich mich nicht an eine der beiden Seiten verliere, sondern zwischen Licht und Dunkelheit tanze. Sie erinnert mich daran, welche Bedeutung Luzifer ursprünglich hatte – er nämlich war der Lichtbringer. Christian Morgenstern würdigt diese Ursprünglichkeit in seinem Gedicht *Luzifer*:

Ich will mein Licht vor eurem Licht verschließen,
ich will euch nicht, ihr sollt mich nicht genießen,
bevor ich nicht ein Eigenlicht geworden.

So bring ich wohl das Böse zur Erscheinung,
als Geist der Sonderheit und der Verneinung,
doch neue Welt erschafft mein Geisterorden.

Aus Widerspruch zum unbeirrten Wesen,
aus Irrtum soll ein Götterstamm genesen,
der sich aus sich – und nicht aus euch – entscheidet.

Der nicht von Anbeginn in Wahrheit wandelt,
der sich die Wahrheit leidend erst erhandelt,
der sich die Wahrheit handelnd erst erleidet.

Auch das Pentagramm hat zwei Seiten. Auf zwei Spitzen stehend symbolisiert es den aufrecht stehenden Menschen in seiner Heiligkeit und seiner ursprünglichen Einheit mit Gott. Auf einer Spitze zur Erde stehend ist ein Widderkopf zu erkennen, der mit Luzifer in Verbindung gebracht wird. In dieser Form wird das Pentagramm auch Druden- oder Alfenfuß genannt. Dieser Name scheint von dem Glauben herzurühren, dass Druden, nächtliche Kobolde, einen Fußabdruck hinterlassen, der in etwa dem Pentagramm gleicht.

Die Reise zu unseren Makeln

Venus als Vermittlerin zwischen Dunkelheit und Licht führte mich, als ich mich während einer Selbstwertkrise an sie wandte, zu ihrem Heilplatz an einen See. Dort ließ sie mich, mit ihren Augen, in den See auf mich selbst blicken. Sie zeigte mir meine Gefühle des Unwertseins, meine Ecken und Kanten, meine vermeintlichen Fehler und Mängel aus ihrer Sicht. Was ich dort sah, sah weder fehlerhaft aus noch fühlte es sich so an. Oft war es einfach lustig, was ich zu sehen oder zu fühlen bekam. Manches, das ich spürte, machte mich betroffen oder rüttelte mich wach. Aber was und wie auch immer ich meine Mängel sah oder fühlte, es war die Kraft, die sich in Ursprünglichkeit zeigte, ohne Wertung.

Venus lehrte mich, wie heilsam es sein kann, die eigenen Makel und sogenannten negativen Seiten aus ihrer Sicht zu betrachten. Die Reise zu meinen Makeln half mir, einen Moment lang aus meiner Selbstbe- und -abwertung auszusteigen und lediglich die Kraft, die in den vermeintlichen Fehlern verborgen liegt, wahrzunehmen. Schon dies allein bewirkte bei mir ein neues Verständnis für mich und meine Makel. Das Geheimnis liegt im Betrachten und in der Annahme unserer Fehler und Schrägheiten.

Venus lädt Sie zu einer Versöhnungsreise mit sich selbst ein. Nehmen Sie für diese Reise ein konkretes Beispiel aus Ihrem Leben, einen Makel, unter dem Sie leiden, etwas, das Sie an sich selbst ablehnen oder hassen, das Sie als Fehler betrachten. Alle Selbstvorwürfe und jede Selbstkritik führt Sie zu einem solchen Thema.

Versöhnung mit sich selbst

- Bereiten Sie sich wie gewohnt auf die schamanische Reise vor.
- Formulieren Sie Ihre Absicht: »Ich will so schnell wie möglich zum Sternenwesen Venus gelangen und mich von ihr an ihren Heilplatz führen lassen. Dort will ich mit ihren Augen meine Makel anschauen.«
- Nun gehen Sie, begleitet von Trommelklängen, auf die Reise.
- Betrachten Sie am Ort angekommen Ihre vermeintlichen Fehler. Lassen Sie sich von Venus die Kraft Ihrer Makel zeigen. Lachen Sie mit ihr über Ihre Schwächen. Weinen Sie mit ihr. Fluchen Sie mit ihr und dann feiern Sie mit ihr zusammen Ihre

Schrägheit, Ihr einmaliges Sein. Denn ist es nicht gerade Ihr Anderssein, das Sie so liebenswert macht?

- Bitten Sie, sobald Sie bereit dafür sind, darum, dass am Heilplatz der Venus eine Wandlung bezüglich Ihres Selbstwertes geschehen darf. Spüren Sie der Veränderung in Ihnen nach.
- Lassen Sie sich zum Schluss noch ein Kraftbild von sich selbst geben. Venus soll Ihnen ein Bild in der schönsten Form Ihres Makels zeigen. Ein Bild, das Sie jederzeit im Alltag vor Ihrem inneren Auge abrufen können, sobald Sie wieder in Ihre gewohnte Selbstkritik verfallen.
- Wenn Sie sich bedankt und verabschiedet haben, kehren Sie in die alltägliche Wirklichkeit zurück. Lassen Sie die Reise noch ein wenig nachwirken.

Liebe, Lust und Leidenschaft

Venus, Göttin der Liebe und der Schönheit, wurde von Künstlern aller Zeiten in vielfältigster Weise dargestellt, gemalt, besungen und beschrieben. Botticellis Geburt der Venus ist wohl eine der bekanntesten Darstellungen. Nichts erregt und bewegt die Gemüter der Menschen mehr als die Liebe, und das seit Jahrtausenden. Haben uns Amors Pfeile einmal getroffen, fließt das süße Liebeselixier aus der Pfeilspitze in unsere Adern, und – schwups – blicken wir mit veränderter Wahrnehmung in die Welt. Nun hat Venus, die Liebesgöttin, ihren großen Auftritt. Sie lässt die tiefste Sehnsucht unserer Seele erwachen, unsere Herzen springen, unsere Körper flammen. Und sie inspiriert unseren Geist zu Höhenflügen. Auf den Schwingen der Liebe wachsen wir über uns selbst hinaus, alles scheint plötzlich möglich.

So leicht die Liebe unsere Herzen und Seelen tanzen lässt, so leicht geraten wir aber auch in die Fänge ihrer Liebesleiden. Tja, ob das immer so sein muss? Das war eine meiner ersten Fragen an das Sternenwesen Venus, und sie gab mir zu verstehen: »Liebe Eveline, der schönste, spannendste, lustigste, wertvollste und liebste Mensch, dem du in deinem Leben jemals begegnen wirst, bist du selbst. Liebe, Lust und Leidenschaft beginnen immer zuerst bei dir. Alle anderen Beziehungen spiegeln lediglich deine Beziehung zu dir selbst.« Das saß, jedenfalls bei mir, und ich musste es erst einmal verdauen.

Was haben Sie für eine Beziehung zu sich selbst? Pflegen Sie diese Beziehung zu sich selbst, wie Sie die Beziehung zu Ihren besten Freunden pflegen? Nehmen Sie sich Zeit, um Ihre Bedürfnisse zu erfüllen? Erst müssen Sie sozusagen den praktischen Teil der Stier-Venus erfüllen und eine Beziehung zu sich selbst herstellen, Ihre Ressourcen, Ihre Schönheit, Ihren Wert unabhängig von anderen Menschen in sich erkennen und anerkennen. Erst danach kommt auch die Waage-Venus zur Wirkung, nun können andere Ihren Wert erkennen und Sie sind offen für ein Gegenüber. Erst jetzt steht das Fundament für eine neue Beziehungsform, erst jetzt ist eine Beziehung in Freiheit möglich, eine, die nicht auf Besitzanspruch, Abhängigkeit, Defizit- und Bedürfniserfüllung beruht. Jetzt ist man einander nicht mehr Mutter- beziehungsweise Vaterersatz, sondern kann einander in bester Weise ergänzen.

Erst wenn wir unseren eigenen Wert erkannt und eine Beziehung zu uns selbst hergestellt haben, sind wir bereit für eine Beziehung, die in Freiheit und Achtsamkeit gelebt werden kann. Dann findet die Begegnung zweier Seelen statt, die sich treffen, um sich zu feiern, ihre Freude miteinander zu teilen und miteinander zu verschmelzen, ohne sich dabei zu verlieren. Denn jede Seele kennt ihre wahre Essenz.

Beziehungskiller

Die größten Beziehungskiller sind unsere Erwartungen und unsere Vorstellungen an und über unsere Partner. Wir erwarten vom anderen die Erfüllung unserer Wünsche. Wir erwarten, dass dies auf eine ganz bestimmte Art und Weise geschieht, die er oder sie uns möglichst von den Augen ablesen sollte. Wir haben eine bestimmte Vorstellung, wie unser Partner sein soll. Zugleich geben wir uns in umgekehrter Weise große Mühe, den Vorstellungen und Wünschen des Partners zu entsprechen.

Früh lernen wir, es anderen recht zu machen. Wir taten als Kind alles, um Mama und Papa zu gefallen. Und wir wussten bald, was sie an uns mögen und was nicht. Wir hatten keine andere Wahl, denn wir waren auf sie angewiesen. Später tun wir viel, um unserer Lehrerin, unserem Chef, unserem Liebsten zu gefallen. Wir tun dies, weil wir Beziehungswesen sind, weil wir geliebt werden wollen und vielleicht auch, weil wir keine anderen Verhaltensweisen kennen. So suchen wir ständig das große Glück, das durch den anderen, durch ein Du kommen soll. Die Enttäuschung ist damit schon vorprogrammiert.

Vielleicht stehen Sie an einem Punkt in Ihrem Leben, an dem Sie dieser ständigen Wiederholungen Ihrer Beziehungsmuster müde geworden sind. Beziehungen beginnen immer bei uns selbst. Was wir mit anderen Menschen erleben, ist lediglich Spiegel davon. Wenn wir schwierige Beziehungen in unserem Leben haben, heißt dass nicht unbedingt, dass wir auch eine schwierige Beziehung zu uns selbst haben, sondern lediglich, dass wir etwas über uns in Erfahrung bringen wollen. Hierzu eine kleine Übung, sie ist nicht neu, aber sehr effektiv. Ich habe damit viel über mich herausgefunden.

Du bist – ich bin

- Wählen Sie eine Person aus, über deren Beziehung zu Ihnen Sie mehr in Erfahrung wollen, mit der Sie Probleme haben, die Sie nervt oder mit der Sie das Zusammensein besonders schön finden. Es kann Ihr Partner, Ihr Arbeitgeber, Ihre Freundin, Ihr Arbeitskollege oder sonst wer sein.
- Formulieren Sie kurz, direkt und ohne Umschweife all Ihre Vorstellungen über ihn oder sie, Ihre Erwartungen und Ihre Hoffnungen, Ihre Vorwürfe, Ihren Ärger, Ihre Wünsche sowie Ihre einfachen Feststellungen über diese Person. Notieren Sie alles, was Ihnen zu dieser Person einfällt, in der Du-Form, als würde Sie es ihr direkt sagen.
- Schreiben Sie Ihre Notizen nun nochmals. Jetzt aber ersetzen Sie das Du durch ein Ich. Wenn Sie zum Beispiel geschrieben haben: »Du engst mich ein. Du bist eifersüchtig«, oder: »Das schönste Geschenk in meinem Leben ist die Begegnung mit dir«, heißt es nun: »Ich enge mich ein. Ich bin eifersüchtig«,

oder: »Das schönste Geschenk in meinem Leben ist die Begegnung mit mir.«
- Lassen Sie diese Umkehrung auf sich wirken. Spüren Sie der Kraft nach.

Diese Übung entfaltet ihre Kraft vor allem, wenn Sie sie nicht mit dem Kopf machen. Es geht nicht um Analyse und Verständnis durch den Verstand, sondern um das Spüren, Fühlen, Sein. Spüren Sie einfach nach, was mit Ihnen geschieht, wenn Sie sich die Umkehrungen laut sagen. Macht es Sie traurig, wütend, ratlos, freut es Sie? Wie reagiert Ihr Körper? Fühlen Sie eine Anspannung, einen Druck, eine Erleichterung? Nehmen Sie einfach wahr und machen Sie es wie Venus, werten Sie nicht. Bleiben Sie einfach mit der Stimmung, den Gefühlen und den Körperreaktionen verbunden und atmen Sie. Würdigen Sie sich, indem Sie einfach zulassen, was hochkommt. Begegnen Sie noch einmal Ihren Erfahrungen. Sagen Sie Hallo zu dem, was sich zeigt. Schicken Sie es nicht weg, verdrängen Sie es nicht. Diese Erfahrungen wollen lediglich von Ihnen ein letztes Mal gewürdigt und in die Arme genommen werden, sie wollen von Ihnen anerkannt werden, damit sie gehen können. Verbringen Sie einfach noch ein letztes Mal etwas Zeit mit diesen Gefühlen, Stimmungen, Körperreaktionen und lassen Sie alles, alles einfach durch sich hindurchfließen. Danken Sie Ihren Gefühlen und Stimmungen. Und dann lassen Sie sie weiterziehen. Atmen Sie sie aus, winken Sie ihnen noch ein letztes Mal nach.

Es bewirkt schon eine Heilung, wenn Sie dies alles »aushalten«, wenn Sie die Gefühle und Körperreaktionen einfach fließen lassen. Denken Sie nicht weiter darüber nach, sondern gehen Sie anschließend feiern. Der Verstand wird anfänglich rebellieren, geben Sie ihm eine Auszeit. Die Zusammenhänge werden Sie früher oder später auf eine ganz natürliche Art und Weise erkennen.

Manche Umkehrungen ergeben sofort einen Sinn, andere verstehen wir nicht, wie zum Beispiel: »Du bist Alkoholiker«, wird zu: »Ich bin Alkoholiker«, was aber vielleicht gar nicht den Tatsachen entspricht. Hier ist es sinnvoll, wenn Sie dem nachspüren, was den anderen zum Alkoholiker macht, zum Beispiel die Sehnsucht nach Entgrenzung, Abschalten oder das Flüchten aus der Realität.

Umkehrungen, die auch dann noch keinen Sinn ergeben, können Sie bereisen. Gehen Sie mit Ihrer Verwirrung zu Ihrer Sternenverbündeten Venus, mit der Absicht, mehr darüber herauszufinden, wie das entsprechende Thema mit Ihnen in Verbindung steht. Venus betrachtet mit Ihnen alles jenseits jeglicher Bewertung. Ihr Anliegen ist es, all die Aspekte Ihres Seins zu einer Gesamtheit zusammenfließen zu lassen, damit Sie mit Ihrem schönsten Licht in die Welt hinein funkeln können. Das bedeutet auch, einen Blick auf die Anliegen zu werfen, die Sie aus Ihrem Leben verbannt haben, weil sie unangenehm sind, Ihnen Angst machen oder wehtun. Aspekte unseres Selbst, die wir aus unserem Leben gedrängt haben, treffen wir sehr oft als Spiegel im Außen und in anderen Menschen an.

Mit dieser kleinen Umkehrübung wurde mir eines Tages klar, weshalb ich immer so freiheitsliebende und unabhängige Partner anzog. Sie spiegelten lediglich meine eigene Freiheitsliebe, die ich mir jedoch bis dahin nicht zugestand. Erst als ich das erkannte und begann, mir meine eigene Freiheit zu geben, erlebte ich die unabhängige Art meiner Partner nicht mehr als Verletzung. Geblieben ist, dass meine Partner Freigeister sind.

Beziehungsheilung beginnt immer bei uns selbst. Es gibt zahlreiche schamanische Techniken, die uns dabei unterstützen können, einige davon möchte ich hier kurz andeuten.

Die Kraft des Ausatmens

Atmen Sie Ihre traurigen, ohnmächtigen, wütenden, verletzten oder sehnsüchtigen Gefühle, die durch eine Partnerschaft ausgelöst wurden, aus. Atmen Sie Ihre Vorstellungen und Erwartungen, die Sie an einen Partner haben, aus. Atmen Sie aus mit der Absicht, das Gefühl, die Erwartung oder den Partner selbst aus jeder Ihrer Zellen in die Freiheit zu entlassen. Geben Sie Ihre Gefühle und Ihren Partner frei. Das, was wirklich zu Ihnen gehört, wird immer zu Ihnen zurückkehren, und oft in geläuterter Form.

Ein heiles Bild schenken

Reisen Sie zu Ihrer Venusverbündeten. Lassen Sie sich von ihr sich selbst in Ihrer schönsten Form zeigen. Dann bitten Sie sie, dass Sie Ihnen ein Bild von Ihrem Partner gibt, das ihn ebenfalls in seiner schönsten Form zeigt. Wann immer Sie nun im Alltag an ihn denken oder mit ihm in Kontakt kommen, schieben Sie das heile Bild, das Ihnen Venus geschenkt hat, wie einen Filter zwischen sich und ihn. Ein einfaches Ritual, das Wunder wirken kann. Es half mir schon in manch schwieriger Beziehungsauseinandersetzung, in der ich keinen Ausweg sah. Plötzliche Lösungen oder neue Verhandlungsmöglichkeiten erschienen, die vorher undenkbar waren.

Reise zur gemeinsamen Beziehungsseele

Reisen Sie zu Venus, Ihrer Sternenverbündeten, und lassen Sie sich von ihr Ihre gemeinsame Beziehungsseele zeigen. Fragen Sie nach der ursprünglichen Vereinbarung dieser Beziehung und ob die Zeit für eine neue Vereinbarung gekommen ist. Die ausführliche Anleitung zu diesem Ritual wurde schon in Kapitel *Die neue Vereinbarung mit den Sternenkräften* beschrieben.

Auflösung von Seelenverstrickungen

Wenn wir lieben, schenken wir uns gegenseitig Seelenkraft. Das geht so lange gut, wie wir uns lieben und zusammen sind. Wenn wir uns trennen, tragen wir oft noch Seelenkraft von unseren Partnern mit uns und der andere trägt noch einen Teil von unserer Kraft mit sich. Dies kann sich in unserem Leben zum Beispiel so auswirken, dass wir uns, obwohl wir schon längere Zeit getrennt sind, immer noch nicht frei und offen für eine neue Partnerschaft fühlen. Im Kapitel *Ausgeliehene Sonnenkraft* hatten wir beschrieben, wie Sie Ihre Seelenkraft zu sich zurückholen und damit eine bisherige Seelenverstrickung auflösen können. Das lässt sich so auch für eine alte Beziehung und mithilfe der Venus tun.

Die schamanische Kraft der Venus
Venuskraft harmonisiert und verbindet. Sie kennt den Tanz zwischen den Polaritäten. Als Botin zwischen Licht und Dunkelheit weiß sie den Weg, der über jegliche Wertung hinaus in die wahre Kraft führt. Sie lehrt uns, alle Aspekte unseres Seins ohne Wertung zu betrachten, auszugleichen, anzunehmen und zu einem Kunstwerk zusammenfließen zu lassen. Bis wir, gleich der Venus am Himmelsfirmament, das schönste Funkeln unseres Daseins zum Ausdruck bringen.

Ich habe keine besondere Begabung,
sondern bin nur leidenschaftlich neugierig.

Albert Einstein

Merkur – Vermittler zwischen den Welten

Hermes, wie Merkur in der griechischen Mythologie genannt wird, ist eine der schillerndsten Gestalten am Götterhimmel. Er ist überall dabei, wo sich etwas bewegt und verändert. Alles Flinke, Schnelle, Flexible und Wechselhafte wird ihm zugeordnet. Im Gegensatz zum Mond, der sich wie Wasser wandelt, verändert sich Merkur wie der Wind. So nimmt er ganz verschiedene Formen an, je nachdem, wo er sich befindet, und je nachdem, mit wem er zusammen ist. Merkur als wachsames, geistesgegenwärtiges und allzeit tätiges Prinzip ist der Meistbeschäftigte unter allen Göttern und Menschen. Er liebt es, dem Leben auf spielerische und humorvolle Art zu begegnen und sich selbst darin nicht allzu wichtig zu nehmen. So wie er schnell vom Morgenstern zum Abendstern wechselt, so tauscht er seine Rolle vom Trickser zum Propheten.

Mythologie: Merkur als Morgen- und als Abendstern

Auch Merkur ist ein innerer Planet, dessen Umlaufbahn zwischen Erde und Sonne verläuft. Gleich Venus steht Merkur immer in der Nähe der Sonne und ist entweder als Morgenstern oder Abendstern am Himmelsfirmament zu sehen. Man sieht Merkur jedoch weniger oft und weniger leuchtend als Venus, und auch immer nur für einige Stunden. Dies trug ihm den Namen Stundenstern ein. Merkur repräsentiert ein Gottesgeschenk an die Menschen: den Verstand.

Als Morgenstern weilt Merkur bei den Menschen auf der Erde. Sein Verbündeter ist der Tag. Sein Licht beleuchtet das Alltägliche und das Sichtbare. Seine Kraft ist nüchtern, logisch und vorwiegend aufs Praktische ausgerichtet.

Als Abendstern weilt Merkur bei den Göttern auf dem Olymp. Seine Verbündeten sind die Nacht, die Dunkelheit und die Träume.

Seine Interessen liegen im Erforschen des Göttlichen und des Unsichtbaren. Sein Blick geht über das Alltägliche hinaus und ist auf das große All-Eine gerichtet. Als Abendstern erweitert Merkur die Realität der Menschen.

Wie die Venus hat Merkur abnehmende und zunehmende Phasen, die wir mit bloßem Auge jedoch nicht wahrnehmen. Wenn er sich vom Abend- in den Morgenstern wandelt, taucht er ins Licht der Sonne ein. Das macht Merkur zum Mittler zwischen Himmel und Erde, Göttern und Menschen. Merkur ist der Götterbote, und wer zur Sonne will, kommt früher oder später an ihm vorbei. Alle Wege führen über Merkur. Er weiß immer einen Weg, denn er ist der Herr der Wege – auch der krummen Wege. Er ist der einzige unter den Göttern, der sich in allen drei Welten bewegen kann: Himmel, Erde und Hades (Unterwelt). Als Morgenstern begleitet er uns im Alltag, als Abendstern führt er uns in unsichtbare Welten, als Psychopompos oder Seelenbegleiter geleitet er die Seelen zum Eingang des Hades.

Merkur, der Götterbote

Merkur beziehungsweise Hermes wurde heimlich von Zeus und der Nymphe Maia gezeugt. Er war äußerst frühreif und schon bald zeichnete er sich durch Lebendigkeit, ein freies Leben in der Natur und seiner Freude an allerlei Streichen aus. Kurz nach der Geburt konnte er bereits sprechen, er entschlüpfte seinen Windeln und verließ das Haus. Dabei entdeckte Hermes eine Schildkröte und tötete sie. Über ihren Panzer spannte er Saiten und erfand so die Lyra, auf der er sogleich herrlich spielen konnte. Als Nächstes stahl er Apollon fünfzig Rinder und versteckte sie listig in einer Höhle. Zwei dieser Tiere opferte er den olympischen Göttern. Nur mit großer Mühe fand Apollon seine Tiere wieder, beschuldigte Hermes des Diebstahls und brachte ihn vor Zeus. Hermes leugnete alles ab. Der Göttervater konnte seinem jüngsten Sohn nicht richtig böse sein. Vielmehr lachte er von Herzen, wie Hermes so dastand, scheinheilig und standhaft alles abstritt. Trotzdem befahl ihm Zeus, die Rinder zurückzugeben. Hermes führte Apollon in die Höhle, wo dieser über die bereits geschlachteten und sauber gehäuteten Rinder staunte.

Wie konnte ein Neugeborener so etwas zustande bringen? Er fürchtete sich vor der Stärke dieses Säuglings und fesselte ihn vorsorglich. Doch Hermes löste seine Fesseln durch einen Zauber, holte die Lyra hervor, spielte darauf und sang zu Ehren der Götter und Apollons. Dieser wurde von der Musik so ergriffen, dass er seine Rinder gegen das Instrument tauschte. Hermes erfand auch noch eine Flöte, die Syrinx. Für dieses Musikinstrument gab Apollon seinen goldenen Zauberstab her. Dieser wurde Caduceus genannt und gab Hermes fortan die Macht, den Menschen Träume zu bringen, sie vom Wachen in den Schlafzustand zu führen und in verschiedene Welten zu begleiten.

Zeus war von der Schlauheit und vom Einfallsreichtum seines kleinen Sohnes so angetan, dass er ihn zum Zwölften der Götter ernannte und ihm den geflügelten Helm und die geflügelten Sandalen verlieh, die ihn mit der Geschwindigkeit des Windes überallhin trugen. Hermes wurde zum Boten ernannt, versprach für die Sicherheit des göttlichen Besitzes zu sorgen und nie mehr zu lügen. Allerdings konnte er nicht versprechen, immer die ganze Wahrheit zu sagen. Zeus übertrug ihm die Obhut über Verträge, die Förderung des Handels und Aufrechterhaltung des Wegerechts für alle Reisenden auf allen Straßen der Welt. Von Hades erhielt Hermes eine Tarnkappe, sodass er überall unsichtbar erscheinen konnte.

Hermes' Symbole sind der Heroldstab, die Flügelschuhe, die Flügelhaube und der Reisehut.

Bei den alten Griechen hatte dieser Sohn von Zeus zwei Namen: Wenn er als Morgenstern am Himmel stand, hieß er Apollon. Als Abendstern war er Hermes.

Apollon ist der Gott der Künste, insbesondere der Musik, der Dichtkunst, des Gesangs und der Weisheit. Er ist der Sohn des Zeus und der Leto, Zwillingsbruder von Artemis und wurde auf der schwimmenden Insel Delos geboren. Er ist ein wunderschöner Gott, athletisch und selbstbewusst, manchmal auch etwas arrogant und eingebildet, immer will er siegen. Er galt als Gott des Lichts und wurde oft mit Helios gleichgesetzt. Manchmal nannte man ihn den Gott der Heilkunst. Apollon konnte jedoch auch sehr böse werden, wenn jemand ihn reizte oder wenn es um seine Schwester Artemis ging.

Apollons Symbole sind der Lorbeer, die Lyra, der Delfin, der weiße Rabe, Pfeil und Bogen.

Hermes Trismegistos (griechisch: Hermes, der dreimal Größte) war der griechische Name des ägyptischen Gottes Thot, er wurde in der Spätantike mit Hermes gleichgesetzt und soll deshalb hier Erwähnung finden. Hermes Trismegistos galt bis zur frühen Neuzeit als Verfasser einer Reihe von philosophischen, astrologischen, magischen und alchemistischen Schriften, die aufgrund seiner Gleichsetzung mit Thot als Zeugnisse uralten Wissens geschätzt wurden.

Das Hexagramm – Symbol des Götterboten

Verbindet man die Begegnungspunkte von Merkur und Sonne in der oberen Konjunktion und die Begegnungspunkte der beiden in der unteren Konjunktion, erhält man jeweils ein Dreieck. Eines davon steht auf dem Kopf, das andere auf der Spitze. Fügt man die beiden ineinander, entsteht das Hexagramm. Dieses Zeichen wird seit der Antike in vielen Kulturen als Symbol des Schutzes benutzt. Bekannt ist es auch als Davidstern oder Siegel des Salomons.

Mythologisch gesehen symbolisiert dieser Stern das Hervorgehen des Mikrokosmos aus dem Makrokosmos. Ich fand aber auch Angaben darüber, dass das Hexagramm mit seinen ineinanderliegenden Dreiecken das Symbol des Sicht- und Unsichtbaren sei. In einer anderen Darstellung heißt es, dass das nach unten weisende Dreieck das Weibliche und das nach oben zeigende das Männliche sei.

Das Merkurprinzip in der Astrologie

Merkur ist auch in der Astrologie eine schillernde und facettenreiche Gestalt. Sein äußerst vielseitiges Wesen und seine Begabung, sich den Umständen und Formen anzupassen, machen es schwer, ihn wirklich zu fassen und auf etwas festzulegen. Aber gerade das Bewegliche, Flinke und Schnelle machen ihn ja aus. Er stellt Verbindungen aller Art her. Man trifft ihn an allen Schnittstellen, überall dort, wo vermittelt, gesprochen, geschrieben, gesungen, getauscht, bewegt, gehandelt, gelehrt, gereist, gesammelt und weitergeleitet wird. In der Astrologie werden ihm die Bereiche des Verstandes, des Lernens, der Kommunikation, der Sprache, des Reisens, des Handels und des Verkehrs zugeordnet.

Merkur ist vielseitig interessiert und neugierig. Gemäß seinem Naturell tanzt er gleichzeitig auf verschiedenen Hochzeiten. Nicht immer nimmt er es mit der Wahrheit so genau, ganz Sinne von »se non è vero è ben trovato« (wenn schon nicht wahr, dann gut erfunden). So taucht er morgens als Trickser auf, nur um uns dann am Abend als Philosoph zu erstaunen. Kaum meint man, man hätte Merkur erkannt und durchschaut, überrascht er mit neuen Ideen, Gedanken und Erkenntnissen.

Wie der Venus werden Merkur zwei Zeichen zugeordnet, Zwillinge und Jungfrau und 3. und 6. Haus. Die Zwillingsqualität des Merkurs drückt sich im Interesse am Alltag aus. Diese Merkurseite lässt sich von Theorien, Geschichten und Begegnungen faszinieren und liebt die Leichtigkeit, die Geselligkeit und das Spielerische. Tiefgang und das Hinterfragen der Dinge sind nicht seine Sache. Dies findet in der anderen Seite des Merkurs, in seiner Jungfrauqualität, Ausdruck. Hier richtet sich sein Interesse und Denken viel stärker darauf, den Dingen auf den Grund zu gehen, er nimmt alles auseinander. Erst, wenn jedes Einzelteilchen analysiert und erkannt wurde, wird es wieder zu einem Ganzen zusammengefügt. Die Erkenntnisse will Merkur dann ganz in Jungfrauqualität praktisch oder künstlerisch im Alltag umsetzen.

Wenn Merkur bei der Geburt als Morgenstern im Osten vor Sonnenaufgang am Himmel stand, sind Interesse und Denken des Menschen stärker auf das Alltagsleben ausgerichtet. Der Blick ist nüchtern, praktisch und verstandesorientiert.

Stand Merkur nach Sonnenuntergang im Westen am Abendhimmel, ist er der Abendstern. Hier sind Interesse und Denken stärker auf Mystisches, Künstlerisches und andere Wirklichkeiten ausgerichtet. Tiefe, philosophische Gedanken regen diese Menschen an, gern drücken sie sie auf künstlerische Art aus. Der Blick ist auf den Gesamtzusammenhang gerichtet, weniger auf das Detail. Inhalte sind wichtiger als äußere Form.

Stichworte zu Merkur
Verbindungen herstellen, Denken, Verstand, Kommunikation, Sprache, Vermittlung, Neugier, List, Orientierung, Lernfähigkeit, Wissenserwerb, Erfahrungen, Reisen, Bewegung, Verkehr, Handel; Mittler zwischen Himmel und Erde, Menschen und Göttern

Merkur ist weder ein männlicher noch ein weiblicher Planet, sondern gilt als neutral oder androgyn. Er nimmt stets die Färbung seiner Umgebung an.

Zwillingsqualität des Merkurs
Alltag, Theorien, Geschichten und Begegnungen, Leichtigkeit, Spiel

Jungfrauqualität des Merkurs
Tiefgang, Analyse, praktischer und künstlerischer Ausdruck

Merkur als Morgenstern
Tagesbewusstsein, alltagsorientiert, praktisch, nüchtern, das Denken ist logisch, der Linearität folgend und auf das Sichtbare konzentriert.

Merkur als Abendstern
Nachtbewusstsein, Wegbegleiter in andere Welten, Traumbegleiter, Psychopompos zwischen Leben und Tod

Merkur – beredt, bereist, bewegt

Merkur verbindet das Oben mit dem Unten, das Innen mit dem Außen, das Vordere mit dem Hinteren, den Himmel mit der Erde, die Struktur mit dem Formlosen, den Menschen mit dem Göttlichen. Seine Aufgabe als Götterbote ist es dabei nicht, sich mit dem Himmel oder der Erde, mit der Struktur oder dem Formlosen zu identifizieren, sondern zwischen beiden zu vermitteln.

Auf das Vermittelnde und Facettenreiche traf ich auch bei Merkur als Sternenwesen. Er begegnet mir auf meinen schamanischen Reisen in den verschiedensten Formen. Merkur als Nachtbegleiter weist mir auf meinen Reisen den Weg und träumt mit mir. Merkur als Tagesbegleiter ist in meinem Alltag zugegen. Er ist es, mit dem ich verhandle, wenn ich eine alltägliche Entscheidung zu treffen habe, den ich anfluche, wenn mich etwas im Leben nervt oder nicht klappt, oder den ich um Rat und Lösungen bitte, wenn ich irgendwo feststecke. Wenn man mich in Selbstgesprächen antrifft, was immer wieder mal passiert, dann rede ich meistens mit Merkur, meinem Tagesbegleiter. Merkur steht mir auch als mein Psychopompos-Verbündeter zur Seite, in Gestalt eines dunkelblauen Samt-Schatten-Wesens, das einen hell leuchtenden Kristall in seiner Brust trägt. Mit ihm zusammen begleite ich Menschen, die an der Schwelle stehen und sich vom Leben verabschieden, und verstorbene Seelen, die den Weg ins Licht noch nicht gefunden haben.

Die schamanische Reise zu Merkur

Ihre erste Reise zu Merkur sollte zu Ihrem Sternenwesen auf diesem Planeten gehen, damit Sie seine Urkraft erfahren können. Lassen Sie sich von Ihrem Sternenverbündeten überraschen, in welcher Form er sich Ihnen zeigt. Die Erfahrungen, die die Menschen auf ihrer Reise zu Merkur machen, könnten nicht verschiedener sein.

Die schamanische Reise zur Urkraft des Merkurs

- Schaffen Sie sich eine angenehme Atmosphäre im Raum und sorgen Sie dafür, dass Sie für eine Zeit ungestört bleiben. Nehmen Sie eine entspannte liegende oder sitzende Haltung ein.
- Formulieren Sie Ihre Absicht: »Ich will so schnell wie möglich zu Merkur gelangen, um dort seine ursprüngliche Kraft in Gestalt eines Geistwesens anzutreffen. Ich will mehr über die Urkraft des Merkur erfahren und darüber, wie sie mit mir in Verbindung steht.«
- Spielen Sie die Trommelmusik-CD *Shamanic Journey* von Michael Harner ab.
- Gehen Sie auf die Reise. Bitten Sie Ihr verbündetes Krafttier oder Ihren Lehrer, mitzukommen und Ihnen den Weg zu weisen. Öffnen Sie Ihr Körpertor und gehen Sie gleich von dort,

wo Sie sind, durch Ihre Haustür, das Dach oder das Fenster, hinein ins Universum zu Merkur.

- Sobald Sie spüren, dass Sie am Ort des Merkur angekommen sind, rufen Sie: »Merkur, zeigt dich mir! Zeig mir deine ursprüngliche Kraft und wie diese mit mir in Verbindung steht. Lass mich deine ursprüngliche Kraft erleben.«
- Wenn Ihnen Ihr Merkurverbündeter erscheint, können Sie ihn ausgiebig kennenlernen. Stellen Sie ihm auch die drei Fragen: Wer bist du für mich? Was tust du für mich? Was kann ich für dich tun?
- Wenn Sie genug erlebt und erfahren haben beziehungsweise wenn Sie vom veränderten Trommelrhythmus zurückgerufen werden, verabschieden Sie sich von Ihrem Sternenverbündeten, bedanken sich und kehren wieder in Ihren Körper und Ihre alltägliche Wirklichkeit zurück.
- Verbringen Sie nach der Reise noch ein wenig Zeit mit sich, um die Erfahrung nachwirken zu lassen. Spüren Sie in Ihren Körper hinein. Was hat sich verändert, was fühlt sich anders an? Vielleicht wollen Sie Ihre Erfahrungen auch zeichnen, singen, tanzen oder in Worten aufschreiben.

Sie können diese Reise so oft machen, wie Sie möchten. Lassen Sie sich auch zum Heilplatz Merkurs führen. Das Sternenwesen Merkur wurde für mich mit der Zeit zu einem Wegbegleiter in allen Welten und ist nun eigentlich ständig mit von der Partie, egal wo ich gerade bin, und wie ich mich gerade bewege, ob als physisches oder geistiges Wesen. In dieser Zusammenarbeit lehrte mich Merkur viel Praktisches.

Vorschläge für die schamanische Reise zur Merkurkraft

- Lernen Sie Merkur in seiner Urkraft und als Ihren Verbündeten kennen.
- Erforschen Sie die Attribute, die mit Merkur in astrologischen Zusammenhang stehen.

- Merkur ist ein ausgesprochen guter Lehrer, wenn es um Verbindungen geht. Wo immer Sie zwischen zwei Extremen stehen, die Sie stressen, können Sie das Thema zu Merkur tragen mit Ihrem tiefen Wunsch, eine Verbindung herzustellen.
- Wenn Sie einen Verbündeten wünschen, der Ihnen auch in der Alltagswirklichkeit zur Seite steht, könnte Merkur der richtige sein.
- Auch um die Welten der nichtalltäglichen Wirklichkeit zu erforschen wollen, bietet sich Merkur als Führer an.
- Merkur als Psychopompos.
- Wenden Sie sich an Merkur, wenn Sie Ideen aus der nichtalltäglichen Wirklichkeit mit Kraft aufladen wollen, damit sie sich dann in Ihrem Alltag manifestieren können.
- Wenn Sie im Zeichen Zwillinge oder Jungfrau geboren sind, dann ist Merkur Ihr Zeichenherrscher. Erforschen Sie in der Reise zur Merkurkraft zum Beispiel Ihre persönlichen Ausdrucks- und Gestaltungsmöglichkeiten.

Tages- und Nachtbewusstsein

Wir Menschen haben unser Tagesbewusstsein so konditioniert, dass wir hauptsächlich auf unsere Verstandestätigkeit fokussiert sind. Das Sternenwesen Merkur lehrte mich jedoch, dass unser Bewusstsein viel umfassender ist. Im Tagesbewusstseins-Modus hat sich unsere Wahrnehmung verdichtet und auf eine Form festgelegt, die stark in einer Struktur verankert und eingebunden ist. Das Denken ist kritisch-reflexiv ausgerichtet. Unsere ganze Welt ist hauptsächlich Ausdruck dieses Tagesbewusstseins. Wir richten und bündeln seit Jahrtausenden unsere Wünsche und Kräfte so stark auf diese Wirklichkeit aus, dass sie sich manifestierte und real wurde. Die Menschen träumten erst lange vom Fliegen, bevor das erste Flugzeug sich in die Lüfte erhob. Auch wir träumten uns so lange, bis wir uns zu physischen Wesen materialisiert haben. Nun sind wir hier, aus unserem Traum und aus dem Traum der Sterne geboren. Das Tagesbewusstsein ist in der Materie, in Verstand, Körper, Zeit und Raum, in der Linearität und im Sichtbaren verankert. Darin eingebunden liegt gleichsam seine Kraft, mit der wir sehr viel erschaffen und verwirklicht haben. Das Tagesbewusstsein haben wir gut entwickelt und der Verstand hat hier mit der Zeit eine prominente Stellung erhalten. Ich denke, Merkur als Morgenstern ist äußerst zufrieden mit uns.

Mein Sternenverbündeter Merkur zeigte mir, dass wir auch noch ein Nachtbewusstsein haben. Dieses ist freier, weder in Struktur noch Linearität eingebunden. Alle Sinne sind offen. Nichts ist fest, alles fließt, dehnt sich aus und verändert sich von Augenblick zu Augenblick. In unseren Träumen zum Beispiel sind wir weder an unsere Körper noch an Linearität oder die Gesetze von Zeit, Raum und Schwerkraft gebunden. Wir fliegen und verändern unsere eigene Gestalt, setzen uns über Zeit und Raum hinweg, sehen oder erleben uns im Kindes- oder Greisenalter, und wechseln von einem Traum in den nächsten.

Das Nachtbewusstsein ist die Welt des Träumens, der Ideen, der noch nicht manifestierten Potenziale. In dieser Welt sind wir Geistwesen und ewige Seele. Hier reisen wir zu den Sternen, in andere Universen und surfen zeit- und raumlos überallhin. Unser Bewusstsein unterliegt hier anderen Regeln, falls man das überhaupt so nennen kann, und ist nicht vom Verstand geleitet. Hier lenkt nicht das Denken, sondern unser Sein. Vielleicht ist es die Weisheit unserer Seele, die uns führt. Diese Bewusstseinsebene geriet in Vergessenheit, weil unser Augenmerk hauptsächlich auf das Tagesbewusstsein ausgerichtet war. Nicht, dass das schlecht wäre, es ist einfach so und wir machen unsere Erfahrungen damit.

Das Tagesbewusstsein haben wir bis aufs Äußerste perfektioniert. So sehr, dass wir uns in unseren selbst angefertigten Strukturen, Regeln und Manifestationen verfangen haben und daraus kaum mehr entkommen können. Jetzt ist die Zeit reif, dass wir uns um unser Nachtbewusstsein kümmern. Merkur als Abendstern beginnt sich sonst noch zu langweilen, und wer weiß, mit welchen Tricks er uns dann für seine Sache zu interessieren versucht. Dabei geht es nicht darum, dass wir dem Tagesbewusstsein nun völlig den Rücken kehren oder gar ablehnend gegenübertreten, um uns nur noch in anderen Welten zu tummeln. Schließlich sind wir auch physische Wesen mit Bedürfnissen, die gelebt werden wollen. Es geht aber auch nicht darum, sich weiterhin vor anderen Bewusstseinsebenen zu verschließen. Vielmehr sollte uns die Verbindung von Tages- und Nachtbewusstsein wichtig werden. Wir sollten uns aus dem fokussierten Zustand des Tagesbewusstseins heraus- in die Unendlichkeit des Nachtbewusstseins hineinbewegen, was nicht ganz einfach ist. Denn das Tagesbewusstsein hält uns fest im Griff. Allem voran geht hier der Verstand, der Ihnen mit Sicherheit sagen wird: »Das ist doch alles Blödsinn.« Und wirklich, für ihn ist es völliger Blödsinn, denn wie gesagt, das Nachtbewusstsein ist eine Ebene, in der es kein Verstehen im Sinne unseres Verstandes gibt.

Raus aus der gewohnten Spur

Jedes Mal, wenn ich zum Beispiel während des Schreibens einen Durchhänger habe, mich im Kreis drehe, weil ich für meine Erlebnisse nicht annähernd die passenden Worte finde, lege ich mich einen Moment lang hin. Und zwar auf zwei, in eine Socke gestopfte Tennisbälle, die ich so platziere, dass ich mit dem Kopf darauf liege. Ich atme tief in meinen Bauch, fokussiere meine Absicht, zum Beispiel das Weiterkommen in meinem Text, und lasse dann geschehen, was geschehen will.

Damit entspanne ich mich in kürzester Zeit, und zwar so, dass ich nicht mehr denke, aber auch nicht schlafe. Ich weiß nicht wirklich, wo ich während dieser Zeit bin, da mein denkendes Bewusstsein keinen Zugang zu diesem Bereich hat. Meistens kehre ich schnell, fast abrupt aus diesem Zustand zurück – mit einem Satz oder einer Idee, wie ich meinen Text weiterverfolgen kann, oder einfach mit einem Wohlgefühl. Manchmal kehre ich zurück, weil ich spüre, wie mein Mund zu lächeln beginnt. Durch diese Muskelbewegung beginne ich, mich wieder denkend wahrzunehmen. Was ich dabei gerade gesehen oder erlebt habe, weiß ich nicht. Ich weiß nur, dass es sich sehr gut anfühlt und mich glücklich macht. Wieder zurück, fühle ich mich erholt und setze meine Arbeit mit dem neu erhaltenen Impuls fort.

Die Quintessenz dieser Erfahrung ist: Die Lösungen liegen außerhalb von unserem denkenden Bewusstsein. Sie kennen das mit Sicherheit: Seit Tagen grübeln Sie einer Frage nach, und plötzlich, beim Zähneputzen, Duschen oder während Sie gedankenverloren einem Kind beim Spielen zusehen, ist plötzlich die Antwort da. Sobald wir uns nicht mehr darauf fokussieren und konzentrieren und nicht mehr unbedingt eine Lösung oder Antwort erzwingen wollen, sondern unser Bewusstsein ausdehnen, kann die Antwort zu uns kommen.

Das Nachtbewusstsein erforschen

Wir versuchen meistens, die Probleme unseres Lebens über den Verstand zu lösen. Aber dieser ist damit eigentlich völlig überfordert. Denn die Aufgabe des Verstandes ist, vereinfacht ausgedrückt, zu vermitteln und Zusammenhänge zu erkennen. Der Verstand leistet uns sehr gute Dienste dabei. Durch ihn wissen wir, wie man einen Schlüssel in ein Schlüsselloch steckt, einen Computer bedient und ein Auto fährt. Der Verstand hortet Wissen, Erinnerungen und Erfahrungen, und setzt sie zueinander in sinnvolle Zusammenhänge. Aber nicht der Verstand selbst ist es, der Neues kreiert und der Lösungen hervorbringt. Er stellt lediglich die Verbindungen her, die nötig sind, damit wir neue Kreationen und Lösungen finden und erkennen.

Was wir aber meistens machen: Wir beauftragen den Verstand, die Lösung zu finden. Doch wenn Sie ein Problem haben, für das es scheinbar keine praktische Lösung gibt, nützt alles Darüber-Nachdenken herzlich wenig. Tun wir es trotzdem, kreisen unsere Gedanken ständig um das Thema herum, was uns viel Energie und Nerven kostet. Manchmal treiben wir es so weit, bis der Verstand völlig überlastet ist und unsere Batterien völlig leer sind.

Ich lade Sie auf eine Reise zu Ihrem Nachtbewusstsein ein. Tragen Sie ein Thema aus Ihrem Leben in diese Form des Bewusstseins hinein, um dort neue Kräfte zu finden, die Sie in Ihrem Alltag nutzen können. Geeignet sind alle Themen, in denen Sie mit Ihrem Tagesbewusstsein nicht weiterkommen. Wählen Sie ein Thema aus Ihrem Leben, für das Sie, trotz vieler Bemühungen, keine Lösungen und Antworten gefunden haben, oder eines, bei dem Sie das Gefühl haben festzustecken sich dringend Inspiration, Ideen oder Einsichten wünschen. Sie haben vielleicht den Wunsch nach einem neuen Haus zum Wohnen, wissen aber nicht, wie sich das konkret umsetzen lässt, weil die Umstände in Ihrem Leben einen Hauswechsel scheinbar nicht zulassen. Ihr Tagesbewusstsein, Ihr kritisches Denken sagt: Unmöglich, es fehlen die Mittel, die Zeit oder was auch immer. Oder Sie haben eine Idee, aber Sie wissen nicht, wie Sie diese umsetzen sollen. Es fehlt an konkreten Gestaltungsmöglichkeiten, Kontakten oder materiellen Mitteln. Oder Sie sitzen in einer Situation fest, in der Sie weder vorwärts noch rückwärts gehen können. Sie sehen keine Lösung und keine Weg, der hier herausführt. Wählen Sie einen solchen Fall für die folgende Reise.

Reise ins Nachtbewusstsein

- Verbinden Sie sich vor Ihrer schamanischen Reise nochmals mit Ihrem Anliegen, indem Sie den Ist-Zustand einatmen. Geben Sie alles in den Atem hinein. Atmen Sie Ihre Probleme, Ihre Ängste, Ihre Hoffnungslosigkeit, Ihre Resignation über den Ist-Zustand ein. Tun Sie das eine Zeit lang. Halten Sie es aus, auch wenn es unangenehm ist.
- Formulieren Sie nun Ihre Absicht so, dass sie das Endziel beinhaltet, ohne schon konkrete Angaben über das Wie, Wann und Wo zu machen.
- Gehen Sie auf die Reise zu Merkur. Lassen Sie sich von Ihrem Sternenverbündeten zu seinem Heilplatz führen. Dort angekommen, atmen Sie noch eine Weile Ihr Thema ein. Erzählen Sie dem Sternenwesen Merkur nochmals kurz Ihr Anliegen. Sagen Sie ihm, was Ihnen zur Verwirklichung Ihres Wunsches fehlt, was Sie verwirrt, verunsichert und wie sehr Sie darüber schon resigniert sind. Verlieren Sie sich nicht in diesen Gefühlen, sondern betrachten Sie sie. Nehmen Sie sie als eine Art Treibstoff für Ihren Verbündeten, der sich mit dieser Kraft für Ihr Anliegen einsetzen kann. Hinter Ihrem Frust, Ihrer Trauer, Ihrer Hoffnungslosigkeit, Ihrer Wut ist reine Kraft, die Sie und Ihr Sternenverbündeter nutzen können, um Veränderungen zu bewirken. Starke Gefühle sind letztlich immer auch Kraft.
- Geben Sie sich nun Ihrem Heilgefühl und Heilgedanken hin. Was ist Ihre Absicht und Ihr Wunsch? Ein neues Haus zu finden oder eine Idee in diese Wirklichkeit hineinzugestalten oder einen Weg aus einer Misere zu finden? Betrachten Sie sich, wie Sie aussehen, wenn Sie im neuen Haus sind, Ihre Ideen in der Welt gestaltet wurden, sich plötzlich Ihre Probleme gelöst haben, in denen Sie sich verstrickt hatten. Sehen Sie sich nicht das Haus an, nicht *wie* Sie Ihre Idee umsetzen, erwarten Sie auch keine Lösungsstrategie aus Ihren Problemen heraus.

Sondern sehen und spüren Sie einfach, wie Sie aussehen. Von welchen Farben, Düften, Blumen, Tieren sind Sie umgeben? Wie stehen Sie da? Welche Kleidung tragen Sie? Wie ist Ihr Haar frisiert? Verweilen Sie einen Moment lang in diesem Heilbild von sich und geben Sie dabei all Ihre Vorstellungen wie, wann und wo Ihr Wunsch in Erfüllung geht, frei. Lassen Sie Ihrem Bewusstsein freien Lauf, dehnen Sie es aus.

- Ihr Sternenverbündeter des Merkur wird Sie nun in den Nachtbereich Ihres Bewusstseins führen. In diesem Bereich gibt es kein kritisch-reflexives Bewusstsein. Es gibt dort nichts zu denken, nichts zu analysieren und auch nichts, worauf Sie sich konkret beziehen müssen. Dort sind Sie reines Seelenwesen. Merkur führt Sie in den Bereich der Ideen, der Potenziale, der Lösungen oder der Gestaltungsmöglichkeiten. Sie müssen nicht wissen, welcher dieser Bereiche für Sie der richtige ist. Überlassen Sie es Merkur, dem Abendsternwesen, das sich bestens in allen Welten auskennt. Er wird die richtige Wahl treffen.
- Kehren Sie spätestens mit dem Rückholsignal der Trommel-CD zurück. Spüren Sie der Wirkung der Reise in Ihrem Körper nach. Welche Gefühle, welche Gestimmtheit, welche Gedanken sind jetzt da? Welche Sinne sind besonders angeregt worden?

Eine der Herausforderungen stellt sich Ihnen nach der Reise in Ihrem Alltag. Konkrete Vorstellungen, wie, wann und wo Ihr Wunsch in Erfüllung gehen sollte, schränken auch jetzt die Möglichkeiten ein, die Ihnen Merkur eröffnen kann. Öffnen Sie sich für die Wunder in Ihrem Alltag und überlassen Sie es Merkur, dem Morgenstern, wie er die Dinge in Ihrem Leben ins Rollen bringt. Staunen Sie, was Ihnen widerfährt. Seien Sie neugierig wie ein Kind. Und wenn etwas an Ihre Tür klopft und Sie beim Öffnen nicht das vorfinden, was Sie sich vorgestellt haben, knallen Sie nicht wutentbrannt die Tür zu. Erinnern Sie sich daran, dass die Dinge auf andere Art zu Ihnen kommen, als Sie es sich vorstellen. Merkur wirkt als Morgenstern in Ihrem Alltagsleben, indem er vermittelt, Sie an Orte, zu Büchern, zu Worten, zu Bildern, zu Menschen und in Erfahrungen führt, die genau passend sind. Seien Sie offen dafür. Es wird nicht Merkur selbst sein, der

Ihnen die Lösung einflüstert, sondern das Leben selbst, wenn sie offen dafür sind.

Das schamanische Reisen hilft uns, uns mit anderen Seinsebenen wie der des Nachtbewusstseins anzufreunden. Das Sternenwesen Merkur ist der beste Reiseführer dafür – und es gibt noch viele Bereiche zu erforschen. Das hilft uns auch dann noch, wenn wir unseren Körper der Erde zurückgeben und die Welt der Materie verlassen, um in die Welt unserer ewigen Seele zurückzukehren. So können Sie Merkur auch als Psychopompos bereisen und kennenlernen. Stellen Sie sich einmal vor, Sie kennen Ihren Seelenbegleiter schon jetzt, der Sie einmal auf Ihrem Weg ins Licht begleiten wird, nachdem Sie die irdischen Bereiche verlassen haben. Eine schöne, heilsame Vorstellung, nicht?

Die schamanische Kraft des Merkur

- Die schamanische Kraft des Merkur vermittelt, bewegt und verbindet. Er weist Ihnen, egal wo Sie gerade sind, als physisches oder spirituelles Wesen den Weg. Seine Kraft ist immer zu Ihrer Unterstützung da, wenn Sie an einer Schwelle, an einem Übergang in Ihrem Leben stehen. Er hilft Ihnen, die Ebenen leicht zu wechseln und verschiedene Seinszustände miteinander zu verbinden.
- Im Alltag steht Ihnen der Morgenstern Merkur als persönlicher Assistent zur Verfügung. Als Abendstern führt er Sie in das grenzenlose Sein und schaut, dass Sie darin nicht verloren gehen. Als Psychopompos kann er Ihnen mehr über das Sterben und das Sein nach dem Tod erzählen. Er kann Ihnen auch bei Ihrer Wandlung vom physischen zum geistigen Wesen, dem Übergang ins Licht, begleitend zur Seite stehen.
- Merkur lehrte mich jedoch noch etwas anderes: die humorvolle Seite im Leben. Er zeigte mir mit seiner leichten, witzigen, übermütigen und manchmal auch etwas listigen Art, dass ein spirituelles Leben Spaß machen kann und nicht nur auf »heiligen Idealen« beruht. Er verbindet den Himmel mit der Erde, das Weite mit der Enge, das Profane mit dem Göttlichen, er ist sich dafür nicht zu schade. Damit half er mir, mich vor allem auch in meinen zutiefst menschlichen Qualitäten zu lieben und anzunehmen.

Fülle

Genug ist nicht genug! Gepriesen werde
Der Herbst! Kein Ast, der seiner Frucht entbehrte!
Tief beugt sich mancher allzu reich beschwerte,
Der Apfel fällt mit dumpfem Laut zur Erde.

Genug ist nicht genug! Es lacht im Laube!
Die saftge Pfirsche winkt dem durst´gen Munde!
Die trunknen Wespen summen in die Runde:
»Genug ist nicht genug!« um eine Traube.

Genug ist nicht genug! Mit vollen Zügen
Schlürft Dichtergeist am Borne des Genusses,
Das Herz, auch es bedarf des Überflusses,
Genug kann nie und nimmermehr genügen.

Conrad Ferdinand Meyer

Jupiter – Fülle und Erfüllung

Mythologie: Jupiter, Vater der Götter und der Menschen

Rhea (Göttin des Fließens) und Kronos sind die Eltern von Poseidon, Hades, Hestia, Demeter, Hera und Zeus (römisch dann Jupiter). Da Kronos, der einst seinen Vater Uranos entthronte, befürchtete, dieses Schicksal könnte auch ihn ereilen, verschlang er all seine Kinder gleich nach der Geburt. Als Rhea mit Zeus schwanger war, bat sie Uranos und Gaia um Hilfe für ihr Kind. Diese sorgten dafür, dass Zeus in einer Höhle bei Lyktos geboren und von den Kureten aufgezogen wurde, genährt mit der Milch der Ziege Amaltheia. Um Kronos in Sicherheit zu wiegen, gab ihm Rhea an Stelle von Zeus einen in Windeln gewickelten Stein.

Als Zeus zum Mann herangewachsen war, beschloss er, seinen tyrannischen Vater zu stürzen. Er umwarb die kluge Titanin Metis, die Kronos ein Brechmittel ins Getränk schüttete. Daraufhin würgte Kronos seine verschlungenen Kinder und den Stein aus sich heraus. Der Stein wurde später von Zeus selbst nach Delphi gebracht, wo er als Omphalos, Mittelpunkt der Erde, verehrt wurde.

Mit der Hilfe seiner Brüder Hades und Poseidon und der Kyklopen stürzte Zeus Kronos. Es folgte ein Kampf zwischen den Titanen und den Brüdern, bis diese siegten. Kronos und die Titanen wurden in den Abgrund des Tartaros verbannt. Die drei Götterbrüder beschlossen, das Universum unter sich aufzuteilen. Zeus bekam den Himmel, Poseidon das Meer und Hades die Unterwelt. Der Olymp und die Erde galten als gemeinsamer Besitz. Zeus ist seither unbestrittener Herrscher über Götter und Menschen.

Er heiratete seine Schwester Hera und hatte mehrere Kinder mit ihr. Dies hielt ihn jedoch nicht davon ab, zahlreiche Liebschaften mit verschiedenen Göttinnen und Menschenfrauen zu pflegen. Zum Zwecke der Verführung nahm Zeus oft eine andere Gestalt an. Aus den Liebschaften gingen zahlreiche Kinder hervor. Die Affären waren jedoch nie von langer Dauer, dafür sorgte Hera mit ihrer maßlosen Eifersucht.

Zeus griff als Vater und Lenker der Götter und Menschen in ihr Leben und Treiben ein. Er verteilte alles, Gutes und Böses, nach seinem Ermessen und beschirmte die Ordnung des Staates, des Rechts und des Gesetzes. Sein Wirken erstreckte sich nicht nur über fast alle Bereiche des menschlichen Lebens, sondern auch über die ganze Natur. So war er auch Lenker und Erhalter des Weltalls. Er ordnete den Wechsel von Tag und Nacht und den der Jahreszeiten. Er sammelte und verteilte Wolken, ließ Winde aufkommen und Regen auf die Felder strömen. Von den griechischen Stämmen wurde Zeus als höchste Gottheit verehrt und mit größter Macht und Gewalt belegt. Könige erhielten von ihm ihre Autorität.

Zeus' beziehungsweise Jupiters Zeichen sind der Thron, das Zepter, der Adler, der Blitz, die Eiche und der Schild.

Das Jupiterprinzip in der Astrologie

Astrologisch wird Jupiter dem Zeichen Schütze, dem 9. Haus und nach der klassischen Astrologie dem Zeichen Fische und dem 12. Haus zugeordnet. Nicht nur mythologisch, auch astrologisch hat Jupiter eine prominente Stellung. Als Glücksplanet und Erfolgsbringer steht er unter anderem für Fülle, Reichtum und Expansion. Jupiters Kraft lässt uns über den Sinn des Lebens nachdenken und die Dinge in einem größeren Zusammenhang erkennen. Er macht uns neugierig für alles, was uns fremd ist, bringt Erkenntnisse und Wissen, die uns neue Perspektiven eröffnen. Jupiter fördert, entwickelt und ist unermüdlich daran interessiert, unseren Blickwinkel zu erweitern. Seine Kraft gibt unserem Leben Auftrieb, nährt uns mit Zuversicht, Vertrauen und Hoffnung.

Stichworte zu Jupiter
Fülle, Expansion, Entfaltung, Weiterentwicklung, entwicklungsfähiges Potenzial, Fortschritt, Erkenntnisfähigkeit, Vertrauen, Optimismus, Sinn, Würde, Glück, Reichtum, Großzügigkeit, Erfolg, Weisheit, Hoffnung, Gerechtigkeit

Ausdehnung und Erkenntnis

Auf einer schamanischen Reise zu Jupiters Urkraft begegnete ich ihm in Form einer farbenfrohen, beweglichen Gaskugel. Auf meine Frage, was er für mich tut, lud mich Jupiter ein, in diese Gaskugel einzutreten. Sobald ich in diesem gasigen Sphärenraum war, sah ich ein Licht, das ständig in Bewegung war und tanzend Lichtfunken und Lichtfäden nach allen Seiten versprühte. Es kam auf mich zu und sog mich in sich auf. Ich spürte, wie ich ganz weit wurde, wie alles, was um mich herum war, einfach durch mich hindurchfloss. Meine Gedanken flossen, meine Gefühle flossen, sogar mein Körper schien ein einziges Fließen zu sein. Ich tanzte mit allen Farben und mit allen Lichtern, die kamen und gingen. Nach dieser Reise fühlte ich mich prächtig und erfrischt, als hätte der Wind jeden Winkel meiner Hirnwindungen durchgeblasen und das Wasser jede Versteifung meines Körpers weggespült.

Auf meinen Reisen zum Sternenwesen Jupiter erlebe ich dieses Phänomen immer wieder. Er ist für mich ein Verbündeter geworden, der mir neue Räume eröffnet, in denen ich über meine körperliche und mentale Begrenzung hinaus gelangen kann, hinein in andere Seinsebenen, in denen ich mich auf eine erweiterte Art erfahren und erleben kann.

Möglicherweise übernimmt das Sternenwesen Jupiter bei Ihnen eine ähnliche Aufgabe, aber vielleicht hat er für Sie eine völlig andere Bedeutung. Auf Ihrer ersten Reise zur Urkraft von Jupiter können Sie es erforschen.

Die schamanische Reise zur Urkraft von Jupiter

- Schaffen Sie sich eine angenehme Atmosphäre im Raum und sorgen Sie dafür, dass Sie für eine Zeit ungestört bleiben. Nehmen Sie eine entspannte liegende oder sitzende Haltung ein.
- Formulieren Sie Ihre Absicht, zu Jupiter reisen zu wollen, um seine Urkraft in Gestalt eines Verbündeten kennenzulernen.
- Spielen Sie die Trommelmusik-CD *Shamanic Journey* von Michael Harner ab und gehen Sie auf die Reise.
- Sobald Sie spüren, dass Sie am Ort des Jupiter angekommen sind, rufen Sie nach Ihrem Verbündeten. Wenn er sich Ihnen zeigt, erspüren Sie seine Kraft. Sie können auch die drei Fragen stellen: Wer bist du für mich? Was tust du für mich? Was kann ich für dich tun?
- Wenn Sie genug erlebt und erfahren haben beziehungsweise wenn Sie vom veränderten Trommelrhythmus zurückgerufen werden, verabschieden Sie sich von Ihrem Verbündeten des Jupiter, bedanken sich und kehren wieder in Ihren Körper und Ihre alltägliche Wirklichkeit zurück.
- Verbringen Sie nach der Reise noch ein wenig Zeit mit sich, um die Erfahrung nachwirken zu lassen. Vielleicht wollen Sie Ihre Erfahrungen zeichnen, singen, tanzen oder in Worten aufschreiben.

Manchmal müssen wir uns erst damit anfreunden, unsere körperliche Struktur und Festigkeit zu erweitern. Nicht immer ist es einfach, aus der Sicherheit der Struktur herauszutreten und der eigenen Freiheit und Größe zu begegnen. Und so setzen wir alles daran, uns in der Festigkeit und Begrenzung des Physischen zu halten. Falls es Ihnen Mühe macht, sich der Freiheit der Grenzenlosigkeit Ihrer Seele hinzugeben, lassen Sie sich von Jupiter in seine Räume der Ausdehnung und Erkenntnis führen, indem Sie zu seinem Heilplatz reisen, wie wir es auch für die anderen Sterne beschrieben haben.

Jupiter hat sich auf meinen schamanischen Reisen als perfekter Lehrer für solche Ausdehnungserfahrungen gezeigt. Lassen Sie sich von ihm einweihen, wie es ist, sich eine schamanische Reise lang als freies Seelenwesen zu fühlen, zwar im Körper verankert, aber in der

Seele grenzenlos. Dr. Jürg Reinhard sagt in seinem Buch *Heilung aus dem Kosmos*: »Der menschliche Körper ist irdischer Herkunft, aber die Seele hat ihre Heimat in den Sternen. Jede Nacht reist die Seele zu den Sternen, verbindet sich mit ihnen und macht die Sternenereignisse ohne unser Bewusstsein mit.« Unsere Seele ist grenzenlos. Träumend und schamanisch reisend erleben wir immer wieder diese Grenzenlosigkeit unserer Seele.

Wir können zu Jupiter auch mit einem Anliegen reisen, das Inspirierung braucht oder für das wir neue Erkenntnisse und Einsichten finden wollen. Lösungen tauchen oft dann auf, wenn wir es wagen, den bisherigen Standpunkt zu verlassen. Das Sternenwesen Jupiter lädt uns an Orte ein, an denen wir unsere Anliegen aus einer erweiterten Sichtweise betrachten können.

Mein Anliegen, das ich näher erforschen wollte, war das der Fülle. Sie wird Jupiter in der Astrologie zugeschrieben wird und scheint uns Menschen heute oft zu fehlen.

Fülle und Erfüllung

Ein Freund sagte zu mir: Fülle sei der natürliche Zustand des menschlichen Daseins, er habe sie zum Grundgefühl seines Lebens gemacht. Diese Aussage regte mich zu einer tiefgründigeren Auseinandersetzung mit der Fülle an. Vor allem weil uns das Thema Fülle neben denen von Beziehung und Gesundheit wohl am meisten beschäftigt (wir waren ja auch schon im Einführungskapitel zum Thema *Eine neue Vereinbarung treffen* darauf eingegangen). Zudem ist dieser Freund mit seiner Einstellung äußerst erfolgreich. Er zieht die Fülle geradezu an. Aber noch etwas stellte ich in seinem Umgang mit der natürlichen Fülle fest: Er lässt die Fülle fließen, er friert sie nicht ein, hält sie nicht fest. Dies alles fand ich umso bemerkenswerter, da er nicht gerade in Familienverhältnissen aufgewachsen war, die ihn mit Fülle und Vertrauen übermäßig überschütteten. Das machte die Sache für mich noch interessanter. Dieser Freund hatte es geschafft, die Fülle zu leben, trotz anderer Erfahrungen in seiner Jugend. Mein Forschergeist war geweckt, und wer anderes als Jupiter, Experte in Sachen Fülle und Vertrauen, bot sich besser an, dem mit mir gemeinsam nachzugehen?

Ich wollte vom Sternenwesen Jupiter mehr über die Fülle erfahren und wissen, weshalb sie Mangelware in unserem Leben zu sein scheint. Außerdem wollte ich mehr über die Kraft der Fülle in meinem Leben erfahren.

Meine Reise zum Sternenwesen Jupiter

Jupiter zeigte mir ein Prisma, auf das Licht gerichtet war, das sich in seine Spektralfarben aufteilte. Mehr zeigte er mir nicht. Obwohl ich ihn drängte und aufforderte, mehr zu offenbaren, blieb er hartnäckig bei diesem einen Bild. Ich betrachtete es lange Zeit, folgte den einzelnen Farben und verstand wieder einmal überhaupt nicht, was mir das Sternenwesen damit sagen wollte. Nach einer Weile ging ich weiter, im Wissen, dass sich das Verstehen und die Erkenntnis über diese Erfahrungen irgendwann später schon einstellen werden. Ich ging zu meinem anderen Anliegen über: Wie drücke ich die Kraft der Fülle in meinem Leben aus? Ich spürte unmittelbar einen gewaltigen Druck auf mir lasten. Ein Gefühl, das ich gut kenne und das sich bei Stress, bei großen Erwartungen an mich selbst oft einstellt. Dieses Gefühl katapultierte mich sofort aus der jupiterischen Gaskugel, von der ich eingangs berichtete, heraus.

Etwas irritiert und ratlos schaute ich auf die Bilder und die Erfahrungen, die mir Jupiter als Verbündeter vermittelt hatte. Ich verweilte in den Gefühlen, die diese in mir auslösten. Da erkannte ich, dass ich zu dieser Zeit die Kraft der Fülle in Form von Druck lebte. Fülle sei überall und immer zu finden, so hört man immer wieder. Wieso leben dann so viele Menschen im Mangel? Mit meiner Reise wurde mir bewusst, dass auch ich die Fülle lebte – in Form von Druck. Denn davon habe ich eine große Menge, eben eine Fülle. Fülle bedeutet eigentlich ja nur »viel« von etwas. Aber was dieses Etwas ist, sagt die Fülle nicht. Eine Fülle an Gefühlen bedeutet ja auch nicht unweigerlich viele schöne Gefühle, oder? Wir erleben die Fülle auch in einem Übermaß an Wut, Dramen und Streit. Auch das ist Fülle, nur nennen wir es nicht so. Wir können die Fülle auch in Form eines Mangels erleben. Wenn es uns ständig da und dort an etwas mangelt. An Liebe, an Beziehungen, an Geld, an Anerkennung, dann leben wir die Fülle, das Viele in Form von Mangel. Ein Zuviel von etwas, egal was es ist, ist immer Fülle.

Nun begann ich auch zu ahnen, was mir Jupiter mit dem Bild des Prismas aufzeigen wollte. Das Prisma schien die Ganzheit der Fülle darzustellen, die einzelnen Spektralfarben das, was wir aus der Ganzheit machen. Anstatt das gesamte weiße Licht der Fülle in unserem Leben zu leben, teilen wir es auf und leben einzelne Farben – blau, rot oder grün. Wir verlieren uns in Einzelheiten, anstatt uns auf das ganze Licht zu besinnen.

Die Reise zu Jupiter lehrte mich, an das Thema Fülle mit einer neuen Sichtweise heranzugehen. Ich kann immer wieder zu seinem Heilplatz reisen und in das weiße nährende Licht des Prismas eintauchen, das mir hilft, mich an die Ursprünglichkeit der Fülle zu erinnern. Oder ich kann zum Mond reisen und mir von ihm zeigen lassen, wie ich die von mir bislang gelebte Fülle, zum Beispiel als Druck oder Mangel, in eine kreativere Ausdrucksform wandeln kann. Die Wandlung dieser Art haben wir im Kapitel zum Mond beschrieben.

Das Leben in der Fülle
Legen Sie Schreibzeug bereit und setzen Sie sich entspannt hin. Atmen Sie eine Weile in Ihrem gewohnten Rhythmus und betrachten Sie dabei Ihr Leben. Notieren Sie nun, mit welchen Gedanken, Gefühlen und Tätigkeiten Sie sich täglich am meisten beschäftigen. Sind das Geldsorgen, Eifersüchte, ist es die Freude an der Familie, Bier trinken, arbeiten, lachen? Wo ist das »Viele« in Ihrem Leben? Wie leben Sie Ihre Fülle? Wenn Sie wollen, können Sie Ihre Notizen in eine linke und eine rechte Kolonne aufteilen. In der einen stehen diejenigen, die Sie positiv werten, in der anderen die negativen.

Diese kleine Übung kann Ihnen zeigen, dass auch Sie in der Fülle leben. Beim Betrachten Ihrer Liste fällt Ihnen möglicherweise auf, dass Sie die Fülle vor allem durch Mangel oder Lebensdramen ausdrücken. Wählen Sie eines der Themen aus oder erforschen Sie das Thema der Fülle grundsätzlich auf Ihrer nächsten schamanischen Reise zu Jupiter.

Die schamanische Reise zum Thema Fülle

- Nehmen Sie eine entspannte liegende oder sitzende Haltung ein. Formulieren Sie Ihr Anliegen: »Ich reise zu Jupiter, um das Thema Fülle, das ich zurzeit in Form von Druck – hier wählen Sie Ihr persönliches Thema – lebe, zu erforschen. Ich will mehr über die Fülle erfahren und darüber, wie ich sie gestaltend in meinem Leben ausdrücken kann.«
- Nun gehen Sie auf die Reise. Treffen Sie Ihren Jupiterverbündeten und lassen Sie sich in seine Räume der Erkenntnis führen. Erforschen Sie mit ihm zusammen Ihre Fülle. Was ist Fülle? Wie leben Sie die Fülle? Was ist die Absicht und die Kraft Ihrer Fülle? Gibt es noch andere Wege, wie Sie die Fülle in Ihr Leben rufen können?
- Wenn Sie genug erfahren haben, bedanken Sie sich, beenden die Reise und kehren in die alltägliche Wirklichkeit zurück. Lassen Sie das Erlebte noch ein wenig nachwirken oder geben Sie ihm den geeigneten Ausdruck.

Sinneswandel

Sinn ist ein weiteres Attribut, das Jupiter astrologisch zugeordnet wird. Als 1995 ein Meteorit auf dem Planeten Jupiter einschlug, fragte ich mich, was das für unser menschliches Bewusstsein zu bedeuten habe. Ich gehe davon aus, dass jedes Ereignis im Universum eine Auswirkung auf das menschliche Bewusstsein hat. Oder wie Dr. Jürg Reinhard im erwähnten Buch *Heilung aus dem Kosmos* sagt: »Kein physisches Ereignis am Himmel ist möglich ohne die dazugehörige geistige Tat und Veränderung.« Die Sterne sind die Heimat unserer Seele. Jede Nacht dehnen wir uns aus und tauchen träumend in die Sterne hinein. Bewegungen im Universum wirken sich auf unser menschliches Bewusstsein aus. Wird ein neuer Planet entdeckt, ist auch das Bewusstsein der Menschen reif für eine neue Erfahrung.

Was also bewirkte der Meteoriteneinschlag auf Jupiter? Reinhard erwähnt in seinem Buch, dass Meteorit und Planet wie Pollen und

Stempel sind. Ein Meteoriteneinschlag ist also wie eine Befruchtung. Der Geist befruchtet die Seele und bewirkt eine Sinnveränderung. Die Meteoriten verpassten dem Planeten Jupiter einen Schubs. Auch das Bewusstsein der Menschen brauchte wohl einen Anstoß. Wenn ich das »Anschubsen« auf die astrologischen Attribute von Jupiter beziehe, finde ich viele Bereiche, die einer Befruchtung, einer neuen Ausrichtung bedürfen. Viele Menschen haben zu Fülle, Glück, Reichtum und Vertrauen nicht gerade das beste Verhältnis. Unsere Beziehung zu Wachstum und Expansion bedarf längst einer neuen Definition.

Vielleicht war der Schubs für Jupiter auch ein Schubs für das menschliche Bewusstsein, sich auch anderen Ebenen des Wachstums zu öffnen. Ich glaube, dass diese Öffnung für das Weiterbestehen der physischen Welt dringend notwendig ist. Vielen Menschen ist der Sinn des Daseins abhanden gekommen. Wenn ich meinen Blickwinkel nur auf die sogenannte reale Welt richte, finde auch ich es schwierig, allein darin Sinn und Zweck zu finden. Erst als ich mir erlaubte, mittels der schamanischen Reise in andere Bereiche des Lebens vorzustoßen, kamen Hoffnung, Vertrauen und Zuversicht zu mir zurück.

Vorschläge für die schamanische Reise zur Jupiterkraft

- Es bieten sich Reisen zu Jupiters Urkraft an, um ihn als Geistwesen und Ihren Verbündeten kennenzulernen.
- Zum Heilplatz von Jupiter können Sie reisen und in seine Räume abtauchen, um zu erfahren, wie es ist sich auszudehnen; um die Fülle, den Reichtum, das Vertrauen zu erforschen und wie Sie sie in Ihrem Leben kreativ zum Ausdruck bringen können; um Erkenntnis und neues Wissen zu einem Ihrer persönlichen Anliegen zu erlangen.
- Wenn Sie neue Einsichten für eine Situation, eine Idee oder ein Projekt brauchen, um sie weiterzuentwickeln, tauchen Sie einfach in Jupiters Heilraum ein. Aber erwarten Sie nicht sofort die Lösung Ihres Problems. Ich erlebe immer wieder, dass es reicht, einfach in die heilen Räume von Jupiter abzutauchen und dann ins Leben zurückzukehren. Oft kommen die Lösungen im Alltag plötzlich durch eine Idee, eine Begegnung oder durch einen Bericht, den Sie lesen. Seien Sie offen für die Wunder des Alltags.

- Wenn Sie im Zeichen Schütze oder Fische geboren sind, ist Jupiter Ihr Zeichenherrscher. Reisen zu Jupiter können Ihnen insbesondere über Ihre Potenziale Auskunft geben.
- Erforschen Sie die mit Jupiter in Verbindung stehenden astrologischen Attribute, tauchen Sie in Jupiters Heilräume ein, wenn Ihnen zum Beispiel der Sinn des Lebens oder Ihr Optimismus abhanden gekommen ist.

Die schamanische Kraft des Jupiters

Jupiterkraft dehnt, entfaltet und erweitert. Seine Kraft ermöglicht es uns, uns in neue Räume auszudehnen, die uns neue Erfahrungen und Erkenntnisse bringen. Sich mit Jupiters Kraft verbinden, bedeutet sich auf die Kraft des Vertrauens einzulassen und sich selbst und der Welt mit einer würdevollen Großzügigkeit zu begegnen. Wie wir von der Venus lernen können: Liebe beginnt bei uns selbst. Und das kann uns Jupiter lehren: Fülle beginnt ebenfalls bei uns selbst.

Saturn

Leuchtend schmückt strahlend der Saturn
des mächt'gen Stieres stolzes Horn.
Strahlst so ruhig, Hüter der Zeit,
wachst in alle Ewigkeit,
dass Zukunft wird Vergangenheit.

M. Dalena

Saturn – Hüter der Grenzen

Mythologie: Saturn als Gott der Zeit und Hüter der Grenzen

Kronos, die griechische Entsprechung zu Saturn oder Saturnus, ist der Sohn des Uranos (Himmel) und der Gaia (Erde). Auf Geheiß seiner Mutter entmannte er seinen tyrannischen Vater mit einer Sichel und übernahm die Herrschaft über die Erde. Kronos heiratete seine Schwester Rhea. Sie gebar ihm Hestia, Demeter, Hera, Hades, Poseidon und Zeus. Kronos erwies sich aber als ebensolcher Tyrann wie sein Vater. Wir hatten im Kapitel zu Jupiter bereits gesehen, wie er seine Kinder verschlingt – und schließlich von seinem Sohn Zeus gestürzt wird. Danach wurde Kronos in den Abgrund des Tartaros gestoßen, wo er von den Hekatoncheiden bewacht wurde. Später soll er begnadigt worden sein und als gutmütiger Herrscher über Elysion, die Insel der Seligen, gewaltet haben. Kronos' Symbol ist die Sichel.

Das Saturnprinzip in der Astrologie

Astrologisch wird Saturn dem Zeichen Steinbock und dem 10. Haus und nach der klassischen Astrologie dem Wassermann und dem 11. Haus zugeordnet. Saturn wurde von den alten Astrologen als Übeltäter bezeichnet. Die klassische Astrologie richtete sich vor allem auf praktische und weltliche Anliegen. Saturns Einfluss verhieß im Allgemeinen wenig Gutes und man gestand ihm kaum positive Eigenschaften zu. Sein Auftreten verhieß vorwiegend Einsamkeit, Verzicht, Verlust, Trennung, Alter, Tod, Angst, Krankheit, Begrenzung, Härte und Geiz. Seine etwas angenehmeren Seiten heißen Struktur und Tradition, zudem lobt man sein tiefgründiges Wesen.

Ali ben Ragel, arabischer Astrologe aus dem 11. Jahrhundert, der ein Sammelwerk über die Sterne verfasste, schrieb zu Saturn (zitiert nach Rafael Gil Brand: *Lehrbuch der klassischen Astrologie*):

> *Ein alter, großer, müder Planet der Verachtung, der Pein, der Traurigkeit und der langen Krankheit. Seine Natur ähnelt der Melancholie, die von allen Emotionen beherrscht wird. Er ist trocken und neidisch, sehr nachtragend, spricht wenig, will keine Gesellschaft und liebt es, einsam und abgeschieden zu sein. Er hat tiefe Gedanken und ein subtiles Gedächtnis, denkt und beachtet alte Dinge. Er hat kein schnelles Auffassungsvermögen, ist lügnerisch und verräterisch, macht Liebeszauber, Totenbeschwörungen und wunderbare Dinge.*
>
> *Er ähnelt dem König der Könige, denn alle Planeten teilen ihm ihre Gedanken, ihre Naturen und ihre Kräfte mit, und er ist gemein mit den Gemeinen und verächtlich mit den zu Verachtenden. Er wurde geschaffen durch die Kälte des Wassers und die Dunkelheit des Nebels. Er gehorcht keinem anderen Planeten und lässt sich von keinem führen, nur von der Sonne.*

Die doppelte Natur des Saturns, die negative, alles Leiden verkörpernde Kraft und auch seine verschleiernde, tiefgründige und faszinierende Seite, kommt in diesen Zeilen gut zum Ausdruck. Die Sumerer nannten Saturn die nächtliche Sonne. Saturn symbolisiert den Tod, aber auch das Wissen um das ewige Leben.

Die psychologisch orientierte Astrologie wies auf die Nützlichkeit von Saturns Eigenschaften hin, darauf, dass er Verlangsamung, Struktur und Festigkeit bedeutet, dass er uns Durchhaltevermögen, Disziplin und Geduld lehrt. Als Herr der Grenzen und der Zeit hat er uns viel über das Thema Abgrenzung zu sagen. Aber auch diese Attribute machen Saturn nicht zu einem unserer Lieblinge. Die am wenigsten polarisierende Zuordnung, die ich zu Saturn fand, und die mich auch schamanisch am meisten interessiert, ist seine Kraft der Verdichtung, der Kristallisation, der Verlangsamung und der Materialisation. Darin entdeckte ich auch die stärkste Kraft Saturns.

Stichworte zu Saturn
Konzentration, Verlangsamung, Verdichtung, Kristallisation, Materialisation, Struktur, Form, Grenzen, Beschränkung, Tiefgang, Verlust, Trennung, Alter, Tod, Angst, Krankheit, Härte, Geiz, Stabilität, Pflichtbewusstsein, Ordnung, Organisation, Ausdauer, Tradition, Askese

Hüter der Zeit und der Grenzen

Auf meinen schamanischen Reisen zu den Planetenwesen war ich immer auf der Suche nach ihrer konstruktiven Kraft, und gerade bei Saturn, der ja nicht gerade die erfreulichsten Referenzen hat, war ich besonders darauf aus, sein Geheimnis zu erkunden. Meine erste Begegnung mit dem Sternenwesen Saturn forderte allerdings meine ganze Geduld. Auf dieser ersten Reise, auf der ich ihn als Sternenwesen kennenlernen wollte, musste ich erst einige Hürden überwinden. Wie seit Langem nicht mehr zweifelte ich sogar an meinen Wahrnehmungen. Anfänglich nahm ich lauter Bilder, Eindrücke und Gefühle von Saturn wahr, die mir absolut nichts Neues mitteilten. Ich sah einen alten Mann, der als Hüter der Knochen in einer Höhle lebte. Dieser führte mich dann tiefer in die Höhle hinein, dort traf ich einen Gelehrten mit Büchern in den Händen, der mir irgendetwas beizubringen versuchte. Diese beiden Herren waren ganz saturnisch, ganz dem astrologisch geprägten Bild entsprechend alles andere als warmherzig. Es war für mich unmöglich, an sie wirklich heranzukommen, sie zu spüren. Nun wurde ich auf meiner Reise ungeduldig und fand, das alles spiegle vor allem mein astrologisches Wissen und sei nicht wirklich etwas Neues.

Ich begann zu zweifeln und fragte mich, ob ich mir das nicht alles ausdenke. Wo sind da meine Verbündeten, die mir etwas Unerwartetes und Neues bezüglich Saturn erzählen? Inzwischen weiß ich nämlich, dass der Zeitpunkt für die betreffende Reise nicht stimmig ist, wenn nichts Neues oder Unerwartetes auftaucht. Meine Verbündeten und ich haben eine Vereinbarung getroffen: Wann immer ich eine Reise zu ihnen zu einem »falschen« Zeitpunkt mache, verweigern sie mir neue Einsichten, weil mich zum Beispiel

- die Reise zu stark aus dem Gleichgewicht bringen würde,
- ich an einen Ort kommen möchte, an dem ich nichts zu suchen habe,
- oder die Absicht der Reise nicht klar genug ist.

Ich bewege mich dann zu meinem eigenen Schutz in Bereichen, in denen ich auf gewohnte Bilder treffe und Antworten erhalte, die ich mir auch von mir aus geben könnte.

Auf meiner ersten Reise zu Saturn bewegte ich mich also in bekanntem Terrain, was schon lange nicht mehr vorkam. Meist beende ich die Reise vorzeitig, wenn mir das geschieht. Aber nicht, ohne vorher heftig zu insistieren und meinen Verbündeten die Absicht nochmals eindringlich zu erläutern. Kehre ich dann doch zurück, weil ich nicht weiterkomme, kläre ich die drei oben erwähnten Punkte ab und gehe erst, wenn diese in Ordnung sind, erneut auf die Reise.

Bei Saturn brach ich jedoch die Reise nicht ab, das Insistieren nützte und plötzlich flitzte ich mit einem kleinen Rennwagen durch das All und fand mich zuletzt in den Ringen Saturns, seinem wohl herausragendsten Merkmal. Dort drehte ich Runde um Runde um Runde. Saturn hielt mich in seinen Ringen fest. Dann kehrte ich von dieser Reise zurück. Anderen Menschen ging es auf ihrer ersten Reise zu Saturn ähnlich. Fast allen begegnet er mürrisch, stur, unzugänglich bis abweisend. Ich war etwas enttäuscht und dachte, dass die alten Astrologen vielleicht doch recht hätten und es wirklich nicht viel Nettes über Saturn zu entdecken gäbe. Doch später wurde ich angenehm überrascht.

Reise zur Urkraft von Saturn

Lassen Sie sich nicht von seiner mürrischen Art abschrecken. Bleiben Sie hartnäckig, das ist auf jeden Fall etwas, das Saturn gefällt. Reisen Sie zu ihm, um Ihren Sternenverbündeten dort kennenzulernen.

Die schamanische Reise zur Urkraft von Saturn

- Schaffen Sie sich wie gewohnt eine angenehme Atmosphäre im Raum und eine Zeit frei von Störungen.
- Formulieren Sie Ihre Absicht, zu Saturn zu reisen, um seine Urkraft in Gestalt eines Verbündeten kennenzulernen.
- Spielen Sie die Trommelmusik-CD *Shamanic Journey* von Michael Harner ab und gehen Sie auf die Reise.
- Sobald Sie spüren, dass Sie am Ort des Saturns angekommen sind, rufen Sie nach Ihrem Verbündeten. Wenn er sich Ihnen zeigt, erspüren Sie seine Kraft. Sie können auch die drei Fragen stellen: Wer bist du für mich? Was tust du für mich? Was kann ich für dich tun?
- Wenn Sie genug erlebt und erfahren haben beziehungsweise wenn Sie vom veränderten Trommelrhythmus zurückgerufen werden, verabschieden Sie sich von Ihrem Sternenwesen, bedanken sich und kehren wieder in Ihren Körper und Ihre alltägliche Wirklichkeit zurück.
- Verbringen Sie nach der Reise noch ein wenig Zeit mit sich, um die Übung nachwirken zu lassen. Vielleicht wollen Sie Ihre Erfahrungen zeichnen, singen, tanzen oder in Worten aufschreiben.

Verdichtung und Verankerung der Kraft

Meine zweite Reise zu Saturn war dann ganz anders. Ich reiste mit der Absicht, zum Heilplatz des Saturn zu gelangen, und brachte das Anliegen mit, mehr über seine Gestaltkraft zu erfahren und darüber, wie ich sie in meinem Leben für mich nutzen kann. Durch meine Auseinandersetzung mit Saturn dachte ich, seine stärkste Kraft müsste ja eigentlich im Formen der Kraft liegen. Ohne die Kraft der Verdichtung und der Verlangsamung, die ihm eigen ist, und ohne die Zeit würden wir uns nicht als physische, geformte Wesen erfahren und wahrnehmen. Dass Kraft sich so verdichtet, dass sie Materie wird, das ist ein Wunder. Genau da vermutete ich Saturns wirkliche Kraft.

Ich kam wieder zur Höhle und wurde dort von dem alten Mann, dem Hüter der Knochen, empfangen und in das Innere der Höhle geführt. Nun kam ich aber an einen Ort, an dem viele Wesen mit einer erstaunlichen Betriebsamkeit forschten, tüftelten, rechneten, ausprobierten. Ich selbst stand vor einer mathematischen Formel, die mich in sich hineinzog. Ich rutschte über die schwarz geschriebenen Formeln und Zahlen in einen anderen Raum hinein. Ich nahm gerade noch wahr, dass dies der Raum der Konzentration und der Kristallisation war. Ich sah aus meinen beiden Augen goldene Lichtstrahlen kommen, die sich, sobald sie sich beide auf einen Punkt fixierten, zu einem goldenen Lichtpunkt verdichteten. Ich tauchte in diesen goldenen Punkt ab und damit in einen neuen Raum hinein. Für eine Weile verlor ich das Gefühl für Zeit und Raum.

Mit dem Rückholsignal kehrte ich in die alltägliche Wirklichkeit zurück. Diese Reise gab mir viele Rätsel auf. Aber etwas habe ich begriffen: Saturn hat wirklich zwei Seiten. Die erste ist der mürrische, alte Mann, der uns fast Angst macht, uns zweifeln lässt und eher abschreckt. Er ist es aber, der uns etwas über unseren Umgang mit Grenzen lehrt. Er lässt uns erst dann weiterreisen, wenn wir eine gewisse Stabilität erreicht haben, damit uns das, was danach kommt, nicht aus der Bahn wirft. Wie lange ließ er mich doch zuerst Bahnen und Runden in seinen Ringen drehen! Als Hüter der Grenzen ist er auch der Hüter unserer Angst. Erst wenn wir unseren sicheren Raum aufgebaut haben, lässt er uns in seine anderen Räume schreiten und zeigt uns etwas über seine wahre und magische Kraft, die viel mit der Gestaltung unserer materiellen Welt zu tun hat. Dort, in seiner zweiten Seite, gibt es noch vieles zu entdecken und zu erforschen.

Eine große Gabe von Saturn ist die Verankerung der Kraft. Ein Baum, der seine Wurzeln tief in der Erde hat, kann seine Äste und Blätter hoch in den Himmel strecken. Saturn vermag uns zu zeigen, wie wir uns verankern können, damit wir dann unsere ganze Kraft und Pracht dem Himmel entgegenstrecken können. Dies können Sie in der alltäglichen wie in der nichtalltäglichen Welt brauchen. Gerade Menschen, für die es ein Leichtes ist, sich zu entgrenzen, die sozusagen ein natürliches Talent haben, in andere Welten zu blicken, scheitern manchmal beim schamanischen Reisen, weil sie zu wenig Verankerung in dieser Wirklichkeit haben. Oftmals leiden solche

Menschen auch im Alltag darunter, weil ihr Wesenskern so leicht und durchlässig ist, dass er nichts festhalten kann. Auch Menschen, denen es schwerfällt, ihren Platz auf dieser Erde zu finden, sich auf Situationen, Menschen oder auf eine bestimmte Arbeit einzulassen, haben zwar oft die Begabung, sich zu entgrenzen, aber Mühe, sich in diese Welt hineinzugestalten. So ging es auch mir. Lange Zeit litt ich unter den harten Bedingungen dieser Welt. Es fiel mir unendlich schwer, mich auf etwas festzulegen. Kamen äußere Widerstände auf, gab ich gleich auf und zog mich zurück. Es gab viele Ideen, aber es fehlte mir die Kraft, mich in diese Welt hineinzugestalten und meinen Platz in ihr einzunehmen. Saturn als Hüter der Grenzen lehrte mich, mich zu verdichten und zu verankern. Er lehrte es mich langsam, Schritt um Schritt, und er zeigte mir meine Grenzen auf.

Ich bin heute immer noch eine Träumerin. Ich vermag mein Wesen in die Weite des Universums auszudehnen, wie schon immer. Neu ist: Ich vermag mit Saturns Kraft, dieses dort erfahrene Wissen, die dort erlebte Weisheit auf die Erde zu bringen und sie hier in eine Form hineinzugestalten. Die tiefste Sehnsucht meiner Seele ist, den Himmel auf die Erde zu bringen. Mit diesem Buch habe ich einen Anfang gemacht. Ich habe mit Saturns Kraft die Sterne auf die Erde gebracht.

Die Reise zum Heilplatz von Saturn

Diese schamanische Reise bietet sich zum Beispiel an, wenn Sie ein Mensch sind, der sich gut und einfach entgrenzen kann, aber Mühe mit der alltäglichen Wirklichkeit hat und eine Verdichtung des eigenen Wesenskerns braucht. Aber auch wenn Sie mehr Struktur und Stabilität im Leben brauchen, ist das Sternenwesen Saturn der geeignete Lehrer. Mit seiner Hilfe können Sie auch lernen, wie Sie Ihre Träume und Ideen der nichtalltäglichen Welt in die alltägliche Welt hineingestalten können. Saturn hilft mir immer wieder, mich ganz in mein jetziges Dasein hineinzubegeben.

Die schamanische Reise zum Heilplatz Saturns

- Nehmen Sie eine entspannte liegende oder sitzende Haltung ein. Formulieren Sie Ihr Anliegen, zum Beispiel: »Ich möchte zu Saturn reisen, um seine heilende Kraft der Verdichtung und der Formung zu erfahren, damit ich alles, was ich bin, in mein Dasein hineinbringen und meinen Platz in dieser Welt einnehmen kann.«
- Nun gehen Sie auf die Reise. Treffen Sie Ihren Saturnverbündeten und lassen Sie sich von ihm an seinen Heilplatz führen. Erleben Sie, was es nun zu erleben gibt. Bitten Sie Ihren Verbündeten um ein einfach zu malendes Kraftzeichen, eine Kraftgeste oder einen Ton, den Sie in der alltäglichen Wirklichkeit zum Ausdruck bringen können, wann immer Sie Saturns verankernde, verdichtende und stabilisierende Kraft benötigen.
- Wenn Sie genug erfahren haben, bedanken Sie sich, beenden die Reise und kehren in die alltägliche Wirklichkeit zurück. Spätestens mit dem Rückholsignal sollten Sie zurückgehen.
- Lassen Sie das Erlebte noch ein wenig nachwirken und gestalten Sie Ihre Erfahrungen. Malen Sie beispielsweise das Kraftzeichen. Schauen Sie es immer wieder und gerade in Situationen an, in denen Sie Verankerung und Stabilität brauchen. Oder Sie machen Ihre stärkende Kraftgeste und singen Ihren verankernden Ton.

Vorschläge für die schamanische Reise zu Saturn

- Menschen, denen es leichtfällt, sich zu entgrenzen, die aber Mühe haben, ihren Platz auf der Welt zu finden, denen die Mitte, die Struktur im Leben fehlt, denen es schwerfällt, sich auf die alltäglichen Dinge des Lebens einzulassen, können sich immer wieder mit der stabilisierenden, strukturierenden und verankernden Kraft auf Saturns Heilplatz verbinden. Besonders wichtig ist hier, dass Sie den schamanischen Weg des Reisens genau befolgen, vor allem bei der Rückkehr. Machen Sie die Tür zur anderen Welt bewusst auf und verschließen Sie sie nach der Rückkehr wieder bewusst. Das tun Sie, indem Sie mit dem Rückholsignal den gleichen Weg zurückgehen, den Sie auf dem Weg zu Saturn hin genutzt haben. Verdichtung und Formung beginnt mit einer klaren Abgrenzung der Welten. Klare Grenzen geben Sicherheit. Das ist besonders für Menschen wichtig, die sich leicht entgrenzen können und sehr offen und beeindruckbar sind.

- Angst ist die Hüterin der Grenzen und damit eine sehr sinnvolle Verbündete. Sie können Saturn in Bezug auf Ihre Angst bereisen und ihn fragen, wovor die Angst Sie schützen und warnen will. Wenn Sie wissen, wovor die Angst Sie schützt, und wenn Sie sie bewusst wahrgenommen haben, dann verändert sie sich oft schon. Sie muss sich dann nicht mehr so stark und ausgeprägt in Ihrem Leben zeigen.
- Wenn Sie als Steinbock oder Wassermann geboren sind, ist Saturn Ihr Zeichenherrscher. Saturns Kraft steht Ihnen besonders nahe und er kann Ihnen Tipps zur Verwirklichung und Manifestation Ihrer Träume und Ideen geben, aber auch dazu, wie Sie sich konkret in das Leben hineingestalten.
- Wenn Sie die ersten Hürden von Saturn überwunden und Ihren Wesenskern genügend verdichtet haben, können Sie mithilfe von Saturn die magische Welt der Manifestation und der Kristallisation erkunden. Erforschen Sie mit Ihrem Sternenwesen zusammen Materie, Zeit, Raum, Grenzen und Entgrenzung.

Die schamanische Kraft des Saturns

Saturn stabilisiert, verankert, strukturiert. Saturns Kraft verlangsamt. Das wiederum ermöglicht es uns, die schnellen, lichten und feinstofflichen Kräfte unserer Träume, Ideen und Pläne in diese irdisch-alltägliche Wirklichkeit hineinzugestalten, sie zu verwirklichen und zu manifestieren.

Die Transsaturnier

Sonne, Mond, Merkur, Venus, Mars, Jupiter und Saturn sind die sieben Planeten, die man mit bloßem Auge sehen kann. Saturn liegt von den sieben Planeten am weitesten von der Erde entfernt. Damit übernimmt er die Funktion einer Grenze. Das in sich geschlossene astrologische System der klassischen Astrologie mit den sieben persönlichen Planeten wurde mit der Entdeckung von Uranus 1781 gesprengt. Die Entdeckung Neptuns folgte 1846 und die Plutos 1930.

Man nennt diese drei Planeten Transsaturnier, weil sie außerhalb von Saturns Umlaufbahn liegen. Sie sind auch bekannt als transpersonale, geistige, kollektive, überpersönliche oder Generations-Planeten. Kein physisches Ereignis am Himmel ist ohne die dazugehörige geistige Tat und Veränderung möglich, sagt Dr. Jürg Reinhart. Mit jeder Entdeckung erwachte in den Menschen ein neues Bewusstsein, das sich auch in ihrer persönlichen, gesellschaftlichen, wirtschaftlichen und politischen Entwicklung zeigte.

Die Entdeckung von Uranus 1781, der astrologisch für Revolution, Reform und Unabhängigkeit steht, sprengte jahrhundertealte Vorstellungen von der Größe unseres Sonnensystems und eröffnete damit auch neue Dimensionen unseres Bewusstseins. Keiner suchte nach diesem Planeten, plötzlich war er da. Die Astronomen wurden mit dem Unerwarteten konfrontiert. Uranus wurde zum Vertreter eines neuen Zeitalters, der mit konventionellen Vorstellungen und Normen bricht. Die uranischen Qualitäten spiegelten sich damals im Zeitgeschehen, in der Französischen Revolution und in der Revolte der Arbeiter in Brasilien gegen die herrschende Kolonialregierung.

Neptun, der astrologisch für das grenzauflösende Prinzip und die Sehnsucht, das Alltagsbewusstsein zu überwinden, steht, trat 1846 in das kollektive Bewusstsein der Menschen. Seiner Entdeckung folgte geschichtlich die Erfindung des Telefons, damals für die Menschen eine grenzüberschreitende Erfahrung. Die westliche Gesellschaft stand in der Frühphase der Industriellen Revolution. Der sozialistische Geist einer kollektiven, sozialen Gruppe mit Träumen und der Vision einer idealen Gesellschaft wurde geboren. Das Internationale Komitee des Roten Kreuzes (IKRK) wurde gegründet und die Weisheitslehren aus dem Osten fanden zunehmend Interesse. Das Bewusstsein der Menschen öffnete sich für ungreifbare Einflüsse. In der Chirurgie wurde das Anästhesieverfahren eingeführt. Samuel Hahnemann begründete die Homöopathie. Das Interesse an der menschlichen Seele nahm zu, ein Trend, der in die Psychoanalyse von Sigmund Freud mündete. Eine neue Dimension der Spiritualität wurde entdeckt. Geheimlehren wurden veröffentlicht. Helena Blavatskys Theosophische Gesellschaft und später die Anthroposophie Rudolf Steiners wurden wichtig für das Bewusstsein vieler Menschen. Die Bahai-Religion entstand, in deren Mittelpunkt die Lehre und der Glaube an einen transzendenten Gott, die mystische Einheit der Religionen, eine handlungsorientierte Ethik sowie die Vision einer geeinten Menschheit steht. Neptuns Einfluss zeigte sich auch in der Entwicklung der Fotografie. In der Malerei entstand der Impressionismus, der »flüchtige Eindrücke« vermittelte.

Mit der Entdeckung Plutos 1930, der astrologisch für Wandlung und Transformation steht, drängte eine machtvolle, aber auch zerstörerische Energie ins Blickfeld der Menschheit. Sie zeigte sich in der großen amerikanischen Wirtschaftkrise, den Weltkriegen und der Entwicklung der Kernspaltung. Penizillin, das Antibiotikum, schien damals das Ende aller Krankheiten zu bedeuten. Inzwischen waren Freud, Jung und Adler in die Tiefe des Unterbewusstseins abgetaucht und erklärten den Schatten als einen wesentlichen Bestandteil der menschlichen Psyche. In der Kunst spiegelte sich Pluto im Surrealismus (*suréel*: überwirklich), der das Traumhafte, Unwirkliche und die Tiefe des Unbewussten darzustellen suchte.

Die Kräfte der Transsaturnier faszinierten mich schon immer und ich nahm sie stärker als die persönlichen Planeten als die Kräfte wahr, die uns zur Gestaltung unseres Lebens zur Verfügung stehen. Eigentlich sind sie es letztlich gewesen, die mich darauf brachten, alle anderen Planeten schamanisch zu bereisen, um auch sie in ihrer Kraft zu erfahren. In diesem Buch werde ich jedoch nur kurz auf sie eingehen, Ihnen dabei aber so weit einen Eindruck geben, dass Sie selbst weitere Forschungsreisen unternehmen können.

Damit das Mögliche entsteht,
muss immer wieder
das Unmögliche
versucht werden.

Hermann Hesse

Uranus – Befreiung und Erneuerung

Uranus und das Wassermannzeitalter

Schon in der Einleitung sind wir kurz auf das Wassermannzeitalter und die Welle der neuen Bewusstwerdung, die dieses Zeitalter für uns Menschen bedeuten kann, zu sprechen gekommen. Uranus, der Planetenherrscher des Wassermanns, wird auch als höhere Oktave des Merkurs, des Planeten des Denkens, bezeichnet. Das Wassermannzeitalter wird sich langfristig auf unsere Art des Denkens auswirken, und es wird sich immer stärker eine Veränderung zur »höheren« Oktave hin einstellen, indem wir unser Bewusstsein ausdehnen und eine neue Wahrnehmung von Raum und Zeit zulassen. Mit dem Fortschreiten des Wassermannzeitalters wird sich die Erscheinungsform der Zeit verändern. Uranus fördert auch die Integration einer neuer Dimension und der Intuition. Durch die Integration der Dimension Zeit wird unser Denken viel schneller werden, als Merkur es bisher zuließ, weil damit die Möglichkeit besteht, nicht nur Informationen aneinanderzureihen, sondern eine Vielzahl von Daten und Informationen in einen Zusammenhang zu bringen und zu verstehen. Vergleichen wir Merkur mit einem Rechner, ist Uranus ein Computer. Das Denken ist nicht mehr linear und rational, sondern analog. Es geschieht immer mehr in Symbolen, Farben und Tönen, Schwingung und Ausdehnung.

Andere kollektiv auftretende Phänomene des Wassermannzeitalters zeigen sich zum Beispiel in der Auflösung von Traditionen und Bindungen zwischen Familien, Völkern und Rassen. Der Familienzerfall zeigt sich in diesem Jahrhundert stärker, zugleich aber auch das Interesse an neuen Formen des Zusammenlebens. Auch umfassende Bemühungen um das allgemein Menschliche und Verbindende wie die Gleichstellung von Mann und Frau, Schwarz und Weiß, die Vereinigung von Ländern (Europa) oder Glaubensrichtungen finden statt. Das weltweit auftauchende Phänomen der Überwindung von Raum und Zeit zeigt sich auch im Computerzeitalter und der neuen Rolle der Medien.

Die Mythen um Uranos

Gaia gebar Uranos als Ersten aus sich selbst heraus, auf dass »er sie immer umgebe, und dass er auf ewige Zeit der seligen Götter sichere Wohnung sei«. Sie erschuf ihn als ein Wesen gleich ihr selbst. Uranos kam zur Erde und umhüllte sie ganz. Nun gab es Himmel und Erde, Weiblich und Männlich. Uranos, begierig nach Liebe, vereinigte sich mit Gaia. Daraufhin gebar Gaia sechs Töchter und sechs Söhne, die Titanen, drei Kyklopen und drei Hekatoncheiren. Uranos waren all seine Kinder verhasst. Er verstieß seine Kinder und schob sie ins tiefe Dunkel der Erde. Gaia war erbost über Uranos Taten und – wir haben bereits gesehen, dass sie Kronos anstiftete, den Vater zu entmannen und zu besiegen.

Ein anderer Mythos, der von Astrologen immer wieder in Zusammenhang mit Uranus gebracht wird, ist der des Prometheus, denn diese Gestalt trägt viele uranische Züge. Er formte die Menschen aus Ton nach dem Ebenbild der Götter. Von den Tieren gab er den Menschen je eine Eigenschaft mit. Athene, die Göttin der Weisheit, blies dem geformten Bild den Atem ein. So entstanden die ersten Menschen. Die Götter wurden auf die Menschen aufmerksam und verlangten von ihnen Opfer und Anbetung. Prometheus verfiel zu ihren Gunsten auf eine List: Er schlachtete im Namen der Menschen einen Stier, machte daraus zwei Haufen, einen größeren aus den Knochen und einen kleineren aus dem Fleisch, und umhüllte beide mit Stierhaut, um den Inhalt zu verbergen.

Zeus sollte nun wählen und wählte den Größeren. Als er den Betrug erkannte, rächte sich der Gott und versagte den Menschen das Feuer. Aber auch da wusste sich Prometheus zu helfen. Er hob den langen Stängel des Riesenfenchels in den Himmel und entzündete ihn am vorüberrollenden, funkensprühenden Sonnenwagen des Helios. Mit lodernder Fackel eilte er zur Erde zurück und setzte einen Holzstoß in Flammen. Zeus schickte den Menschen zur Strafe darauf Pandora, die Allbeschenkte, gab ihr eine Büchse mit, in die jeder der Götter eine Unheil bringende Gabe einschloss. Epimetheus, Prometheus' Bruder, nahm die Büchse und öffnete sie. Seit dieser Stunde rasen Leid, Krankheit und Tod über die Erde.

Für diese Tat wurde Prometheus bestraft. Zeus ließ ihn fangen und in der schlimmsten Einöde des Kaukasus an einen Felsen über dem Abgrund fesseln. Ohne Speis, Trank und Schlaf musste Prometheus dort über Jahrhunderte ausharren. Jeden Tag kam ein Adler und fraß von seiner Leber, die sich zu seiner Qual immer wieder erneuerte. Erlösung sollte es nur geben, wenn sich ein Unsterblicher anerbot, für Prometheus seine Unsterblichkeit aufzugeben. Chiron, der durch einen vergifteten Pfeil unheilbar verwundet worden war, erlöste Prometheus von seinem Leiden und gab seine Unsterblichkeit zugunsten des Prometheus auf. Damit wurde er selbst zugleich von seinem Leiden befreit.

In einer anderen Version war es Herakles, der den Adler tötete und Prometheus befreite.

Das Uranusprinzip in der Astrologie

Uranus wird in der Astrologie dem Wassermann und dem 11. Haus zugeordnet und gilt als das Prinzip der höchsten Spannung, die mit explosiver Dynamik und eruptiver Plötzlichkeit zur Entladung drängt und radikale Veränderungen bewirkt. Wir erleben ihn als Kraft, die den Rahmen des Gewohnten, die Traditionen, Bindungen und festgelegten Gesetzmäßigkeiten sprengt, wenn diese unsere Eigenentwicklung einschränken. Er ist das Prinzip des Plötzlichen, der Originalität, der spontanen Energieballung, der plötzlichen Eingebung, der Überraschung, der Veränderung und der Unruhe. Ihm wird auch Eigenwilligkeit und Exzentrik zugeordnet.

Stichworte zu Uranus

Freiheit, Individualität, Authentizität, Unabhängigkeit, Revolution, Originalität, Erneuerung, plötzliche Veränderung, Befreiung, Erfindergeist, Idee, Einfall, Intuition, Vision, Hoffnung, Eigenwilligkeit, Exzentrik

Ausgleich im Chaos

Uranus als Sternenwesen ist sehr abwechslungsreich und es ist schon allein ein Erlebnis, ihn als Sternenwesen zu bereisen. Wenn ich in seine Welt eintauche und auf den Heilplatz gelange, verändert sich meine Wahrnehmung augenblicklich. Alles wird leicht, licht und leuchtend. Uranus' Kraft vermag viel Festgefahrenes in unserem Leben zu durchbrechen. Wann immer Sie das Gefühl haben, in einer Situation oder mit einer Idee nicht weiterzukommen, sollten Sie ihn bereisen.

Die Reise zu seinem Heilplatz ist aber auch angesagt, wenn Sie zum Beispiel schon mitten in einer Veränderung stecken. Das Alte hat keine Wirkkraft mehr und das Neue zeichnet sich erst langsam ab. Wenn Sie sich aus einem alten Gefüge herauslösen, beabsichtigt oder auch nicht, herrscht für einen Moment lang das nackte Chaos. Meist geht es dabei in Ihrem ganzen System drunter und drüber. Sie wissen kaum mehr, wie oder was Sie denken sollen, Ihr Körper reagiert ungewöhnlich und die Gefühle bescheren Ihnen abrupte Wechselbäder. Das ist völlig in Ordnung, denn auf allen Ebenen, in Ihrem Körper, in Ihren Gefühlen und in Ihrem Geist, löst sich das Alte, das Sie nun nicht mehr brauchen können. Das ist immer unangenehm, schafft Verwirrung und macht auch Angst. Das Alte hat ausgedient, aber wie das Neue sein wird, wissen wir noch nicht.

Die Phase der Anpassung, wie ich die Zeit des Chaos auch nenne, können Sie sich etwas erleichtern, indem Sie sich vom Sternenwesen Uranus an seinen Heilplatz führen lassen mit der Absicht, die Veränderungen auf allen Ebenen Ihres Seins aneinander anzugleichen. Manchmal erlebt man einen massiven Einschnitt im Leben, ausgelöst durch irgendein emotionales Erlebnis, eine große Veränderung hat begonnen. Körper und Denken müssen dieser Veränderung folgen, haben jedoch ihren eigenen Rhythmus. Das schafft Spannungen und Verzerrungen im gesamten System. Lassen Sie sie von Uranus ausgleichen.

Veränderungen sind Teil des Lebens, sie geschehen immer wieder, weil Leben Bewegung ist. Aber Bewegung und Veränderung müssen nicht notgedrungen wehtun, das lehrte mich Uranus auf seinem Heilplatz. Zu ihm gehe ich seither in allen Wandlungsphasen und lasse mein ganzes System, meinen Körper, mein Denken, meine Gefühle auf die kommende Zeit einstimmen und aufeinander abstimmen.

Vorschläge für die schamanische Reise zu Uranus

- Bereisen Sie die Urkraft von Uranus und lernen Sie ihn als Sternenwesen kennen. Wer ist er für Sie? Was tut er für Sie? Was können Sie für ihn tun?
- Auf Uranus' Heilplatz können Sie immer dann reisen, wenn Sie feststecken und nicht weiterkommen. Das kann in Bezug auf eine Situation sein, eine menschliche Begegnung, eine Idee oder auch einen emotionalen Zustand; aber auch, wenn Sie starke Veränderungen erleben und eine Anpassung zwischen Gefühlen, Denken und Körperlichem brauchen.
- Auch wenn Ihnen die Ideen ausgegangen sind, Sie sich hoffnungslos und ohne Zukunftsperspektiven fühlen, lohnt sich ein Abstecher zu Uranus. Er hat den Blick fürs Zukünftige und für die Trends von Morgen. Reisen Sie zu ihm und blicken Sie mit seinen Augen auf Ihr Leben.
- Wenn es darum geht, etwas Abstraktes und in sich völlig Unlogisches verstehen zu wollen, sollten Sie unbedingt Uranus als Sternenwesen um Unterstützung bitten. Er hat die Fähigkeit, uns zu zeigen, wie man auf verschiedenen Ebenen gleichzeitig wahrnehmen kann.
- Wenn Sie im Zeichen des Wassermanns geboren sind, ist Uranus Ihr Zeichenherrscher. Für Sie mag es sich besonders lohnen, immer wieder mal ein Tête-à-Tête mit ihm abzuhalten. Er versteht mit Sicherheit am besten Ihre verrückten Ideen und kann Ihnen mit Tipps zur Seite stehen.

Die schamanische Kraft des Uranus

Uranus' Kraft ist explosiv. Sie wandelt, rüttelt, sprengt, revolutioniert mit einer plötzlichen und unerwarteten Heftigkeit, gleich einem Blitz, der direkt neben Ihnen einschlägt, oder einem elektrischen Schlag. Seine Kraft entlädt sich kurz, heftig und unmittelbar. Danach ist alles anders. Nichts steht mehr an Ort und Stelle.

Gesang der Geister über den Wassern

Des Menschen Seele gleicht dem Wasser:
Vom Himmel kommt es, zum Himmel steigt es,
Und wieder nieder, zur Erde muss es, ewig wechselnd.

Strömt von der hohen, steilen Felswand der reine Strahl,
dann stäubt er lieblich, in Wolkenwellen zum glatten Fels,
und leicht empfangen wallt er verschleiernd,
leise rauschend zur Tiefe nieder.

Ragen Klippen dem Sturz entgegen, schäumt er unmutig
stufenweise zum Abgrund.

Im flachen Bette schleicht er das Wiestal hin,
Und in dem glatten See weiden ihr Antlitz alle Gestirne.

Wind ist der Welle lieblicher Buhler;
Wind mischt vom Grund aus schäumende Wogen.

Seele des Menschen, wie gleichst du dem Wasser!
Schicksal des Menschen, wie gleichst du dem Wind!

Johann Wolfgang Goethe

Neptun – Sehnsucht nach Transzendenz

Mythologie: Gott der Meere

Poseidon, wie Neptun in der griechischen Mythologie heißt, ist der Sohn von Kronos und Rhea. Nachdem Kronos von Zeus entmachtet wurde, teilten die drei Brüder ihr Erbe auf. Zeus wurde Herr des Himmels, Hades Herr der Unterwelt und Poseidon Herr der Meere, aber auch der Quellen und der Flüsse. Er wurde auch »Erd-Umarmer« und »Erd-Halter« genannt, denn überall umgibt Wasser die Erde. Frühesten griechischen Quellen zufolge war Poseidon ursprünglich ein Erdgott. Sein Name soll »Gefährte der Da« (bezogen auf die vorhellenische Erdgöttin Da oder Demeter) bedeuten. Als die frühen Griechen die Seewege zu erkunden begannen, wurde Poseidon Herrscher der Meere, sodass sie an Land den Schutz und die Gnade der Mutter Erde und zur See ihren Gemahl anrufen konnten.

Poseidon liebte Göttinnen, Nymphen und Menschentöchter. Seine erste Gattin Amphitrite täuschte er bald und begab sich in neue Liebesabenteuer. Mit Medusa zeugte er das Pferd Pegasus. Sein Symbol ist der Dreizack, manchmal wird er auch mit einem Delfin und einem Pferd abgebildet.

Poseidon galt als unberechenbar und schnell erregbar. Einmal erzürnt, wühlt er mit seinem Dreizack das Meer auf, erzeugt Stürme und lässt die Erde beben. Aber ebenso schnell kann er sich wieder beruhigen und das Meer in eine sanfte Ruhe versetzen, die Welt in Nebel tauchen und Vergessen verbreiten. Fischer und Seefahrer fürchteten und verehrten ihn.

Paul Hayden beschreibt diese Zwiespältigkeit Neptun in seinem Buch »Neptun« treffend:

Er taucht aus den Wogen des Ozeans auf, erhebt sich turmhoch über die rasende See, Tang und Wasser von seinem gewaltigen Leib ab-

schüttelnd. Wassertropfen blinken in seinem wirren langen Haar und Bart, wenn der Majestätische den Blick über sein Reich schweifen lässt. Die Augen von göttlichem Wahnsinn und göttlicher Inspiration umdüstert, prüft er, ob sich ihm jemand nähert, einer jener kühnen Schiffer auf dem Astralmeer, die der Ruf der von seinen hübschen Seenymphen geblasenen Muschelhörner in Trance versetzt hat. Wenn sie bei ihm ankommen und seine glorreiche Göttlichkeit erblicken, verfallen die einen dem Wahnsinn, während andere spirituelle Inspiration empfangen; dies hängt von seiner Laune und davon ab, ob der Seefahrer seine Gegenwart ertragen kann. Sein Dreizack schimmert im Sonnenlicht wie ein Leuchtfeuer der Hoffnung oder eine Quelle verblendeter Verzweiflung, vom Licht erleuchtet oder vom Licht geblendet. Seine Aufgabe ist es, das Licht bereitzustellen, gefühllos trägt er keine Verantwortung dafür, wie gewöhnliche Sterbliche auf jene erschütternde Begegnung mit der Erkenntnis reagieren, die das Herz erweckt.«

Das Neptunprinzip in der Astrologie

Neptun wird dem Zeichen Fische und dem 12. Haus zugeordnet. Er ist das Prinzip der Verfeinerung, die mystische und spirituelle Erfahrungen ermöglicht und das Tor zur unsichtbaren Realität öffnet. Ihm zugeordnet sind Mystik, Vision, Inspiration, Traum und Kunst. Als grenzauflösendes Prinzip steht er für die Sehnsucht des Menschen, über das Alltägliche hinaus zum All-Einen zu gelangen. Formlos und ungreifbar, wie er ist, kann er auch zu Täuschung und Ent-Täuschung beitragen. Rauschzustände aller Art gehören ebenfalls zu ihm.

Neptun gilt als höhere Oktave von Venus, die in ihrem Liebesprinzip den Eros darstellt. Mit ihr suchen wir irdische Liebe und Sinnlichkeit in einer Beziehung. Mit Neptun sind die universelle Menschenliebe, die kosmische, mythische Liebe und das Übersinnliche gemeint, ähnlich wie bei der Venus als Abendstern.

Stichworte zu Neptun
Verfeinerung, Transzendenz, Sensitivität, Hingabefähigkeit, Sehnsucht, Vollendung, Idealisierung, Fantasie, Vision, Inspiration, Seele, Träume, Illusion, Auflösung, Chaos, Entgrenzung, Mystik, Spiritualität, aber auch »Spirituosen«, Sucht, Täuschung, Ent-Täuschung

Vorschläge für schamanische Reisen zu Neptun

- Bereisen Sie die Urkraft von Neptun und lernen Sie ihn als Sternenwesen kennen. Wer ist er für Sie? Was tut er für Sie? Was können Sie für ihn tun?
- Der Heilplatz von Neptun ist ein Platz, an dem sich jegliche Trennung auflöst. Reisen Sie zum Beispiel mit der Absicht dorthin, sich als Seelenwesen, ewige Seele zu erfahren, mit allem was damit verbunden ist. Lassen Sie sich von dem Gefühl des Abgetrenntseins heilen. Wann immer Sie die Sehnsucht »nach zu Hause« packt, reisen Sie zu Neptun und tauchen in seine All-Einheit ein.
- Neptun ist der Planet der Sehnsucht und der Sucht. Sucht hat immer auch was mit einer Sehn-Sucht zu tun. Neptun ist sozusagen Suchtexperte. Wenn Ihnen eine Sucht Mühe bereitet, unternehmen Sie eine Reise zu Neptun, fragen Sie ihn, was Ihre Vereinbarung mit der Sucht ist und ob die Zeit reif für eine neue Vereinbarung sei. Durch welche »Sucht« können Sie Ihre bisherige Sucht ersetzen? Es gibt gesündere Formen, die entsprechende Kraft zu leben. In einem Suchtpotenzial liegt immer sehr viel Kreativität verborgen. Erforschen Sie Ihre Sucht und suchen Sie mit Neptun zusammen eine neue, Ihnen weniger schadende Ausdrucksform.
- Wenn Sie im Zeichen Fische geboren sind, ist Neptun Ihr Zeichenherrscher. Als Sternenverbündeter kann Ihnen Neptun wichtige Hinweise geben, wie Sie im Fluss und in Übereinstimmung mit Ihrem tiefsten Seelenwunsch Ihr Leben gestalten können. Etwas, das für Menschen mit dem Sternzeichen Fische von großer Wichtigkeit ist.

Ewige Seele

Wer Neptuns Kraft mit einer realitätsorientierten Nüchternheit erfassen und dingfest machen will, wird nie das wirkliche Wesen seiner Natur erfahren können. Neptuns Kraft entzieht sich, sobald man konkret werden will. Versucht man es trotzdem, macht man nicht selten die Bekanntschaft seiner Seiten der Illusion, Täuschung und Enttäuschung. Neptuns wirkliche Kraft erlebt man erst, wenn man Egogelüste, Profitgier, Profilierungsdrang und Kontrollverhalten hinter sich lässt. Dann trifft man Neptuns magische Kraft, sein »Go with the flow«. Ich erlebe sie als Schwingung, Ton, Licht, die mich durchdringen, durchfließen und durchs Leben führen, wenn ich ihnen vertraue. Ich kann diese Kraft verstärken, wenn ich mich mit dem Ruf der tiefsten Sehnsucht meiner Seele verbinde und ihr Ausdruck verleihe, indem ich singe, male, tanze, gestalte, ohne willentliche Absicht.

Wir alle begegnen Neptuns Urkraft beim Träumen, sie ist uns nicht unbekannt. Sie lockt uns mit der Sehnsucht nach Transzendenz, nach Erfahrung und Aufgehobensein im All-Einen und der Sehnsucht nach dem Zuhause in uns. Das sind Erfahrungen, die wir immer suchen, manchmal auch auf dem leeren Boden einer Wein- oder mehrerer Bierflaschen. Eine der stärksten Erfahrungen, die ich machte und die mich mit dem »Zuhause« verband, die mich erleben ließ, wie es ist, im All-Einen eingebettet zu sein, ist die Reise zur ewigen Seele. Dieser Begriff stammt von Carlo Zumstein und umschreibt die Erlebnisebene von seelischer Vollkommenheit und Erfüllung in Raum- und Zeitlosigkeit. Es ist der Ort, an dem alles erfüllt ist, wir vollkommen, heil und heilig sind und verbunden mit allem, was ist. Die Reise zur ewigen Seele führt uns an den Ort, wo wir uns mit der tiefsten Sehnsucht unserer Seele verbinden können. Wir können in unsere ureigenste und heilste Essenz eintauchen, uns von ihr erfüllen und heilen lassen und voll von diesem Licht zurück ins Leben kommen. Es ist eine sehr machtvolle und heilende Reise, den Weg dorthin weist Ihnen Neptun, das Sternenwesen.

Die Reise zur ewigen Seele

- Reisen Sie wie inzwischen gewohnt zu Neptun und lassen Sie sich von ihm zum Ort Ihrer ewigen Seele führen. Formulieren Sie dafür die Absicht, Ihre reine, heilende Essenz zu erfahren und zu erleben.
- Erlauben Sie sich dort, sich selbst als Seelenwesen, als ewige Seele, als Licht, als Ton oder als Schwingung zu erleben. Lassen Sie sich von allen Gefühlen der Trennung und des Verlorenseins heilen.
- Kehren Sie zurück, wenn Sie alles erfahren haben, oder Sie vom Rückholsignal der Trommel zurückgerufen werden.

Die schamanische Kraft Neptuns

Neptuns Kraft entgrenzt, verfeinert, löst auf, transzendiert und inspiriert. Seine Kraft verbindet uns mit unserer Seele, unseren Träumen und dem All-Einen.

Ich bin ein Teil des Teils, der anfangs alles war,
Ein Teil der Finsternis, die sich das Licht gebar,
Das stolze Licht, das nun der Mutter Nacht
Den alten Rang, den Raum ihr streitig macht.
Und doch gelingt's ihm nicht, da es, so viel es strebt,
Verhaftet an den Körpern klebt:
Von Körpern strömt's, die Körper macht es schön,
Ein Körper hemmt's auf seinem Gange;
So, hoff ich, dauert es nicht lange,
Und mit den Körpern wird's zugrunde gehn.

Johann Wolfgang Goethe

Pluto – Versöhnung mit der Dunkelheit

Mythologie: Gott der Unterwelt

Hades, der »Unsichtbare«, wie Pluto in der griechischen Mythologie heißt, ist Sohn von Kronos und Gaia. Im neu zu verteilenden Kosmos erhielt er die Unterwelt. Als sein Zeichen gelten Füllhorn und Tarnkappe. Hermes beziehungsweise Merkur geleitete die verstorbenen Seelen zum Eingang der Unterwelt, wo er sie Charon, dem Fährmann, übergab, der sie über den Fluss Styx in Hades' Reich brachte. Später wurde auch die Unterwelt selbst als Hades bezeichnet. Von dort gab es keine Rückkehr.

Hades ist keine böse Macht, auch galt sein Reich nicht als Hölle. Es gab aber wohl Bereiche, wie der Tantalos, die als Strafort dienten. Zugleich gab es aber im Hades auch das Elysion, die Insel der Seligen. Dennoch wandten die Verehrer des Hades lieber den Blick von ihm ab, wenn sie ihm opferten.

Später wurde er zum Gott über die Reichtümer der Erde und die Bodenschätze ernannt. Möglich, dass dies mit dem Raub der Kore zu tun hat. Hades stieg eines Tages aus der Unterwelt empor, als Kore Blumen pflückte, und entführte sie. Ihre Hilfeschreie wurden von Zeus ignoriert. Kore wurde zu Persephone und fügte sich in ihr Schicksal. Demeter, Persephones Mutter, suchte verzweifelt neun Tage lang nach ihrer Tochter, und wurde schließlich von Hekate über die Entführung in Kenntnis gesetzt. Demeter war über den Raub entsetzt, verließ den Olymp und befahl den Pflanzen, nicht mehr zu sprießen. Bald war das ganze Land verödet und die verzweifelten Götter wandten sich an Zeus. Diesem blieb nichts anderes übrig, als mit Demeter zu verhandeln. Er einigte sich mit Demeter darauf, Persephone zurückzuholen, unter der Bedingung, dass sie im Hades noch nichts gegessen habe. Da Persephone jedoch vier Kerne eines Granatapfels zu sich genommen hatte, kamen sie überein, dass sie vier Monate lang in der Unterwelt mit Hades leben sollte, die restlichen acht Monate durfte sie auf der Erde bei ihrer Mutter verbringen. Diese vier Monate in der Unterwelt stellen die unfruchtbare Zeit auf der Erde dar. Demeter trauert, und es blüht keine Pflanze. Erst, wenn Persephone wieder bei ihr weilt, lässt sie die Pflanzen blühen und gedeihen.

Das Plutoprinzip in der Astrologie

Pluto wird dem Zeichen Skorpion und dem 8. Haus zugeordnet. Pluto, als höhere Oktave von Mars, ist die starke, regenerative Energie aus der Tiefe, er verkörpert die archaische Urkraft, die für Transformation und Wandlung eingesetzt werden kann. Das »Stirb und Werde« und der Abstieg in die »Unterwelt« sind nötig, um den dunklen Reichtum der Tiefe zu finden. Lässt man sich auf Plutos Tiefe ein und stellt sich den eigenen »Dämonen«, offenbart er einen wunderbaren Schatz, der den Menschen letztlich zu seiner eigenen Wahrheit und Kraft führt. Das Sterben des Alten ist notwendig, um Platz für das Neue zu schaffen.

Stichworte zu Pluto
Wandlung, Transformation, Metamorphose, Regeneration, Stirb und Werde, Reichtum aus der Tiefe, archaische Kraft, tiefes Ergründen, Magie, Beeinflussung, Suggestion, Forschertrieb, Heilkraft, Wahrheit, aber auch Trieb, Macht/Ohnmacht, Manipulation und Kontrolle

Die Wandlung des Skorpions

Pluto wird dem Zeichen Skorpion zugeordnet. Dieser repräsentiert das Prinzip der zyklischen Wandlung, veranschaulicht im Prozess des Zerfalls, im Tod und in der Wiedererneuerung. Der Skorpion wird in verschiedenen Symbolen dargestellt, als Schlange, Adler und Phönix, was zugleich auf die verschiedenen Bewusstseinsformen Plutos hinweist.

Die erste Stufe der Plutokraft wird durch den Skorpion, das Insekt mit dem tödlichen Giftstachel in seinem Schwanz, dargestellt und zudem durch die Schlange, das Reptil, das regelmäßig seine Haut abstreift, damit die neue, darunterliegende zum Vorschein kommt. Menschen, die von dieser Ebene des Plutos beherrscht werden, handeln fast ausschließlich aus ihren Emotionen und triebhaften Wünschen heraus. Sie sind Stimmungen ausgeliefert und ihr Wesen kommt vorwiegend auf instinktive, primäre Art zum Ausdruck. Das Bedürfnis nach Wandlung wird unter anderem in Form von Zorn, Zerstörung und Rache ausgedrückt.

Auf der Ebene des Adlers identifiziert sich Pluto nicht mehr mit den Emotionen und den Stimmungen des Augenblicks, gleich dem Adler, dem todbringenden Raubvogel, der höher als andere Vögel in die Lüfte fliegen und dadurch ein weiteres Gebiet überschauen kann. Plutos Kraft auf dieser Ebene wird von Menschen oft in Form von hohen Prinzipien und Idealen ausgelebt. Sie behalten aber ihren tödlichen Stachel. Das eindeutig größte Problem der Plutokraft auf der Ebene des Adlers ist die Intensität, mit der sie sich ausdrückt. Die Kraft kann auf dieser Stufe von edler Gesinnung geprägt sein, die für Wahrheit, Gerechtigkeit, Liebe oder andere erstrebenswerte Ideale eintritt. Aber Plutos Kraft zeigt sich in einer solchen Leidenschaft und Konzentration, dass sie alles andere aus dem Blickfeld gleiten lässt. Menschen auf der Ebene des Adlers machen vielleicht die Erfahrung, dass ihre Leidenschaft und Konzentration sie an den Rand der Erschöpfung bringen, oder ihre Ideale stellen sich als Irrtum heraus. Wenn dies geschieht, haben sie das Gefühl, als seien sie selbst ausgelöscht worden.

Durch das Sterben des Egos kommt dann die Geburt des Phönix'. Dieser Feuervogel ist ein Tier aus der Mythologie, das dem Feuer zum Opfer fiel und sich in erneuerter Gestalt aus der Asche erhob. In der Spätantike wurde Phönix dann zum Symbol der Unsterblichkeit, da er die Fähigkeit besaß, sich bei Verwundungen zu regenerieren. Der Phönix hat heilende Tränen. So sagt man, dass Wunden sich schließen, wenn er seine Tränen darauf vergießt.

Vorschläge für die schamanische Reise zu Pluto

- Bereisen Sie die Urkraft von Pluto und lernen Sie ihn als Sternenwesen kennen. Wer ist er für Sie? Was tut er für Sie? Was können Sie für ihn tun?
- Reisen Sie zu Plutos Heilplatz und lassen Sie sich von seiner Kraft wandeln. Wenn Ihnen etwas Angst macht, wenn Sie etwas an sich selbst oder an anderen ablehnen, wenn Sie sich selbst oder andere anklagen und beschuldigen, können Sie davon ausgehen, dass es Teile von Ihnen sind, die Sie in den Bereich der Dunkelheit gestoßen haben. Nehmen Sie Ihre Angst, Ihre Wut, Ihren Hass, Ihre Ablehnung oder um welches »negative« Gefühl es auch immer gehen mag und tragen Sie es zum Heilplatz von Pluto, mit der Absicht, dass es sich in seinen ursprünglichen Zustand verwandeln kann.
- Wenn Sie im Zeichen des Skorpions geboren sind, ist Pluto Ihr Zeichenherrscher. Pluto kann Ihnen ein weiser Lehrer sein und Sie im Umgang mit Ihren starken Kräften unterweisen.

Die Versöhnung mit der Dunkelheit

Ich hörte Carlo Zumstein in seinen Seminaren schon öfters sagen: »Die Dunkelheit ist die Mutter allen Lichts.« Ein jedes Menschenwesen wächst in der schützenden Dunkelheit der Gebärmutter heran, ein jeder Same keimt in der Dunkelheit der Erde, bevor er zum Leben erwacht und ans Licht drängt. Immer wieder bin ich erstaunt über die Welle der Erleichterung, die durch die Seminarteilnehmer/innen geht, wenn er das sagt. Viele Menschen sind es müde, die Dunkelheit in ihrer Verteufelung zu belassen, viele sehnen sich nach einer Versöhnung mit ihr, nach einer neuen Sichtweise.

Nehmen wir einmal an, dass Dunkelheit und Licht mit keinen negativen und positiven Eigenschaften belegt sind, sondern lediglich die ursprünglichen Energien der Dualität darstellen. Wie schon erwähnt, können wir hinter die Polarität schauen, hinter Gut und Böse, Licht und Dunkel. Dann treffen wir auf reine Kraft, die noch keine Richtung und Färbung angenommen hat, sondern einfach *ist.* Polaritäten wie Licht und Dunkel, und auch Kampf zwischen den beiden, geben uns die Möglichkeit, uns in unserem Sein zu erfahren. Impuls und Kraft lassen immer eine Gegenkraft entstehen. Das ist das Prinzip der Dualität. Polarität ist ein Ausdruck der materiellen und dualen Welt, aber die Kraft, die hinter den polaren Kräften steht, ist immer dieselbe ursprüngliche, göttliche, eine Kraft.

Nehmen wir weiter an, dass sich die Dunkelheit aus Liebe zum Leben anerboten hat, all das in sich aufzunehmen, was die Menschen an sich selbst und anderen ablehnen, fürchten und nicht mögen. Sie stellte sich sozusagen als Mülleimer zur Verfügung, in den der Mensch alles werfen konnte, was er im Lichte nicht betrachten wollte. Irgendwann im Laufe der Jahrtausende wurde dann vergessen, dass die Dunkelheit all die Ohnmacht, die Ängste und Zweifel, die Ablehnung und Schmerzen der Menschen aus Liebe zu sich genommen hat. Die Menschen begannen, die Dunkelheit selbst abzulehnen, zu verdrängen, zu hassen und zu bekämpfen, und sie versuchten, sie zum Verschwinden zu bringen. Aber die Dunkelheit lässt sich weder verdrängen noch abschütteln. Denn auch sie ist ein Teil von dem Ganzen wie das Licht. Der Mensch hat es nur vergessen. Er fährt fort, Kämpfe zwischen Licht und Dunkelheit auszufechten, letztlich Kämpfe, die in ihm selbst stattfinden. Diese Kämpfe halten die Trennung aufrecht und hindern den Menschen daran, hinter die wirkliche Kraft dieser beiden ursprünglichen Kräfte zu blicken und all den Reichtum und die Wunder des Lebens zu erfahren.

Die Dunkelheit wurde zur Trägerin all unseres Schmerzes, unserer Zweifel, unserer Ängste, unserer Ohnmacht, unseres Hasses – und sie will gesehen werden. Um das zu erreichen, stellt sie sich uns gegenüber. Manchmal muss sie das ganz schön monströs machen, da wir sie ansonsten einfach nie beachten würden. Das geschieht nicht aus reiner Bosheit, sondern weil da eine Energie ist und Energie immer in Bewegung sein und nach Lösungen suchen muss. Die Kraft, die wir der Dunkelheit in Form von Ablehnung, Angst, Hass und so weiter gegeben haben, sucht nach einer Lösung, sie will befreit und entlassen werden, weil ihr Dienst als Müllkippe zu Ende geht. Sie zu entlassen und zu befreien beginnt damit, dass wir die Bereiche, die wir in die Dunkelheit geschoben haben, betrachten und ihre ursprüngliche Kraft wiederentdecken. Damit bringen wir Bewegung in eine Energie, die lange Zeit stillgestanden hat.

Die Menschheit steht an einem Punkt, an dem sie fähig ist, all die Aspekte, die sie lange Zeit der Dunkelheit überlassen hat, nun bei sich selbst zu betrachten. Wir alle tragen Bereiche in uns, die wir nicht anschauen wollen und in die Dunkelheit abgeschoben haben. Pluto lehrte mich, einen Blick auf meine dunklen Bereiche zu werfen, und er half mir, auch die gebundene Energie meiner Ängste zu wandeln. Sobald wir uns unseren sogenannten negativen Gefühlen stellen, die wir in die Dunkelheit gestoßen haben, geben wir ihnen die Erlaubnis, sich in ihre ursprüngliche Kraft zurückzuwandeln. Das bedeutet wirkliche Befreiung. Was ich nach dem Abstieg in meine eigene Dunkelheit vorfand, war ein unsäglicher Reichtum aus meiner Tiefe.

Eine Reise zur Versöhnung mit der Dunkelheit

Medienberichte über Krieg, Attentate und Katastrophen oder persönliche Erlebnisse dieser Art können viele Gefühle von Ohnmacht, Angst, Hass, Ablehnung und Wut auslösen. Wir beschuldigen dann Politiker oder Staatsführer, suchen nach Schuldigen, schimpfen, verachten, kämpfen und fühlen uns am Ende genauso ohnmächtig wie zuvor. Auch in dieser Form begegnet uns die Dunkelheit. Pluto lehrte mich, statt zu schimpfen und mich über eine Meldung oder ein übles Erlebnis aufzuregen und damit die Beteiligten mit Energie zu versorgen, mit diesem aktuellen, unangenehmen Gefühl zu ihm zu reisen und ihn auf seinem Heilplatz zu besuchen. Ich lade Sie ebenfalls zu einer solchen Reise zu Pluto ein. Reisen Sie mit der Absicht, Ihre sogenannten negativen Gefühle zu einem Ereignis zu wandeln.

Unangenehme Gefühle wandeln

- Reisen Sie wie inzwischen gewohnt zu Pluto. An seinem Heilplatz angekommen erzählen Sie ihm von dem Ereignis und Ihren Gefühlen dazu. Holen Sie nun das belastende Gefühl aus sich heraus und legen Sie es vor Pluto hin. Geben Sie dem Gefühl eine Ausdrucksform. Vielleicht wird es zu einer schleimigen Masse oder zu einem porösen Stein.
- Schauen Sie dieses Objekt gemeinsam mit Ihrem Sternenverbündeten an und achten Sie darauf, was dieses Gefühl, wenn

es nach außen gebracht ist, mit Ihnen macht. Was löst es in Ihnen aus?

- Lassen Sie jetzt alles, was in Ihnen hochkommt, einfach als Kraft durch sich hindurchfließen. Trauer, Angst, Wut, Müdigkeit, Elendsgefühle. Pluto hat die Macht und die Kraft, diese Gefühle aufzunehmen und zu verwandeln, wenn Sie es zulassen. Gefühle, die jetzt aus Ihnen herausbrechen, haben immer etwas mit Ihnen zu tun. Zusammen mit Pluto bieten Sie diesen Gefühlen die Möglichkeit, sich aus der Dunkelheit zu befreien, einfach indem Sie sie anschauen und als eine Kraft würdigen, die weder gut noch böse ist. Wenn die Gefühle zu stark werden, sagen Sie es Ihrem Sternenverbündeten. Er wird wissen, was zu tun ist.
- Wenn Sie spüren, dass sich Ihre Gefühle beruhigen, schauen Sie das Objekt, das anfänglich Ihr Gefühl ausdrückte, an. Wie sieht es jetzt aus? Betrachten Sie es so lange, bis es seine ursprüngliche Form reiner Kraft angenommen hat. Wenn es Ihnen behagt, nehmen Sie das Objekt jetzt zu sich zurück.
- Falls es Ihnen nicht behagt, fragen Sie Ihren Sternenverbündeten, was zu tun ist. Möglicherweise soll das Gefühlsobjekt noch an einen anderen Ort gebracht werden, um Läuterung und Balance zu erhalten. Vielleicht müssen Sie es einige Tage dort lassen. Falls dies der Fall ist, treffen Sie eine Vereinbarung mit Pluto, wann und wie Sie es geläutert zu sich zurückholen können. Gewandelte Gefühlskräfte dienen Ihnen. Es ist wichtig, dass Sie zu Ihnen zurückkehren können. Denn letztlich ist es Ihre heile und reine Kraft.

Die schamanische Kraft Plutos

Plutos Kraft wandelt, transformiert, entlässt. Wenn wir den Mut haben, uns auf die Tiefe seiner Kraft einzulassen, finden wir unsere eigene Wahrheit und den Reichtum, der aus uns selbst heraus geboren wird.

Hinter dem Heilungswunsch vieler Menschen
offenbart sich der Wunsch als
Gestalter und Schöpfer zu wirken,
gleichzeitig ist damit die größte Angst
verbunden.

Carlo Zumstein

Chiron – Versöhnung mit dem Mensch-Sein

Mythologie: Der verletzte Heiler

Kronos begegnete der Nymphe Philyra, die sich, um ihm zu entkommen, in ein Pferd verwandelte. Kronos ließ sich jedoch nicht täuschen und verwandelte sich ebenfalls in ein Pferd. So konnte er sich mit Philyra vereinigen. Aus dieser Verbindung ging Chiron, der Kentaur, hervor, halb Mensch, halb Pferd. Als Philyra ihren Sohn sah, war sie so entsetzt, dass sie die Götter bat, sie in ein anderes Wesen zu verwandeln. Sie taten ihr diesen Gefallen und verwandelten sie in eine Linde. Der nun verwaiste Chiron wurde von Apollon aufgenommen und großgezogen.

Als Sohn von Kronos war Chiron unsterblich. Er unterschied sich im Wesen von den anderen Kentauren, die wild und brutal waren. Er war freundlich in seinem Wesen, außerdem heilkundig und kunstliebend. Chiron lebte in einer Grotte auf dem Berg Pelion als Erzieher von Helden und als Lehrer der Heil-, Jagd- und Kriegskunst.

Eines Tages wurde er unbeabsichtigt von einem vergifteten Pfeil seines Freundes Herakles getroffen. Als Halbgott in seiner Unsterblichkeit musste Chiron mit der unheilbaren Wunde weiterleben. Er bat Zeus, ihn sterben zu lassen, und trat seine Unsterblichkeit an Prometheus ab.

Eine andere Geschichte erzählt, dass Chiron trotz intensiver Auseinandersetzung mit Heilmethoden und Heilkräutern seine Schmerzen nicht zu lindern vermochte. Er lernte, seine Schmerzen in Demut anzunehmen, und wurde für Menschen und Götter zu einem wunderbaren Heiler und Lehrer.

Das Chironprinzip in der Astrologie

Chiron wird in der Astrologie dem Zeichen Jungfrau und dem 6. Haus zugeordnet. Einige Astrologen zählen ihn zum Zeichen Schütze und dem 9. Haus.

Chiron wurde erst 1977 entdeckt. In seiner Umlaufbahn exzentrisch, pendelt er zwischen Saturn, dem Hüter der Grenzen, und Uranus, dem Revolutionär, und kreuzt sogar deren Bahnen. Damit erhält er die Position des Vermittlers, aber auch des Mavericks, des Einzelgängers und Außenseiters. Als solcher geht Chiron eigene Wege. Als Vermittler verbindet er die bisher bekannten Lebensbereiche der klassischen Planeten mit den neuen Erfahrungsbereichen von Uranus, Neptun und Pluto. Damit verknüpft er das irdische Dasein, die Erdenschwere, die gemessene Zeit Saturns mit der geistigen Welt, der Himmelsebene, der Inspiration, der Spiritualität und der Zeitlosigkeit. Chiron ist der Schlüssel zwischen Altem und Neuem. Er führt von Tod und Verhaftung (Saturn) zum Leben (Uranus).

Als Halbgott und als Wesen, das halb Mensch, halb Tier ist, schlägt Chiron die Brücke zwischen diesen drei Ebenen, der der tierischen Instinkte, der des Menschseins und der des Göttlichen. Er lehrt uns mit den Paradoxien und Kontrasten der Welt und des Universums zu leben. Obwohl Chiron astronomisch eine geringe Bedeutung hat und nur einer von hunderten Planetoiden ist, fand er wohl gerade wegen dieser verbindenden Kraft Einlass ins menschliche Bewusstsein.

Als Chiron entdeckt wurde, erwachte in den Menschen das Interesse an anderen Kulturen, Religionen und Kosmologien. Viele Menschen aus dem Westen veröffentlichten ihre Erfahrung der schamanischen Initiation. Auch in Chiron begegnen wir der Gestalt des Schamanen und dem Archetyp des verletzten Heilers wieder.

Chiron gab aus freien Stücken seine Unsterblichkeit auf und stellte sich dem Tod, anstatt ihn bis zur letzten Sekunde zu meiden. Chiron meisterte die Angst vor dem Tod. Er symbolisiert unsere wunden Punkte, an denen wir leiden, bis wir uns ihrer bewusst geworden sind. Erst durch Annahme der Makel und der Unzulänglichkeit findet eine Versöhnung und damit Linderung des Schmerzes statt. In der Annahme des menschlichen Daseins mit all seinen lichten und dunklen Seiten liegt die heilende Kraft Chirons. Durch die

Heilungsversuche an sich selbst wurde Chiron zu einem weisen Lehrer, Arzt und Propheten, der andere unterwies.

Ewiger Wandel

Chiron hat noch eine andere Gabe, und zwar die der Zeitveränderung. Die Griechen hatten zwei Ausdrücke für Zeit, Kronos und Kairos. Kronos war die gleichmäßige Zeit, die linear verläuft und die man mit der Uhr messen kann. Kairos ist die Qualität der Zeit, des Augenblicks und der Tiefe. Diese Zeit verläuft nicht linear, sie dehnt sich aus, zieht sich zusammen, ist tief oder hoch, ewig und doch nur gerade jetzt, gestern und morgen. Sie ist Rhythmus und Schwingung. Sie ist Traumzeit. Chiron, der Kronos beziehungsweise Saturn gut kennt, führt uns über die Grenze der chronologischen Zeit hinaus in die Traumzeit, in die Zeit des Kairos.

Chiron steht zudem für alchimistische Prozesse, umwandelndes Wachstum und für die Zeit, in der alte Energie stirbt und ein neues Wesen entsteht. Mit seiner Kraft können wir die Energien von Uranus, Neptun und Pluto besser verstehen und annehmen. Uranus kommt mit einer plötzlichen Eingebung und wirft alle alten Strukturen und Dogmen über den Haufen. Mit Neptun erfahren wir die mystische Auflösung des Kosmos und mit Pluto eine Art Reinigung unserer Erdenerlebnisse. Nun sind wir bereit für die Energie des Wassermannzeitalters.

Stichworte zu Chiron
Initiation, Verwundbarkeit, Heilung, Lehrer, Schlüssel zu anderen Dimensionen; Annahme und Versöhnung zwischen tierischem Instinkt, Menschlichkeit und Göttlichkeit; Vermittler zwischen Alt und Neu; Wanderer zwischen den Welten; Kraft, den eigenen Weg zu gehen; Meisterung des Todes

Vorschläge für die schamanische Reise zu Chiron

- Bereisen Sie die Urkraft von Chiron und lernen Sie ihn als Sternenwesen kennen. Wie zeigt er sich Ihnen? Welche Kräfte bringen Sie gemeinsam zum Ausdruck? Wie können Sie ihn rufen, wenn Sie seine Kraft brauchen?
- Chiron steht Ihnen bei allen Paradoxien und Kontrasten, die Ihnen Mühe machen, hilfreich zur Seite. Er ist der Schlüssel, wenn es darum geht, eine Verbindung zwischen Alt und Neu, zwischen Instinkt und Spiritualität herzustellen, zwischen Körper und Geist.
- Wenn Sie ein Mensch sind, der stark im Körper verankert ist, aber Mühe hat, sich für spirituelle Erfahrungen zu öffnen, können Sie sich Chiron als Verbündeten holen. Lassen Sie sich von ihm an seinen Heilplatz führen und dort heilen, um sich für spirituelle Erfahrungen zu öffnen.
- Wenn Sie ein Mensch sind, der Mühe hat, sich mit dem Körper und der Körperlichkeit anzufreunden, können Sie ebenfalls zu Chiron reisen.
- Reisen Sie zum Heilplatz von Chiron, wenn Sie unter einem Schmerz leiden, der nicht heilen will.
- Lassen Sie sich von Chiron in die Traumzeit, in die Zeit des Kairos, einführen.
- Wenn Sie im Zeichen der Jungfrau geboren sind, ist Chiron Ihr Zeichenherrscher. Er kann Ihnen die Bereiche in Ihrem Leben zeigen, die eine Spaltung erlitten haben und wieder zu einem Ganzen zusammengefügt werden wollen. Aber auch die Bereich, in denen Sie Brücken bauend, vermittelnd oder heilend wirken können.

Versöhnung mit dem Mensch-Sein

Chiron verbindet drei Eigenschaften in sich, den tierischen Instinkt, das Mensch-Sein und die Göttlichkeit. Seine größte Kraft für die Heilung liegt genau in der Verbindung dieser Eigenschaften. Von Chiron lernte ich drei Dinge:

- Heilung beginnt bei dir selbst.
- Deine stärkste Kraft liegt in deinen Makeln und sogenannten Fehlern, versöhne dich mit ihnen und würdige dich in deinem Menschsein.
- Geh dann deinen eigenen Weg.

Damit übergab er mir den Schlüssel für mein Heilsein. Erst wenn ich mich um mein Heilsein gekümmert habe, Sorge für mich trage, anstatt ständig im Außen nach Antworten zu suchen, wenn ich mich an meine Instinkte erinnere, sozusagen an meine erste Natur, mich anschaue mit all meinen Fehlern und sie annehme, statt sie ausmerzen zu wollen, wenn ich mich mit mir und meinem Menschsein versöhne, mit all den Hochs und Tiefs, dem Schönen und Bitteren, erst dann bin ich bereit dafür, meinen eigenen Weg zu gehen. Ein Weg des Heilseins, der auf meinen eigenen Erfahrungen basiert.

Ich habe viel über diese kraftvolle Botschaft Chirons nachgedacht und finde darin immer neue Erkenntnisse zum Heilsein. Ich möchte Sie ermutigen, hier selbst weiterzuforschen. Ich lade Sie ein, eine Reise mit der Absicht zu unternehmen, von Chiron etwas über Ihr Heilsein – nicht Ihr Heilwerden – in Erfahrung zu bringen. Sie können die unten stehenden Anliegen während einer einzigen Reise erforschen, wenn Sie schon gute Erfahrungen im schamanischen Reisen haben. Sie können sie aber auch einzeln bereisen.

- **Womit beginnt meine eigene Heilung?** Oft staune ich über Menschen, die sich altruistisch für andere Menschen und deren Heilung aufopfern, aber ihr eigenes Heilsein völlig außer Acht lassen. Wenn Sie sich darin wiedererkennen, sollten Sie zu Chiron reisen und sich an seinen Heilplatz führen lassen. Stellen Sie ihm die Frage: Womit beginnt meine Heilung?
- **Was gilt es anzunehmen, damit ich mein Heilsein erleben kann?** Welche Aspekte meines Mensch-Seins gilt es zu würdigen? Würdigen bedeutet für mich, Dinge so stehen zu lassen, wie sie sind, ohne Beurteilung. Im Kapitel Venus gab ich Ihnen mit der Reise zum eigenen schönsten Selbst eine Idee davon. Würdigung des eigenen Seins, Annahme von allem, was ich bin, auch von den Aspekten, die ich an mir nicht so toll und liebenswert finde, das

bedeutet letztlich wahre Versöhnung, es ebnet mir meinen persönlichen Weg.
- **Persönliche Leidenschaften**: Ihr drittes Anliegen könnte es sein zu ergründen, was Ihre persönlichen Leidenschaften sind. Wie können Sie mit diesen Ihren persönlichen Weg und Ihr Leben gestalten? Heil-Sein bedeutet für mich nebst den ersten zwei Punkten, mir die Erlaubnis zu geben, meinen Weg auf meine ganz eigene Art und Weise zu gehen.

Immer wieder staune ich in meinen astrologischen Beratungen, wie sehr Menschen ihre schöpferische Kraft zurückhalten, um sich gesellschaftlichen Normen anzupassen. Manchmal geschieht das in einem solchen Ausmaß, dass sie alle ihre Leidenschaften vergessen haben und ihnen ihr Leben sinnlos und leer erscheint. Die Sterne, und in diesem Zusammenhang besonders Chiron, wiesen mir den Weg, wie wir das Sternenfeuer in uns wieder entzünden können, um unser Leben nicht leidend abzuwickeln, sondern es unserer persönlichen Leidenschaft folgend aktiv und freudig zu gestalten.

Wie sehr wir unsere schöpferischen Kräfte zurückhalten, erlebte ich auch in einem Singritual, in dem ich jeweils vor einem Menschen saß und mich mit seiner schöpferischen Seelenkraft verband und dieser durch meine Stimme Ausdruck verlieh. Ich staunte nicht schlecht, was für Melodien aus meinem Mund kamen. Ich wusste nie im Voraus, welche Töne aus mir herauskommen würden. Ich war bei allen Menschen erstaunt. Bei einer Frau beispielsweise tönte Wildheit und Lebensfreude in meinem Gesang, die ich bei ihr so niemals wahrgenommen hätte. Wir tragen wohl alle noch viele solche tiefen, verborgenen Leidenschaften und Lebenskräfte in uns, die entdeckt und gelebt werden wollen. Genau dabei, diese Schätze zu heben, kann Chiron helfen.

Die schamanische Kraft Chirons

Chirons Kraft verbindet, öffnet, heilt und lehrt uns, unseren eigenen Weg zu verfolgen und uns mit all unseren Fehlern anzunehmen. Chirons ist der Schlüssel zu den Paradoxien unseres Seins. Weil er zwischen Saturn und Uranus pendelt, hat er die Gabe, das Altbewährte (Saturn) mit dem Zeitgeist des Neuen (Uranus) zu verbinden, aber auch das irdische Dasein mit der Göttlichkeit, die tierischen Instinkte mit dem Mensch-Sein und der Spiritualität. Er öffnet uns für neue und andere Sichtweisen und Kosmologien. Er lehrt uns, die Dinge anzunehmen, und zeigt uns, dass darin die Heilung liegt.

Die astrologischen Grundprinzipien

Das Geburtsbild, auch Horoskop oder Radix genannt, ist eine schematisierte Darstellung der Sternenkonstellationen zum Zeitpunkt unserer Geburt. Das Horoskop wird in zwölf Häuser und Zeichen unterteilt. Einem jeden Zeichen werden ein Planet, manchmal zwei Planeten, und ein Haus zugeordnet. Zusätzlich stehen die Planeten durch verschiedene Aspekte miteinander in Verbindung, was förderlich oder eher herausfordernd sein kann.

Mars	Widder	1. Haus
Venus	Stier	2. Haus
Merkur	Zwillinge	3. Haus
Mond	Krebs	4. Haus
Sonne	Löwe	5. Haus
Chiron	Jungfrau	6. Haus
Venus	Waage	7. Haus
Pluto	Skorpion	8. Haus
Jupiter	Schütze	9. Haus
Saturn	Steinbock	10. Haus
Uranus	Wassermann	11. Haus
Neptun	Fische	12. Haus

Ein jeder Planet drückt ein spezifisches Energieprinzip aus, das durch das Zeichen, in dem er zu einem bestimmten Zeitpunkt wie eben der Geburt steht, eingefärbt wird. Mars in Fische hat andere Qualitäten als Mars in Widder, aber das ursprüngliche Prinzip der Durchsetzungskraft bleibt das Gleiche. Was sich verändert ist die Art, wie man es anwendet. Die Position des Planeten in einem Haus gibt Auskunft darüber, in welchem Lebensbereich die Kraft des Planeten am stärksten zum Ausdruck kommt.

Der Aszendent (AC) ist das Zeichen, das im Osten bei der Geburt eines Menschen steht, er definiert das erste Haus.

Astrologische Beschreibung der Planeten

Mars ♂ / Widder ♈ / 1. Haus / Element Feuer

Prinzip: Durchsetzungskraft und Energie, Initiative, Lebensimpuls, Aktion, Risikobereitschaft, Willenskraft, Wagemut und Courage, Konfliktbereitschaft, Handlungsfähigkeit, Wettbewerb und Wettstreit, Eros, Trieb und Sexualität

Vertreter des Marsprinzips: Kämpfer, Eroberer, Abenteurer, Pioniere, Wettkämpfer, junger Mann, Liebhaber, Bruder, Sohn

Schamanisch wirkende Kraft: Impuls setzende Kraft, die aktiviert, vitalisiert, vorwärts und ins Leben drängt; Kraft, die uns in die Unmittelbarkeit des Seins bringt

Venus ♀ / Stier ♉ / 2. Haus / Element Erde beziehungsweise Waage ♎ / 7. Haus / Element Luft

Prinzip Venus in Stier: Praktische Liebe, Genuss- und Lustfähigkeit, Anziehungskraft, materielle Werte, Selbstwerte, Eigenliebe, Wertschätzung sich selbst gegenüber, innerer Reichtum, Schönheit aus sich selbst, Hingabefähigkeit, Ressourcen, Verbindung zur Natur

Prinzip Venus in Waage: Liebesfähigkeit, Sehnsucht nach dem Du und Ich-Ergänzung, Beziehungswerte, Muse, Inspiration, künstlerischer Ausdruck, kreatives Sein, Ausgleich und Harmonie

Vertreter des Venusprinzips: Geliebte, Muse, Künstler, Musiker, Dichter Designer, Menschen, die Schönheit in die Welt tragen; Schwester und Tochter

Schamanisch wirkende Kraft: gleicht aus, balanciert, tanzt zwischen den Polaritäten

Merkur ☿ / Zwillinge ♊ / 3. Haus / Element Luft

Prinzip: Verbindung herstellen, Denken, Verstand, Kommunikation, Sprache, Vermittlung, Neugier, List, Orientierung, Lernfähigkeit,

Wissenserwerb, Erfahrungen, Reisen, Bewegung, Verkehr, Handel, Mittler zwischen Himmel und Erde, Menschen und Göttern

Merkur ist weder ein männlicher, noch ein weiblicher Planet, sondern gilt als neutral oder androgyn. Er nimmt stets die Färbung seiner Umgebung an.

Vertreter des Merkurprinzips: Lehrer, Lernende, Dichter, Händler, Reisende, Forscher, Diebe, Lügner

Schamanisch wirkende Kraft: verbindet, bewegt, vermittelt beispielsweise zwischen den Welten, dem Himmel und Erde, dem Göttlichen und dem Menschlichen

Mond ☽ / Krebs ♋ / 4. Haus / Element Wasser

Prinzip: Weiblichkeit, Seele, Gefühle, Instinkt, Zyklus, Bedürfnisse, Nähe und Geborgenheit, Empfänglichkeit, Reizempfinden, Heim und Heimat

Vertreter des Mondprinzips: Weibliche Personen, Mutter, Kind, fürsorgliche, pflegende, helfende Menschen

Schamanisch wirkende Kraft: wandelt, fließt, bewegt, schwingt, zeigt eine andere Sichtweise auf

Sonne ☉ / Löwe ♌ / 5. Haus / Element Feuer

Prinzip: Schöpferkraft, Wesensmitte, Persönlichkeit, Selbstausdruck, Individualitätsgefühl, Bewusstsein, Geist, Lebenskraft, Lebensfreude, kreativer Ausdruck, Vitalität, Dynamik, Ausstrahlung

Vertreter des Sonnenprinzips: Männliche Personen, Held, König, Vater, Partner, Leitfiguren, Autoritäten

Schamanisch wirkende Kraft: schöpferisch, zentriert, kräftigt, vitalisiert

Chiron ⚷ / Jungfrau ♍ / 6. Haus / Element Erde

Prinzip: Initiation, Verwundbarkeit, Heilung, Schlüssel zu anderen Dimensionen, Annahme und Versöhnung zwischen tierischem Instinkt, Mensch und Göttlichkeit; Vermittler zwischen Alt und Neu, Meisterung des Todes

Vertreter des Chironprinzips: Verletzter Heiler, Schamane, Therapeut, Lehrer, Einzelgänger, Wanderer zwischen den Welten, den eigenen Weg gehend

Schamanisch wirkende Kraft: verbindet, öffnet, heilt

Pluto ♇ / Skorpion ♏ / 8. Haus / Element Wasser
Prinzip: Wandlung, Transformation, Metamorphose, Regeneration, Stirb und Werde, Reichtum aus der Tiefe, archaische Kraft, tiefes Ergründen, Magie, Beeinflussung, Suggestion, Forschertrieb, Heilkraft, Wahrheit, aber auch Trieb, Macht/Ohnmacht, Manipulation und Kontrolle
Vertreter des Plutoprinzips: Forscher, Wissenschafter, charismatische Menschen, Analytiker, Ärzte, Diktatoren
Schamanisch wirkende Kraft: wandelt, transformiert

Jupiter ♃ / Schütze ♐ / 9. Haus / Element Feuer
Prinzip: Fülle, Expansion, Entfaltung, Weiterentwicklung, entwicklungsfähiges Potenzial, Fortschritt, Erkenntnisfähigkeit, Vertrauen, Optimismus, Sinn, Würde, Glück, Reichtum, Großzügigkeit, Erfolg, Weisheit, Hoffnung, Gerechtigkeit
Vertreter des Jupiterprinzips: Gebildete Persönlichkeiten, Lehrer, Propheten, Philosophen, Juristen, Welt- und Weltenreisende
Schamanisch wirkende Kraft: dehnt aus, erweitert, entfaltet

Saturn ♄ / Steinbock ♑ / 10. Haus / Element Erde
Prinzip: Konzentration, Verlangsamung, Verdichtung, Kristallisation, Materialisation, Struktur, Form, Grenzen, Beschränkung, Tiefgang, Verlust, Trennung, Alter, Tod, Angst, Krankheit, Härte, Geiz, Stabilität, Pflichtbewusstsein, Ordnung, Organisation, Ausdauer, Tradition, Askese
Vertreter des Saturnprinzips: alte Menschen, Sterbende, Weise, Philosophen, Magier, Eremiten, Ahnen
Schamanisch wirkende Kraft: kristallisiert, verlangsamt, verdichtet

Uranus ♅ / Wassermann ♒ / 11. Haus / Element Luft
Prinzip: Freiheit, Individualität, Authentizität, Unabhängigkeit, Revolution, Originalität, Erneuerung, plötzliche Veränderung, Befreiung, Erfindergeist, Idee, Einfall, Intuition, Vision, Hoffnung, Eigenwilligkeit, Exzentrik
Vertreter des Uranusprinzips: Revolutionäre, Erfinder, Techniker, Anarchisten, Exzentriker, Philosophen
Schamanisch wirkende Kraft: explosiv, wandelt, rüttelt, sprengt, revolutioniert

Neptun ♆ / Fische ♓ / 12. Haus / Element Wasser

Prinzip: Verfeinerung, Transzendenz, Sensitivität, Hingabefähigkeit, Sehnsucht, Vollendung, Fantasie, Vision, Inspiration, Träume, Illusion, Auflösung, Chaos, Entgrenzung, Mystik, Spiritualität aber auch »Spirituosen«, Idealisierung

Vertreter des Neptunprinzips: Künstler, Musiker, Dichter, Priester, Mystiker, Ärzte, Chemiker

Schamanisch wirkende Kraft: entgrenzt, verfeinert, löst auf, transzendiert und inspiriert

Ein paar Worte zum Schluss

Sei du selbst die Veränderung,
die du dir wünschst für diese Welt.
Mahatma Gandhi

Man möge mir meinen etwas freien Gebrauch der Worte »Sterne« und »Planeten« entschuldigen und ihn mir als künstlerische Freiheit zugestehen. Mir ist der Unterschied zwischen Sternen und Planeten bekannt. Kurz gesagt: Ein Stern, dazu gehört auch die Sonne, gibt Licht ab und ein Planet nicht, er reflektiert es lediglich. Planeten wandern und wurden daher früher auch Wandersterne genannt. Ein Mond (auch Trabant oder natürlicher Satellit genannt) ist ein Himmelskörper, der einen Planeten oder Planetoiden in einem Sonnensystem umkreist.

Das Material über die Sterne, das in diesem Buch zusammengekommen ist, erforsche ich nun seit mehreren Jahren. Das Buch selbst ist innerhalb eines halben Jahres entstanden. Viele Gedanken und Ideen haben sich in dieser Zeit und durch das Schreiben neu geformt und werden sich weiter formen und verändern. Mancher Gedanke in diesem Buch ist noch nicht bis zu seinem Ende gedacht, viele lassen neue Fragen entstehen. Und das ist gut so, denn das Leben ist ein Fluss und alles in ständiger Bewegung. Es ist ein Arbeits- und Werkbuch und soll Sie anregen weiterzugehen, weiterzuforschen und immer mehr zu erfahren.

Während des Schreibens und Recherchierens für dieses Buch bin ich immer wieder auf ähnliches Gedankengut gestoßen. Viel von dem Wissen in diesem Buch mag nicht neu sein, höchstens neu kombiniert. Neu aber scheint mir die Bereitschaft und Offenheit der Menschen heute, dieses neue, alte Wissen selbst an sich zu entdecken. Wissen wird erst lebendig, wenn wir es an uns selbst erfahren. Dann ist es so, als würden wir neu geboren und die Welt neu gestalten. Das Bewusstsein und das Wissen, sie sind da. Hören wir auf, Suchende zu sein. Werden wir zu Findenden. Letztlich hat jeder Mensch seinen Weg selbst zu gehen. Mögen die Kräfte der Sterne Sie begleiten.

Herzlichst
Eveline Rufer

Danksagung

Ich bedanke mich von Herzen mit meiner ganzen Sternenleidenschaft, meinem schamanischen Herzblut und meiner Liebe für das Leben bei all jenen Menschen, die mich beim Schreiben dieses Buches auf die eine oder andere Art unterstützt haben.

Ein besonderes Dankeschön an:

Abunda-mäßig an Danie und Patricia. Arno, der die Anfänge kennt. Bernhard, der mir Mut machte, auf meinem Weg von der Raupe zum Schmetterling. Bettina. Carlo, für den Tanz durch die Welten. Denise. Elisabeth, für ihr erfrischendes und wildes Sein. Heidi, für die Sterngespräche. Gunnar, fürs therapeutische »Klönen« und Lachen sowie den PC-Support. Margrit. Martina. Matthias, der in Wahrheit ein Engel in menschlicher Gestalt ist. Regula S. für ihre heilenden Hände. Regula W. Rüdiger und den Mädels aus Herisau. Wädi, der Zaubertische herstellt und mich auch in meinen schwierigsten Stunden aushält.

An alle Teilnehmer/innen meiner Trommelkreise, die mit mir leidenschaftlich die Kraft der Sterne erforschten und ohne die dieses Buch nie zustande gekommen wäre.

An Usha Swamy vom Heinrich Hugendubel Verlag und Diane Zilliges, die mir mit ihrer Freude an meinen Texten viel Mut machten.

An alle meine Verbündeten, insbesondere meiner Sternenverbündeten Venus, die mich während der ganzen Schreibzeit als Abendstern mit ihrem Licht bezauberte und leitete. Die Raben, die mir halfen, die Verbindung zwischen den Welten aufrechtzuerhalten. Meine Hausgeister, die maßgeblich am Entstehen dieses Buches mitwirkten, und an die besten Vermieter in ganz Zürich, Doris und Max, die mir ein schönes Zuhause ermöglichen, wo das Buch hauptsächlich entstanden ist.

In meinem Leben erhielt ich viel Anregung und Bewusstseinserweiterungen durch die Seminare der FLSS (Foundation for Spirituality und Shamanism), die Carlo Zumstein leitet, und durch Tobias, St. Germain, Kuthumi des Crimson Circles. Herzlichen Dank an Geoffrey und Linda, die das Bewusstsein der neuen Energie auf eine einfache und praktizierbare Art weitergeben.

Glossar

Im Folgenden finden Sie einige wesentliche Begriffe, die im Buch immer wieder auftauchen, ganz kurz und im Verständnis der Astrologie beziehungsweise des (Core-)Schamanismus erklärt.

Ahne	Seelenwesen verstorbener Vorfahren
Andere Wirklichkeiten	siehe nichtalltägliche Wirklichkeit
Archaisch	Ursprüngliche, unveränderte Kräfte, Urzustand
Archaische Heilrituale	Ursprüngliche, aus der Unmittelbarkeit oder der Überlieferung entstandene Rituale, die heilend oder initiierend auf die Menschen wirken
Besetzung	Fremdbeeinflussung von Bewusstsein und Verhalten durch das Seelenwesen eines Verstorbenen
Bewusstseinsreisen	Erlebnisreise im Trancezustand
Blutsahnen	Vorfahren, mit denen wir genetisch in einer Linie stehen, also blutsverwandt sind
Core-Schamanismus	Der amerikanische Anthropologe Prof. Michael Harner verdichtete die grundlegenden Methoden der verschiedensten schamanischen Traditionen auf kulturunabhängige Kerntechniken, die für westliche Menschen praktizierbar sind.
Divination	Methode der Informationsgewinnung über das Alltagsleben mit schamanischen (oder anderen) Techniken
Elementarkraft	Grundkräfte des Lebens; Feuer, Wasser, Luft, Erde
Elementarwesen	In der Natur lebendig gestaltend wirken-

	de Kräfte, die wir als Feen, Gnome usw. kennen, siehe Naturgeister
Erdgebundene Seelen	Verstorbene Menschen, die den Weg ins Licht nicht gefunden haben und sich noch in Erdnähe aufhalten.
Ewige Seele	Erlebnisebene von seelischer Vollkommenheit und Erfüllung in der Raum- und Zeitlosigkeit.
Extraktion	Schamanische Heilmethode, bei der der Schamane den Körper eines Menschen von Eindringlingen befreit, die sich in Form eines Krankheitserregers oder Krankheitsrückständen zeigen
Geistige Welt	Immaterielle Welt der Kräfte im Unterschied zu unserer materiellen Welt
Geistwesen/Geister	Formen, in denen wir der universellen Kraft begegnen können
Horoskop	Zeichnung der Sternenkonstellation bei der Geburt
Initiation	Einweihung, Eröffnung des Zugangs zu den Kräften der nichtalltäglichen Welt
Körpertor	Körperstelle, an der unsere freie oder träumende Seele den Körper verlässt, bei schamanischen Reisen oder beim Träumen. Bei jedem Menschen ist dies anders, beispielsweise kann die Öffnung am Herzen, am dritten Auge oder Scheitelpunkt sein.
Krafttier	Universelle Kraft, der wir in Form eines Tieres begegnen
Mythische Ahnen	Ahnen aus der Mythologie, wie zum Beispiel Ra, der Sonnengott
Naturgeister	Spirituelle Ausdrucksformen und Kräfte der Natur, eines Baumes, einer Pflanze, eines Steines, eines Sees usw.
Naturkraft	Feuer, Blitz, Donner, Wasser, Regen, Luft, Wind, Erde
Nichtalltägliche	Die Welten, die wir in einem veränderten

Wirklichkeit	Bewusstseinszustand in Trance oder im Traum wahrnehmen und die außerhalb von Zeit und Raum liegen. Geistige, spirituelle Erlebnisräume
Psychopompos	Seelenbegleiter. Der Schamane hilft Sterbenden, über die Schwelle des Todes zu gehen, und begleitet verlorene Seelen, die noch erdgebunden sind und den Weg ins Licht nicht gefunden haben.
Rekapitulation	Zurückholung der Seelenkraft, die in vergangenen Erlebnissen feststeckt oder schon als feste Vorstellung in der Zukunft liegt
Rituale	Inszenierung der universellen Kraft durch Herbeirufen der Geister und Ausführung bestimmter Handlungen.
Schamane	Heiler, Weiser, Ratgeber bei Naturvölkern
Schamanische Basistechniken	Grundtechniken der verschiedenen schamanischen Traditionen wie Extraktion, Divination, Begleitung von Sterbenden, Hilfe für verlorene Seelen, Lösung von Besetzungen, siehe Core-Schamanismus
Schamanische Reise	Absichtlicher Übergang von der Alltagswirklichkeit in die nichtalltägliche Wirklichkeit in verändertem Bewusstseinszustand, Form einer Trancereise, siehe auch dort
Seelenrückholung	Seelenkraft oder Seelenaspekte, die sich in Extremsituationen, zum Beispiel bei einer Krankheit oder einer traumatischen Erfahrung aus dem Leben, verabschiedet und sich in die nichtalltägliche Welt zurückgezogen hat, wieder ins Leben und ins Hier und Jetzt zurückbringen
Seelenzentrierung	Siehe Rekapitulation

Spirituelles Erwachen	Sich plötzlich als geistiges, spirituelles Wesen und nicht mehr nur als menschliches Wesen wahrnehmen
Tier-Geistwesen	Siehe Krafttier
Totenreich	Seelenreich der Verstorbenen
Trancereisen	Reise in einem veränderten Bewusstseinszustand zum Beispiel unter monotonem Trommeln, unter Einnahme von Pflanzenwirkstoffen usw.
Traumzeit	Zeit vor jeder Zivilisation, die Menschen lebten noch eingebetet in die Rhythmen und Gesetzmäßigkeiten der Natur
Verbündete	Persönliche Begleiter in Form von Ahnen, Krafttieren oder der Sternenkräfte, die mit dem Schamanen zusammenwirken und ihm als Ratgeber und Begleiter in der nichtalltäglichen Wirklichkeit zur Seite stehen
Wissensahnen	Ahnen, die uns neues Wissen vermittelten, wie zum Beispiel Albert Einstein
Zerstückelung	Wandlungs- und Transformationsritual während einer schamanischen Reise, auf der sich der Schamane den Kräften des Universums ausliefert und sich ganz oder teilweise »zerlegen« lässt. Nach der Auflösung erfolgt die Neuerschaffung. Spirituelles Sterben und Wiedergeboren-Werden.

Literatur

Banzhaf, Hajo und Haebler, Anna: Schlüsselworte zur Astrologie, Kreuzlingen/München 1994
Barz, Ellynor: Götter und Planeten, Zürich 1988
Brand, Rafael Gil: Lehrbuch der klassischen Astrologie, Mössingen 2000
Grant, Michael und Hazel, John: Lexikon der antiken Mythen und Gestalten, 1973
Harner, Michael: Der Weg des Schamanen, Kreuzlingen/München 1994
ders.: Shamanic Journey Solo and Double Drumming, 1997 (Diese und weitere CDs von Michael Harner sind im deutschsprachigen Raum im esoterischen/schamanischen Fachhandel erhältlich, z.B. bei www.magicmusic.de)
Ingerman, Sandra: Auf der Suche nach der verlorenen Seele, Kreuzlingen/München 1998
dies.: Welcome Home, München 1999
Reinhard, Jürg: Heilung aus dem Kosmos, Bern 1997
Sagan, Samuel; Heilende Planetenkräfte, Freiburg im Breisgau 1998
Schlapp, Peter: Astrologische Prognose zur Jahrtausendwende, Freiburg im Breisgau 1996
Slooten, Erik van: Klassische Horoskopdeutung, Tübingen 2005
Tegtmeier, Ralph: Sternenglaube – Sternenzauber, Köln 1990
Walser-Biffiger, Ursula: Vom schöpferischen Umgang mit Orten der Kraft, Baden und München 2006
Zumstein, Carlo: Der schamanische Weg des Träumens, Kreuzlingen/München 2003
ders.: Reise hinter die Finsternis, Kreuzlingen/München 1999
ders.: Schamanismus, Kreuzlingen/München 2001

Kontakt und Information

Informationen zu Angeboten, Einzelsitzungen und Beratungen erhalten Sie unter:

Sternentraum – Kraftkreislauf
Eveline Rufer
www.sternentraum.ch
www.kraftkreislauf.ch
E-mail: info@sternentraum.ch

Informationen zu schamanischen Weiterbildungen:
Foundation for Living Shamanism und Spirituality (FLSS)
TAOB –The Art of Bridging
Carlo Zumstein
www.flss.ch